V&R

Sven Rohde

Gefühlserben

Die geheime Macht und Kraft unserer Herkunft

VANDENHOECK & RUPRECHT

Bibliografische Information der Deutschen Nationalbibliothek:
Die Deutsche Nationalbibliothek verzeichnet diese Publikation in der Deutschen Nationalbibliografie; detaillierte bibliografische Daten sind im Internet über https://dnb.de abrufbar.

Umschlagabbildung: ANN_UDOD/Shutterstock

Satz: SchwabScantechnik, Göttingen
Druck und Bindung: Beltz Grafische Betriebe GmbH, Bad Langensalza
Printed in the EU

Vandenhoeck & Ruprecht Verlage | www.vandenhoeck-ruprecht-verlage.com
E-Mail: info@v-r.de

ISBN 978-3-525-40044-9

Meiner Familie gewidmet. Na klar.

Inhalt

Dem Schicksal auf der Spur

»Ich verstehe mich selbst nicht …!«

Einstimmung

Es war der schöne kleine Saal eines ehemaligen Kinos im oberbayrischen Ebersberg, neu genutzt als Kulturzentrum. Etwa 100 Zuhörer:innen hatten sich eingefunden. Auf der Bühne saßen mein Kollege Sebastian Schoepp, der aus seinem autobiografischen Buch »Seht zu, wie ihr zurechtkommt« (Schoepp, 2018) vorlas und den Abend moderierte, und ich, zu einem Vortrag zum Thema »Gefühlserben« eingeladen. Man hätte eine Stecknadel fallen hören. Es war eine gebannte Stille, als Sebastian Schoepp Passagen über die Kriegsvergangenheit seiner Eltern vorlas und ich vortrug, wie dieses Gefühlserbe auch heute noch unser Leben bestimmen kann. Indem wir etwa unfähig sind, Dinge wegzuschmeißen, die noch irgendwie brauchbar sein könnten. Indem manche Menschen seit dem russischen Überfall auf die Ukraine einen gepackten Fluchtrucksack im Flur stehen haben. Oder indem wir furchtbar unter Stress geraten, sobald wir für eine Reise packen sollen.

Als das Licht wieder angegangen war, schauten wir in staunende Gesichter. Es dauerte eine Weile, bis Gespräche in Gang kamen. Die Verblüffung über das Gehörte musste sich erst auflösen. Aber dann kamen die Geschichten. Ein Mann erzählte, er habe es nach Jahren aufgegeben, seiner Frau beim Packen zu assistieren. Selbst wenn es nur auf eine Städtereise von wenigen Tagen gehe, erzählte er, brauche sie dafür bis mitten in die Nacht. Er gehe jetzt lieber rechtzeitig ins Bett, einer müsse am nächsten Tag schließlich fit sein. Aber dass die Flucht seiner Schwiegermutter zunächst aus der Ukraine, dann aus Schlesien die Ursache dieses Verhaltens sein könnte – das ließ ihn staunen. Ich konnte sehen, wie diese Information langsam einsickerte und so etwas wie Hoffnung aufkeimte. »Wenn wir das jetzt wissen«, so signalisierte sein Gesichtsausdruck, »vielleicht kann das aufhören?«

Dieses Staunen kenne ich gut. Es begegnet mir immer wieder. Für viele Menschen klingt es gar zu unwahrscheinlich, dass ein Trauma, das die Eltern oder Großeltern im Krieg erleiden mussten, heute noch das Leben der Kinder und Enkel bestimmen könnte. Nicht selten schleicht sich auch Skepsis auf die Gesichter von Klient:innen oder Workshopteilnehmenden. In Gesprächen mit Journalist:innen gilt es immer mal wieder, eine Schwelle des Misstrauens zu überwinden. Auch wenn das Thema in den Medien durchaus präsent ist, kommt es gelegentlich in Esoterikverdacht, höflich verpackt in die Frage nach seriösen Studien.

Es gibt diese Studien in großer Zahl, aber tatsächlich sind die Erklärungen der Wissenschaft für transgenerationale Übertragungen komplex (ich werde in diesem Buch versuchen, sie zu entschlüsseln). Mir scheint der Widerstand aber noch einen anderen Grund zu haben: Es ist eine narzisstische Kränkung, dass wir nicht souverän über unser Fühlen, Denken und Handeln entscheiden können, sondern die Folgen eines Leids ausagieren, das unseren Vorfahren zugefügt wurde; dass wir gleichsam ausbaden müssen, dass sie ihre Trauer oder ihre Schuld abgewehrt haben. Außerdem trägt der Widerstand gegen die Einsicht in eine machtvolle Vergangenheit eine ideologische Komponente in sich. Das Selbstbild des postmodernen Menschen ist schließlich geprägt von Selbstbestimmung und Wirkmächtigkeit. Dieses Selbstbild ist womöglich generell bei Männern sowie in der Generation der Millennials, zwischen 1981 und 1995 geboren, stärker vertreten. Und dieses Bild verstellt den Blick auf transgenerationale Aspekte der eigenen Persönlichkeit. »Traumatisierungen durch Entwurzelung, Entheimatung und Fremdheit werden abgespalten und geleugnet«, konstatiert die Psychoanalytikerin Monika Huff-Müller (2013). Es sei quasi der Versuch, das Unbewusste abzuschaffen.

Die meisten von uns haben von sich das Bild, einigermaßen selbstbestimmt und frei über das eigene Leben zu entscheiden. Okay, es gibt Sachzwänge, die wir nicht ändern können, aber im Großen und Ganzen tun wir doch, was wir tun wollen, oder? Nein, so ist es nicht. Es ist in Studien der Psychologie, der Gehirnforschung und der Soziologie belegt, dass wir viel stärker von unserer Herkunft geprägt sind, als uns bewusst ist. Gabriele Rosenthal, Göttinger Professorin für Soziologie, spitzt die Wirkung früherer Generationen auf unser Leben sogar noch zu: »Die nicht-erzählten Bestandteile der Familiengeschichte wirken sich auf die Lebensgeschichte der Kinder und Enkel aus, ohne dass dies von ihnen erkannt würde. Ganz allgemein formuliert: Je weniger die Nachgeborenen über die Vergangenheit ihrer Eltern oder Großeltern wissen, umso stärker werden sie in ihrem Leben, in ihrem psychischen Befinden, ihrem politischen Handeln und vor allem auch in ihren biographischen Entscheidungen […] von dieser Vergangenheit bestimmt« (Rosenthal, 1999a, S. 5).

Als ich diese Sätze vor einigen Jahren las, war ich elektrisiert. Hier kam in der Einordnung einer Forscherin auf den Punkt, was ich aus vielen Erzählungen in meinen Workshops kannte: dass sich das Leben der Teilnehmenden auf eigentümliche Weise fremdbestimmt und schicksalhaft anfühlte, das eigene Handeln ferngesteuert, dass die Gefühle im Zweifel standen, ob es überhaupt die eigenen seien. Das Rätseln über die Geschichte der Vorfahren hatte sie in die Veranstaltung geführt, die ungeklärten familiären Verstrickungen in das deutsche Erbe von Krieg, Faschismus und Holocaust. Und hier gab es nun die Erklärung. Ihr Verhalten, das ihnen nur zu oft unverständlich und dysfunktional vorkam, war die Folge eines vom Kriegserbe der Familie geprägten Unbewussten. Sie waren in einer Art emotionaler Zeitschleife gefangen. Nicht selten reinszenierten sie das Drama ihrer Eltern oder Großeltern. Als Gefühlserben.

Es war Sigmund Freud, der die Übertragung »bedeutsame[r] seelische[r] Vorgänge« von einer Generation zur nächsten »Gefühlserbschaften« nannte (Freud, zitiert nach Moré, 2013; vgl. Krejci, 2005). Wie stark diese transgenerationalen Weitergaben das Leben der Nachfahren bestimmen können, wurde zuerst bei den Kindern der Holocaustüberlebenden nachgewiesen, später auch bei deren Enkel:innen sowie bei den Nachfahren der Täter:innen. Klinische Forschungen haben gezeigt, dass in diese Gefühlserbschaften bewusst verheimlichte oder unbewusst verleugnete sowie abgespaltene seelische Inhalte einfließen (Moré, 2012, S. 72). Zum Gefühlserbe können sowohl traumatische Erlebnisse und unbetrauerte Verluste als auch Schuldgefühle gehören, mit all ihren negativen Folgen für die Erben. Wobei die Übertragung nicht nur einen individuellen, sondern ebenso einen systemischen Aspekt in sich trägt. Auch Bindungsmuster innerhalb von Familien überdauern oft mehrere Generationen. Sie können darüber hinaus in einer familiären Gerechtigkeitsbilanz manifestiert sein, wie die systemische Familientherapie entdeckt hat. Dann wird Nachkommen eine Art Wiedergutmachung aufgetragen, um eine ungesühnte Schuld der Vorfahren auszugleichen. So mag etwa erklärbar werden, warum viele Kinder aus Täter:innenfamilien in psychosozialen Berufen tätig sind (Ritscher, 2017).

Das emotionale Erbe der Vorfahren definiert unser Leben oft mehr, als wir uns vorstellen können. Im Alten Testament klingt das so: »Die Väter haben saure Trauben gegessen, und den Kindern sind davon die Zähne stumpf geworden« (Ezechiel 18,2). Dass auch die Enkel:innen betroffen sind, zeigt nicht nur die Erfahrung vieler Nachfahren, ihr Erleben wird auch von der Forschung bestätigt. »Die Konsequenzen einer belastenden Gesellschafts- und Familiengeschichte zeigen sich in der Enkelgeneration zum Teil noch deutlicher als in der Generation der Kinder«, schreibt Gabriele Rosenthal (2001, S. 8). Eine lange vor der eigenen Geburt liegende Familiengeschichte könne noch heute die Lebenswege der Nachgeborenen erheblich bestimmen. Tatsächlich waren es auch die Leidensgeschichten der Nachfahren, die den Impuls für die systematische Erforschung der transgenerationalen Weitergabe setzten. Sie begann, als die Nachkommen von Holocaustüberlebenden und die Nachkommen der Täter:innen in die Therapie von Psychoanalytiker:innen und Tiefenpsycholog:innen kamen. In den USA waren es zudem die Kinder der Vietnamveteranen, die mit Depressionen, unerklärlichen Schuldgefühlen oder Suizidgedanken therapeutische Hilfe suchten. Die Not der Betroffenen: immer wieder erdrückend.

Auf diese Zusammenhänge zu stoßen, faszinierte mich. Und je tiefer ich bei der Recherche, in Interviews, Workshops und Coachings kam, umso spannender wurde es. Es war augenöffnend zu verstehen, *wie* sehr wir Teil einer Ahnenreihe sind und von ihr so lange fremdbestimmt werden können, bis wir diese Zusammenhänge verstanden haben. Es machte mich auch neugierig: Wie geht denn das? Was passiert da? Und wie entkomme ich dem? Was ich auf dieser Expedition herausgefunden habe, ist Inhalt dieses Buches.

Die Erforschung war eng mit meiner Arbeit zum Thema der sogenannten Kriegsenkel verbunden. »Kriegsenkel« ist ein Kunstwort. Es bezeichnet die Menschen, die etwa zwischen 1960 und 1980 geboren wurden. Ihre Eltern waren im Zweiten Weltkrieg Kinder, sind also Kriegskinder, und deren Kinder kann man eben Kriegsenkel nennen. Sie verbindet eine Menge ähnlicher Prägungen und Erfahrungen. Ich selbst bin 1961 geboren, und auch wenn es ein bisschen peinlich ist, kann ich wie die meisten meiner Generation »99 Luftballons« von Nena und »Mamma Mia« von Abba auswendig mitsingen. Uns verbindet aber auch ein ganzes Bündel von Symptomen: Bindungsprobleme mit Eltern und Kindern, innere Einsamkeit, rastlose Suche nach Sinn und Heimat, Ringen um Erfolg im Beruf. Viele von uns hatten oder haben das Gefühl, dass sie nicht so richtig in ihrem Leben angekommen sind, dass viele Sehnsüchte sich nicht erfüllt haben, dass sie ein Leben wie mit »angezogener Handbremse« leben, wie es die Autorin Sabine Bode (2009) in einer schon fast sprichwörtlichen Formulierung ausgedrückt hat. Ohne dass wir eine Erklärung dafür hätten. Im Coaching wird freilich immer wieder deutlich, dass der Widerschein dieser Familiengeschichten längst die nächste Generation erreicht hat. Sie sieht sich mit ganz ähnlichen Rätseln konfrontiert, das Gefühlerbe wurde bereits weitergereicht.

Was ich von Workshopteilnehmenden und Klient:innen im Coaching immer wieder höre, sind Sätze wie diese: »Ich verstehe mich selbst nicht. Warum passieren mir immer wieder dieselben Fehler, warum reagiere ich auf dieselbe Weise, obwohl ich doch schon weiß, dass das nicht funktioniert?« Bei der Suche nach Erklärungen landen wir dann bei traumatischen Erfahrungen der Vorfahren oder auch bei ihren ungesühnten Verbrechen. Diese Gefühlserbschaften sind gleichsam der *missing link*, um das befremdliche Verhalten und Erleben auf einmal höchst plausibel zu erklären.

Wichtig ist dabei nicht nur die Perspektive auf die allgemeine historische Situation, die den Erfahrungen der Vorfahren zugrunde liegt, sondern auch auf das ganz konkrete Erleben. Das wurde mir deutlich, als eine Klientin, mehr nebenbei, von einer Panikattacke berichtete, die sie im Skiurlaub erlitten hatte. Das Skifahren hatte sie von ihrem Vater gelernt, und der war als Jugendlicher Flakhelfer gewesen. Ganz offenbar triggerte der Aufbruch aus dem engen Skikeller, beladen mit Skiern und Skischuhen, die Erinnerung an seinen Aufbruch aus dem Luftschutzkeller im letzten Kriegsjahr – und diese Angst hatte sich einst auf die kleine Tochter übertragen. Jahrzehnte später wurde sie wach, als zur bedrängenden Situation im Keller noch die Zeitnot kam, den zur Abfahrt bereitstehenden Bus zu erreichen. Bis ihr dieser Zusammenhang deutlich wurde, war die Panikattacke für sie nur ein Beleg gewesen, dem Leben irgendwie nicht gewachsen zu sein. So ergeht es vielen: Was eigentlich eine transgenerationale Weitergabe ist, wird als individuelles Versagen empfunden. Umso entlastender zu erfahren, was die eigentliche Ursache ist.

Der Zugang zu diesen Übertragungen ist naturgemäß nicht immer leicht zu finden. Aus Gründen, die später ausführlich Thema sein werden, decken viele Familien einen Mantel des Schweigens darüber. Das gilt vor allem, wenn eine abgewehrte Schuld von Vorfahren auf Enkel:innen oder Urenkel:innen lastet. Nicht nur soll das jahrzehntelang gehütete Familiengeheimnis die Täter:innen schützen – auch die Nachfahren selbst tun sich sehr oft schwer damit, die Verstrickung von Eltern, Großeltern oder gar Urgroßeltern in Kriegsverbrechen oder Verbrechen gegen die Menschlichkeit aufzudecken. Sind sie dazu bereit, stellen sich ihnen nicht selten Angehörige in den Weg. Die Loyalität zur Familie kann ungeheuer stark sein. Selbst um den Preis des Leidens unter psychischen und körperlichen Erkrankungen, die von der transgenerationalen Last ausgelöst werden.

Womit wir wieder bei der Macht der Muster angekommen sind, die in Familien von Generation zu Generation weitergegeben werden können (ich möchte schon hier ergänzen: bis einer nicht mehr mitmacht). Die nicht aufgearbeitete Familiengeschichte schafft eine potenziell traumatisierende Atmosphäre. Eine große amerikanische Studie belegt einen engen Zusammenhang zwischen belastenden Erfahrungen der Kindheit und späteren Gesundheitsrisiken, körperlichen Erkrankungen und psychischen Störungen. Die Traumatisierung in der Kindheit zeigt möglicherweise erst Jahrzehnte später ihre Wirkung, das allerdings mit hoher Wahrscheinlichkeit (vgl. Felitti, Fink, Fishkin u. Anda, 2007). Was ihre Behandlung erschwert: Die Zusammenhänge zwischen den Symptomen und ihren Jahrzehnte zurückliegenden Ursachen sind den Patient:innen in der Regel nicht bewusst. Vielen Ärzt:innen und Therapeut:innen freilich auch nicht.

Der Traumataloge Bessel van der Kolk schreibt: »Niemand möchte sich an ein Trauma erinnern. In dieser Hinsicht unterscheidet sich die Gesellschaft nicht von den Traumatisierten selbst. Wir alle wollen in einer Welt leben, die sicher, beherrschbar und berechenbar ist, und Traumatisierte erinnern uns daran, dass dies nicht immer zutrifft. Um Traumata zu verstehen, müssen wir unseren natürlichen Widerwillen überwinden, uns mit dieser Realität auseinanderzusetzen, und wir müssen den Mut entwickeln, uns die Zeugnisse von Traumaüberlebenden anzuhören« (van der Kolk, 2023, S. 258).

Um diesen traumatisierten Menschen zu helfen, aber auch um ihre Angehörigen zu schützen. Frauen, deren Männer unter einem Posttraumatischen Belastungssyndrom (PTBS) leiden, werden häufig depressiv. Die Kinder depressiver Mütter wiederum entwickeln sich oft zu unsicheren und ängstlichen Erwachsenen. Waren sie in ihrer Kindheit häufig Gewalttätigkeit ausgesetzt, fällt es ihnen schwer, stabile und vertrauensvolle Beziehungen zu anderen Menschen aufzubauen (van der Kolk, 2023, S. 258). Und aus diesen dysfunktionalen Mustern wird dann eine Gefühlserbschaft. Ein Phänomen, das eine gesellschaftliche Relevanz hat, wie die Epigenetikforscher:innen Ali Jawaid und Isabelle Mansuy betonen: »Die Vorstellung, dass psychologische Traumata zu Effekten führen, die potenziell vererbbar sind, ist von großer Bedeutung für die Gesellschaft, wenn man bedenkt, wie viele Individuen durch gegenwärtige und jüngste menschliche Konflikte traumatisiert wurden« (Jawaid u. Mansuy, 2021, S. 278). Und nicht selten sind es die nicht aufgearbeiteten Schrecken der Vergangenheit, die in aktuellen Konflikten eine schockierende Gegenwärtigkeit bekommen.

Ein weiter Bogen: von der Schwierigkeit, einen Koffer für eine Städtereise zu packen, bis hin zu massiven körperlichen und psychischen Folgen, die von Traumatisierungen ausgelöst werden können, und den Auswirkungen für ein Einwanderungsland wie Deutschland, in dem Menschen Schutz und Zuflucht suchen. Tatsächlich möchte ich den Bogen aber noch weiter spannen. Denn es gibt einen großen Bereich von Gefühlserbschaften, die von der Fixierung auf die Probleme und das Leid verdeckt werden. Wir haben sogar einen positiv konnotierten Begriff dafür: Traditionen. Wie Feste gefeiert, Gerichte gekocht, Leidenschaften für Kultur, Natur oder Technologie gepflegt, wie Lieder gesungen werden – auch das ist ein integraler Teil des Familienerbes. Was ich oft erlebt habe: dass erst die Beschäftigung mit den negativen Aspekten der Familiengeschichte und ihre beginnende Integration den Blick öffnen für diese Ressourcen. Ist das Leid gewürdigt und betrauert, entstehen neue Möglichkeitsräume. Vielleicht auch dafür, sich von alten Dingen zu trennen, weil wir uns nicht mehr vom Mangel bedroht fühlen, und das Packen für eine Reise innerhalb einer Stunde zu bewältigen, weil wir darauf vertrauen können, dass wir in unser Zuhause zurückkehren werden.

Eine Garantie für dieses Gelingen gibt es naturgemäß nicht, aber eine Chance durchaus. Eine Grundregel im Coaching sagt: Wir können nur ändern, wovon wir wissen. Und zu wissen, warum wir für uns selbst befremdliche Haltungen und Handlungen an den Tag legen, bewirkt zweierlei. Wir müssen uns nicht mehr verurteilen für dieses eigentümliche Verhalten, weil wir es als Gefühlserbschaft erkannt haben. Tatsächlich kann schon das Erkennen ihrer transgenerationalen Herkunft ihre Macht entscheidend mindern. Und wenn der Impuls für diese automatisierten Handlungen auftaucht, können wir ihn wahrnehmen und haben eine Entscheidungsmöglichkeit: Wollen wir folgen oder nicht? So entsteht innere Freiheit.

Es gibt vielfältige Beispiele dafür, dass belastende Gefühlserbschaften überwunden werden können. Eine sehr persönliche Erfahrung davon ist in die Entstehung dieses Buches eingeflossen. Ich habe einen Gutteil davon in einem Häuschen in der Bretagne geschrieben. An der Küste unweit der Unterkunft gibt es zahlreiche Reste deutscher Bunker und Geschützstellungen aus dem Zweiten Weltkrieg. Die nächstgelegene größere Stadt Brest wurde damals fast komplett zerstört. Noch im Ersten Weltkrieg hatte mein Großvater an einer Schlacht auf französischem Boden teilgenommen, bei der 460.000 Soldaten starben. Damals im Glauben an eine »deutsch-französische Erbfeindschaft«, die ein im 19. Jahrhundert geprägter nationalistischer Topos behauptete.

Erbfeindschaft? Meine französischen Gastgeber, deren Häuschen ich gemietet hatte, hätten freundlicher nicht sein können. Wenn wir um unser Gefühlserbe wissen, können wir entscheiden, welchen Teil davon wir annehmen wollen. Und welchen nicht.

So klingt ein Gefühlserbe

Sätze aus alter Zeit

Finden Sie sich in einigen dieser Sätze wieder? Sie können Ausdruck einer transgenerationalen Übertragung sein.

»Ich verstehe mich selbst nicht – immer wieder laufe ich in dieselbe Falle.«

»Jedes Mal, wenn ich für den Urlaub packen soll, komme ich enorm unter Stress.«

»Ich kann einfach nichts wegschmeißen, auch wenn meine Wohnung schon überquillt.«

»Man kann niemandem trauen!«

»Nur was ich weiß, kann mir keiner nehmen.«

»Ich muss etwas wiedergutmachen, weiß aber gar nicht, was.«

»Ich kümmere mich immer nur um die anderen. Meine eigenen Bedürfnisse kommen viel zu kurz.«

»Man muss mit dem Schlimmsten rechnen, dann kann es nur besser werden.«

»Ich gehe nie, nie, nie ohne etwas zu essen aus dem Haus.«

»Der Teller wird leer gegessen!«

»Karriere ist nur für die anderen.«

»Krank sein heißt faul sein.«

»Auch wenn ich anderer Meinung bin, gebe ich immer nach.«

»Nur wenn ich etwas leiste, bin ich etwas wert.«

»Immer lächeln, aber wie's drinnen aussieht, geht niemanden etwas an.«

»Was sollen denn die Leute sagen?!«

»Wenn ich einen Fehler mache, passiert etwas Schreckliches!«

»Ich laufe ständig mit einem schlechten Gewissen herum, weiß aber gar nicht, was ich verbrochen haben könnte.«

»Freu dich nicht zu früh.«

»Sei wie das Veilchen im Moose,
sittsam, bescheiden und rein,
und nicht wie die stolze Rose,
die immer bewundert will sein.«

Ein optimistischer Blick voraus

Entdeckungsreise Gefühlserben

»Was können wir, *weil* wir Kriegsenkel sind?« Mit dieser Frage habe ich Workshopteilnehmende immer wieder überrascht. Die Übung in Gruppen von drei oder vier Teilnehmenden bildete traditionell den Abschluss des Tages. Die Perspektive fanden viele befremdlich. Hatte das Leben ihnen nicht unsanft mitgespielt und sie in dysfunktionale Familien hineingeboren? War es nicht gerade die bedeutende Erkenntnis gewesen, als Mitglied einer Generation das Leid mit anderen zu teilen, also wenigstens nicht allein und ausschließlich an den bedrängenden Problemen des Alltags schuldig zu sein, sondern die Verantwortung dafür zumindest teilweise der Eltern- oder Großelterngeneration, den Verhältnissen, der deutschen Geschichte anlasten zu können? Und jetzt kam einer daher und lud mit fröhlichem Grinsen zu einer Übung mit dieser Frage ein: »Was können wir, *weil* wir Kriegsenkel sind?« Davor war es um Traumata und Recherche von Kriegsverbrechen gegangen, um blockierende Glaubenssätze und schwarze Pädagogik – was sollte das jetzt? »Nimmt der unser Leid nicht ernst?« Diese Frage schien sich mir nicht selten auf die Gesichter zu schleichen.

Um sie eindeutig zu beantworten: Doch, unbedingt! Jedes Leid muss angeschaut und gewürdigt werden. Das ist meine tiefe Überzeugung. Es passiert mir in Coachings oder Workshops auch immer wieder, dass mir bei manchen Geschichten Tränen aufsteigen. Ist halt so. Die Abwehr des Leids und der Trauer (allerdings auch der Schuld) haben ja gerade diese belastenden Spätfolgen entstehen lassen, mit denen wir uns heute herumschlagen. Sie nicht mehr abzuwehren, ist ein Akt der Befreiung. Wenngleich ein schmerzlicher. Aber die Frage, die sich mir vom Beginn meiner Arbeit an aufdrängte, zuerst mit den Kriegsenkeln, später auch mit jüngeren und jungen Menschen: Was dann?

Luise Reddemann, Pionierin der Traumatherapie in Deutschland und von mir gerade auch für ihre Menschlichkeit verehrt, formulierte dafür in einem Interview mit mir Sätze, die zum Leitmotiv wurden: »Das ist die wichtige Botschaft für alle, die sich diesem Thema zuwenden! Es geht darum zu verstehen: ›So war's halt. Es war nicht schön, ich hätte mir etwas anderes gewünscht. Aber so war's eben.‹ Dann ist Trauern wichtig, aber irgendwann muss es auch damit gut sein. Denn jetzt könnt ihr mit euch selbst liebevoll sein, ihr könnt mit euren Kindern liebevoll sein. Ihr könnt ihnen sagen, dass ihr bedauert, was ihr aufgrund eurer Prägungen anders gemacht habt, als es richtig gewesen wäre. Das finde ich mindestens so wichtig, wie sich immerfort mit der Vergangenheit zu befassen. Zu schauen: Was hat es aus mir gemacht – und was möchte ich *jetzt* an mir verändern. Das ist der nächste Schritt. Man muss in der Gegenwart ankommen!« (Rohde, 2017a).

Und diese Gegenwart können wir nur mithilfe unserer Ressourcen gestalten – mit dem, was wir können, weil wir die sind, die das bisherige Leben aus uns gemacht hat. Wenn wir dazu kommen wollen, unsere Emotionen regulieren zu können, eine Wahrnehmung für Glück und Zufriedenheit zu entwickeln, uns nach destabilisierenden Situationen wieder in die Balance zu bringen, unsere Ängste zu begrenzen, aus Automatismen mithilfe von Bewusstheit und Achtsamkeit auszusteigen, empathisch auf andere zu reagieren und positive und eingestimmte Bindungen einzugehen – wenn wir diesen Ausdruck psychischer Gesundheit für uns realisieren wollen, sind es die Ressourcen, die uns dazu befähigen. Natürlich kommen wir um einen Blick auf die Ursachen der Probleme und des Leids nicht herum. Wie ich aus ganz persönlicher Erfahrung weiß (und im Epilog dieses Buches erzähle), kann die Recherche der eigenen Familiengeschichte sehr schmerzhaft und unangenehm sein. Sie ganz im Sinne Luise Reddemanns zu verstehen, zu akzeptieren und zu betrauern, ist ein unvermeidlicher Schritt. Mindestens so bedeutend ist aber das Bewusstsein für unsere Stärken und die Antwort auf die Frage, *wie* wir Probleme gelöst und Krisen gemeistert haben. Die Therapie- und Coachingforschung weist nach, wie wichtig diese Aktivierung unserer Ressourcen ist. Dazu gehört auch, uns nicht permanent für unsere dysfunktionalen Muster zu verurteilen. Sie waren einmal die gesunde Reaktion auf ungesunde, wenn nicht toxische Verhältnisse. Ein bisschen zugespitzt (aber nur ein bisschen): Sie haben uns in schwieriger Zeit das *Überleben* gesichert. Wir haben bisher leider verpasst, sie den aktuellen Bedürfnissen anzupassen. Um dieses Update geht es jetzt. Der klare Blick auf unser Gefühlserbe kann uns zu einem besseren Umgang damit verhelfen.

Die Geschichte der Kinderärztin Nadine Burke Harris, die in einem Brennpunktviertel von San Francisco ein Gesundheitszentrum für Kinder begründete, hat mich sehr beeindruckt. In ihrem Buch »Befreiung finden. Wie Sie die langfristigen Auswirkungen von Kindheitstraumata heilen« schreibt sie darüber, wie wir einen heilsamen und letztlich stärkenden Umgang mit diesen frühen Belastungen finden können. Sie stehen nach Burke Harris' Überzeugung nicht nur für Leid. »Bei einigen Menschen können diese Belastungen das Durchsetzungsvermögen stärken, die Empathie vertiefen, die Entschlossenheit, andere zu schützen, fördern und Mini-Superkräfte freisetzen, aber allen Menschen gehen sie unter die Haut und in die DNA und werden zu einem wichtigen Bestandteil dessen, was sie sind. Ich bin nicht der Ansicht, dass Menschen, die mit ACEs [Adverse Childhood Experiences – belastenden Kindheitserfahrungen, S. R.] aufgewachsen sind, über ihre Kindheit ›hinwegkommen‹ müssen. Ich bin nicht der Ansicht, dass es nützlich ist, Kindheitsbelastungen zu vergessen oder ihnen die Schuld zuzuschreiben« (Burke Harris, 2020, S. 259). Der erste Schritt bestehe darin, ihr Ausmaß zu bestimmen und mit klarem Blick die Auswirkungen und Risiken weder als Tragödie noch als Ammenmärchen zu betrachten, sondern als aussagekräftige Realität dazwischen. »Sobald wir verstehen, wie unser Körper und unser Gehirn darauf ausgerichtet sind, in bestimmten Situationen zu reagieren, können wir die Art und Weise, wie wir an die Dinge herangehen, in Eigeninitiative verändern. Wir können lernen, Stressauslöser zu erkennen und wie wir uns selbst und die, die wir lieben, unterstützen können« (S. 259).

Die neurobiologische Basis unseres Verhaltens kennenzulernen, ist ein wichtiger Schritt. Auch unsere Gefühlserbschaften sind dort verankert. Sie zu identifizieren, führt uns zum *missing link,* der uns den Weg aus inneren Blockaden weist. Noch wichtiger scheint mir aber der Aspekt der Beziehungen zu sein. Gefühlserbschaften entstehen in Beziehungen und wirken auf sie. Deswegen ist es so bedeutsam, auch den Prozess ihrer Aufarbeitung im Kontakt mit anderen zu gestalten, vorsichtig zunächst, aber dann mit wachsender Offenheit. Meine Einladung ist daher, über dieses Thema nicht einfach nur zu lesen, sondern mit anderen in Kontakt zu kommen. Ich habe oft erlebt, dass Workshopteilnehmende die gesamte Literatur zum Thema kannten, aber geradezu beseelt waren, endlich mit anderen über ihre persönlichen Erfahrungen sprechen zu können.

Zunächst über Leidvolles, aber später auch über die eingangs zitierte Frage, was wir können, weil wir Kriegsenkel sind – sie wird in diesem Buch erweitert: weil wir *Gefühlserben* sind. Lebensgeschichten, in denen sich das unverarbeitete Leid, die abgewehrte Schuld von Vorfahren auf erschütternde Weise spiegeln, gibt es in jeder Generation, in jeder Gesellschaft. Die Mechanismen der Weitergabe sind dieselben. Aber jedes Mal, wenn wir uns ihrer Überwindung zuwenden, gibt es einen interessanten Shift in der Stimmung. Jedes Mal. Nicht nur, dass den Teilnehmenden nach anfänglicher Hemmung viele Ressourcen einfallen und ihnen Dinge bewusst werden, die in ihrem Leben sehr gut gelungen sind. Sie bekommen auch deutlich bessere Laune. Die ziemlich stabile Problemorientierung, die vielen Menschen eigen ist, wird etwas durchlässiger, verliert ein wenig von ihrer

Macht. Seien wir nicht naiv: Das sind natürlich Momentaufnahmen, und eine Workshopübung von einer Stunde verändert nicht das gesamte Lebensgefühl. Und doch sind solche Erfahrungen wertvoll und wichtig, weil es eben *Erfahrungen* sind, nicht nur Gedanken, weil sich damit positive Körperempfindungen und Gefühle verbinden, an die wir später anknüpfen können.

Auch deswegen spricht mir eine Aussage der Psychotherapeutin Katharina Ohana aus der Seele. Ich habe sie oft zitiert: »Wir sind nicht mehr so richtig jung, doch alt sind und fühlen wir uns auch noch nicht: Jetzt ist noch Zeit, etwas zu ändern. Die Wiederholungsmuster sind längst offensichtlich. Und wer nicht den Rest seines Lebens an die fremdbestimmenden Mächte in seinem Unbewussten verlieren will, der schaut sich spätestens jetzt an, warum sich so viele Sehnsüchte unerfüllt aufgestaut haben. Und warum das Leben nicht so geworden ist, als wir damals aufbrachen, es zu erobern« (Ohana, 2015, S. 129).

Jetzt ist noch Zeit, etwas zu ändern! Dieser Satz ist zentral. Und wie viel mehr gilt er für junge Menschen, die ihrem dysfunktionalen Gefühlserbe nicht erst mit 50 oder 60 Jahren auf die Spur kommen, sondern bereits mit 25 oder 30 Jahren!

Einladung zur Reflexion

Fragen und Übungen

Die »Entdeckungsreise Gefühlserben« hat begonnen. Um sie bewusster wahrnehmen zu können, lade ich nach jedem Kapitel dazu, einige Fragen zu beantworten oder kleine Übungen zu machen. Und los geht's.

Fragen zum Start

- Warum lese ich dieses Buch?
- Warum jetzt?
- Gibt es ein Verhalten oder ein Phänomen, das ich an mir nicht verstehe, aber immer wieder erlebe?
- Was kann ich, *weil* ich genau mein Leben gelebt habe?

Das Wort »Gefühlserbe«

- Welche der Sätze im Kapitel »So klingt ein Gefühlserbe« (S. 17 f.) haben Resonanz in mir ausgelöst?
- Was könnte sich dahinter verbergen?
- Gibt es Emotionen oder Körperempfindungen, die sich mit dieser Ahnung verbinden?

Übung

Meine Lebenslinie

Diese Übung eignet sich besonders gut, einen umfassenderen Blick auf die eigene Biografie zu bekommen.

1. Schritt: Teilen Sie Ihr Leben in Fünf-Jahres-Abschnitte auf.

2. Schritt: Schreiben Sie für jeden Abschnitt drei Ereignisse auf:
- ein positives
- ein negatives
- eines, bei dem Sie etwas Wichtiges gelernt oder ein Problem gelöst haben

3. Schritt: Nehmen Sie ein großes Stück Papier (oder mehrere) und zeichnen Sie eine Linie, die Ihre emotionale Verfassung in jenen Jahren widerspiegelt und eine Verbindung schafft zwischen den Ereignissen aus Schritt 2. Vielleicht entstehen auch zwei Linien?

4. Schritt: Achten Sie auf die Wendepunkte der Linie, an denen sie ihre Richtung nach oben oder unten ändert – was ist dort passiert?

▸ Weitere Materialien zur Selbsterforschung finden Sie online auf www.vandenhoeck-ruprecht-verlage.com bei der Anzeige dieses Buches unter der Rubrik »Downloads«.

Das Gefühlserbe in unserem Leben

Rätselhaftes Erleben

Das Unbewusste im Alltag

Castings sind für viele Schauspieler:innen der pure Stress. Hier entscheidet sich, ob sie in der kommenden Zeit Arbeit haben, wie viel sie verdienen werden, wie sich ihre Karriere weiterentwickelt, ob sie auf dem Weg, irgendwann keine Castings mehr zu benötigen, einen nächsten Schritt gehen können. Entsprechend gut sind die meisten vorbereitet, kennen ihren Text, sind emotional präpariert, um dann in einer kurzen Zeitspanne die beste Version von sich selbst zu präsentieren. Von einem solchen Casting berichtete mir eine Klientin, längst etabliert, aber dennoch nicht dort angekommen, wo sie ihr Potenzial als Schauspielerin ausgeschöpft sah. Noch auf der Treppe zum Studio hatte sie sich gut gefühlt, oben einige Kolleg:innen begrüßt, um nun fokussiert auf alles Weitere zu warten. Aber dann ging die Tür auf, ein hochgewachsener Mann mit scharf geschnittenen Gesichtszügen betrat den Raum, ließ seinen Blick über die Anwesenden schweifen – und die eben noch selbstbewusste Frau, die sich gut vorbereitet glaubte, sackte innerlich zusammen. Mit großer Kraftanstrengung wahrte sie ihre Fassung. Auf einer Skala des Selbstbewusstseins von 1 bis 10 sei sie in Sekunden von 8 auf 1 gerutscht, berichtete sie mir. Die Rolle bekam eine Mitbewerberin.

Was war passiert? Ganz offenbar hatte die schneidige Ausstrahlung des Schauspielkollegen ihr den inneren Halt genommen. Die Fassungslosigkeit über dieses Erleben stand ihr immer noch im Gesicht, als wir die Situation bearbeiteten. Sie kenne das aus früheren Castings und Dreharbeiten, habe das aber ihrer damaligen Unerfahrenheit zugeschrieben. Heute, fast zehn Jahre später und mit einer respektablen Liste von Referenzen, erschien ihr ihre Reaktion ebenso rätselhaft wie verstörend. Noch tagelang habe sie sich danach kraftlos und deprimiert gefühlt.

Die Übung, zu der ich sie einlud, verbindet die Wahrnehmung von Körperempfindungen und von ihnen ausgelösten inneren Bildern. Im Verlauf tauchte eine dystopische Ruinenlandschaft auf, nichts, was die 1987 geborene Frau schon einmal selbst erlebt hatte. Sehr wohl aber ihr Vater, kurz nach dem Krieg im zerstörten Berlin geboren und aufgewachsen. Die Erinnerung an eine seiner raren Erzählungen über die Nachkriegszeit führte dann zur Erklärung für das seltsame Kollabieren während des Castings: Der Vater hatte als Kind und Jugendlicher mehrfach demütigende Erfahrungen mit Offizieren der Besatzungsmächte gemacht. Das schneidige Auftreten des Kollegen beim Casting hatte dieses Gefühlserbe in der Tochter wachgerufen. Und das, obwohl sie sich kaum je für die Erlebnisse ihres Vaters in der Berliner Nachkriegszeit interessiert hatte.

In seinem Roman »Eurotrash« bringt der Schriftsteller Christian Kracht das Prinzip der transgenerationalen Übertragungen plakativ auf den Punkt: »Was nicht ins Bewusstsein steigt, kommt als Schicksal zurück« (Kracht, 2021, S. 36). Und dafür, was dann passiert, hat der Psychoanalyseforscher Stephen Frosh ein treffendes Bild gezeichnet: »Wenn das Unbewusste existiert, dann wird es, ganz gleich, was wir sagen, um ihm auszuweichen, immer zu uns zurückkehren [...] Dinge, die von früheren Geschehnissen *übrig*geblieben sind oder aus der bewussten Anerkennung *aus*geschlossen wurden. Es sind die randständigen Dinge, die uns von der Seitenlinie und aus den Tiefen anspringen und uns verfolgen, während wir unser vermeintlich normales Leben führen« (zit. nach Frie, 2021, S. 86). Tatsächlich erlebte die Klientin ihr Verhalten in der Castingsituation als schicksalhaft, als eine empfindliche Störung aus der Tiefe. Im neu gewonnenen Bewusstsein, eine fast 70 Jahre zurückliegende Erfahrung ihres Vaters zu reinszenieren, entstand ein völlig neuer Blick auf die Situation. Und damit die Möglichkeit, die hochmütige Attitüde von Kollegen einfach ins Leere laufen zu lassen.

So erleichternd Erkenntnisse wie diese für Menschen sein können: Sie sind immer wieder von Skepsis, Zweifeln, ja Abwehr begleitet. Kann das wirklich sein? Sind, wie in dieser Geschichte, die demütigenden Erfahrungen des Vaters ursächlich für das Scheitern der Tochter – und das in einer völlig anderen Situation? Oder ist es vielmehr »verweichlichtes Getue«, das von eigener Unfähigkeit ablenken soll? So wurde es mir von einem Leser anlässlich einer Zeitungsveröffentlichung über transgenerationale Traumata vorgehalten. Wer für eine Aufgabe zu blöd oder zu schwach sei, stilisiere sich eben zum Opfer und schiebe alles auf die Eltern. Mit dieser Polemik, aus der Wissenschaftsfeindlichkeit klingt, muss umgehen lernen, wer öffentlich über diese Themen spricht.

Ein Gefühlserbe liegt nahe, wenn für die erlebte Reaktion – wie im gerade beschriebenen Fall ein inneres Zusammensacken – in der eigenen Biografie oder in der aktuellen Situation keine Ursache zu finden ist. Tatsächlich ist aber ein *Beweis,* wie sich transgenerationale Übertragung konkret ausgestaltet, nur schwer zu führen. Dazu sind die Faktoren zu individuell, ebenso das traumatische Erleben selbst. Wenn wir Zusammenhänge wie diese aufdecken, dann sprechen wir nicht über Gesetzmäßigkeiten, sondern über Wahrscheinlichkeiten und Plausibilitäten. Es gibt keinen Determinismus. Weder muss das Erleben potenziell traumatisierender Erfahrungen bei jedem Menschen tatsächlich zu einem Trauma führen noch werden Traumata zwangsläufig an zukünftige Generationen übertragen. Aber wenn es eben doch geschehen ist und wir einen Widerschein in schicksalhaft erlebten Situationen von Kindern oder Enkeln beobachten, liegt es nahe, hier genauer hinzuschauen. Angesichts einer Vielzahl von Studien aus unterschiedlichen Fachrichtungen können wir eben doch aus dem individuellen Erleben auf den größeren Zusammenhang schließen und eine sehr persönliche Botschaft formulieren: »Was du erlebst und worunter du leidest, ist nicht deins. Du reinszenierst, was das Leben deiner Vorfahren bestimmt hat.«

Wie sich die Erfahrungen voriger Generationen auf zukünftige übertragen: Das ist Inhalt dieses Kapitels. Es geht dabei sowohl um die Wege der Übertragung, die Gefühlserbschaften selbst als auch um die Bereiche unseres Lebens, in denen sich ihre Wirkungen zeigen:

- in der Psyche,
- im Körper,
- in Beziehungen,
- im Lebensweg.

Naturgemäß lässt sich das nicht trennscharf voneinander abgrenzen. Das wird schon an der Geschichte der Schauspielerin deutlich. Der

Kontakt mit dem Kollegen löste zunächst ein inneres Kollabieren aus, also ein psychisches Erleben. Er aktivierte Selbstzweifel, minderte zumindest vorübergehend das Selbstwertgefühl und rief eine Angst vor zukünftigen Castings und Dreharbeiten hervor. Die körperlichen Auswirkungen waren in Form von Kraft- und Antriebslosigkeit noch Tage danach spürbar. In die Beziehung zu anderen Menschen trug das Erleben dieses Typus »schneidiger Mann« eine Unsicherheit und potenzielle Unterlegenheit hinein, auch ein Widerschein der instabilen Persönlichkeit des Vaters. Und dass ein verpatztes Casting sich negativ auf die Schauspielkarriere auswirken kann, liegt auf der Hand.

Der Ausdruck, den sich Erfahrungen früherer Generationen im Denken, Fühlen und Handeln ihrer Nachfahren suchen, kann typischen Mustern folgen oder sich individuell ausprägen. Aber es gibt eine Faustregel: Je dramatischer der Auslöser, umso dramatischer seine späteren Folgen.

Epigenetik & Co.

Die Wege transgenerationaler Übertragungen

»Der Apfel fällt nicht weit vom Stamm« – diese Redewendung ist uns vertraut. Wir erkennen in der Tochter die Mutter, im Sohn den Vater oder auch in allen vieren die Großeltern. Auf Fotos suchen wir mit Neugier und Vergnügen die Familienähnlichkeit und forschen in Lebensläufen oder Karrieren nach den Analogien. Nicht selten werden wir fündig und sagen dann »ganz der Vater, die Mutter, die Oma«. Je nach Betonung kann sich darin Anerkennung oder Abwertung ausdrücken, Letzteres gern auch in dieser Formulierung: »Du bist genau wie dein Vater!« Dass es in Familien Traditionen gibt, Eigenschaften, die übereinstimmen, Talente und berufliche Neigungen, die sich über mehrere Generationen erhalten, ist eine Alltagserfahrung. Die sozialwissenschaftliche Forschung belegt seit Jahrzehnten Zusammenhänge zwischen den Sozial-, Erziehungs-, Verhaltens- und Wirtschaftsparametern von Eltern und Kindern. Und natürlich erleben wir darin das Phänomen transgenerationaler Übertragung.

Und doch ist die Entwicklung der Psyche eines Menschen nicht einfach das Ergebnis dieser Übertragungen. Tatsächlich ist sie nichts weniger als ein Wunder. Wie sich unser Wesen ausbildet, unsere Fähigkeit zur Kommunikation, zur Interaktion, zur Selbstregulation, später zum Umgang mit Konflikten, gehört zu den faszinierendsten Fragen des Lebens. Und natürlich ist sie Gegenstand zahlloser Forschungen und Theorien, die immer tiefere Einsichten und Erkenntnisse hervorbringen. Lange überholt ist die Vorstellung, ein Mensch komme gleichsam als weißes Blatt, das vom Leben beschrieben werde, zur Welt und relevant seien auch nur die Erlebnisse, die er konkret erinnere. Freilich ist diese Vorstellung für unser Thema von großer Bedeutung, denn sie erklärt die Skepsis vieler gegen das Phänomen der transgenerationalen Übertragung. Immer wieder behaupten Menschen, die im Krieg oder während einer erzwungenen Migration noch Säuglinge waren, das Geschehen sei für sie und ihre psychische Gesundheit vollkommen ohne Bedeutung; sie hätten ja gar nichts mitbekommen.[1] Ein Irrtum. Heute wissen wir, dass gerade diese frühen Erfahrungen prägende Spuren in der Psyche hinterlassen. Schon vom dritten Monat der Schwangerschaft an zeigen Ungeborene individuelle Reaktionen auf äußere Reize, und mit jedem Monat prägen sich die Sinne stärker aus. Schon diese vorgeburtlichen Erfahrungen beeinflussen unsere Entwicklung, erst recht aber unsere Erlebnisse, nachdem wir auf die Welt gekommen sind. Abseits des Genmaterials, das wir in uns tragen, entwickelt sich im Kontakt mit den Eltern die Psyche. Alles, was sie uns entgegenbringen, findet in uns Resonanz. Dabei *geschieht* Transmission, sie ist kein kontrollierter Vorgang. Es gibt natürlich eine bewusste Weitergabe von Haltungen, Handlungen und Werten, aber das allermeiste, das uns übertragen wird, ist unbewusst. »Wir können nicht nichts weitergeben an die nächste Generation«, sagt der Psychoanalytiker Dieter Bürgin. »Transmission ist etwas Unumgängliches« (Bürgin, 2011).

---

1 Ein Detail dieser Vorstellung, die schaudern lässt: Noch bis in die 1980er Jahre hinein wurden früh geborene Babys häufig ohne Narkose operiert. Wissenschaftler:innen gingen davon aus, dass Frühgeborene keinen Schmerz empfinden könnten, weil ihr Nervensystem noch nicht ausgereift sei.

Vier Ebenen der Persönlichkeit

Was wurde, was wird da übertragen? Weiten wir die Perspektive ein wenig und schauen nicht mehr nur auf dysfunktionale und belastende Aspekte der Übertragung aus vorigen Generationen, sondern auf unsere Persönlichkeit als Ganzes, sehen wir vier Ebenen. Sie werden in verschiedenen Phasen unserer Entwicklung geprägt, von der Zeugung bis ins Erwachsenenalter, und sind in unterschiedlichen Gehirnregionen lokalisiert (für die folgende Aufstellung vgl. Roth, 2013).

Die Basis bildet das *vegetativ-affektive Verhalten* auf der unteren limbischen Ebene. Es macht unser Temperament aus und ist durch genetische, epigenetische und vorgeburtliche Einflüsse bedingt. Hier sind grundlegende Persönlichkeitsmerkmale wie Offenheit, Selbstvertrauen, Kreativität, Vertrauen, der Umgang mit Risiken, Ordnungsliebe, Zuverlässigkeit und Verantwortungsbewusstsein angesiedelt. Diese Ebene ist durch Erfahrung und Erziehung kaum zu beeinflussen.

Auf der nächsthöheren Ebene finden wir das *unbewusste Selbst,* das sich in den ersten Lebensjahren entwickelt. Es ist auf der mittleren limbischen Ebene und in der Amygdala, unserem Angstzentrum, verankert. Elementare Funktionen wie Furcht, Freude, Glück, Verachtung, Ekel, Neugierde, Hoffnung und Erwartung werden hier angebunden an die individuellen Lebensumstände. Zugleich ist die Amygdala der Teil des Gehirns, der unsere unbewusste Wahrnehmung emotionaler Signale wie Blick, Mimik, Gestik und Körperhaltung steuert. Zusammen mit der ersten Ebene bildet das unbewusste Selbst den Kern unserer Persönlichkeit. In späteren Jahren ist es nur über starke Emotionen oder ausdauerndes Üben zu beeinflussen.

Das *individuell-soziale Ich* formt sich in der späten Kindheit und Jugend und wird vor allem durch sozial-emotionale Erfahrungen beeinflusst. Der Ort im Gehirn ist die obere limbische Ebene. Hier ist angelegt, wie sich Gewinn- und Erfolgsstreben ausprägen, welche Bedeutung Anerkennung und Ruhm, Freundschaft, Liebe, soziale Nähe, Hilfsbereitschaft und Ethik haben. Zusammen mit den beiden unteren Ebenen entstehen grundlegende sozial-relevante Persönlichkeitsmerkmale wie Machtstreben, Dominanz, Empathie, Kommunikationsbereitschaft und die sozialverträgliche Verfolgung individueller Ziele. Zu verändern ist das individuell-soziale Ich vor allem im direkten emotionalen Kontakt mit anderen.

Schließlich das *kognitiv-kommunikative Ich.* Es ist der Ausdruck der bewussten Kommunikation und im präfrontalen Cortex angesiedelt. Es steuert unsere bewusste Handlungsplanung, die Art, wie wir uns die Welt erklären und unser Verhalten vor uns selbst und anderen präsentieren. Dieser Anteil der Persönlichkeit entsteht relativ spät und verändert sich ein Leben lang, sowohl durch Bewusstseinsprozesse als auch durch Interaktion mit anderen.

Was anhand dieser Aufgliederung deutlich wird: Je früher eine Facette unserer Persönlichkeit angelegt wird, umso tiefer ist sie eingeprägt und umso schwerer ist sie später zu verändern. Der Aufbau und die Entwicklung des Gehirns erfolgen Schicht um Schicht von unten nach oben. Dies verläuft bei jedem Menschen in seiner individuellen Entwicklung genauso, wie unsere Spezies als Ganzes im Laufe der Evolution allmählich ihren aktuellen Zustand erreicht hat (vgl. van der Kolk, 2023).

Transgenerationale Übertragungen

Was anhand der Ebenen der Persönlichkeit ebenso deutlich wird: Ein Gutteil der Facetten ist zumindest teilweise Ergebnis transgenerationaler Übertragungen. Als da sind:

1. Genetik,
2. Epigenetik und vorgeburtliche Prägung,
3. frühe Bindungserfahrungen,
4. Sozialisation im Familiensystem,
5. Prägung durch das Kollektiv.

1. Genetik

Die Genetik sei in aller Kürze abgehandelt. In unserem Zusammenhang ist von Bedeutung, dass nicht nur Körperbau und Augenfarbe vererbt werden. Auch Intelligenz, spezielle Talente wie ein besonderes Gehör sowie etwa die Bereitschaft, sich engagiert für eine Sache einzusetzen, werden zumindest teilweise vom Erbgut bestimmt. Ebenso kann die Disposition für körperliche und psychische Erkrankungen vererbt werden. Was nicht über das eigentliche Erbgut – das Genom – vererbt werden kann: negative oder gar traumatische Erfahrungen.

Eine andere Art der Vererbung ist aber durchaus möglich: über das Epigenom. Und damit sind wir bei einer vergleichsweise jungen Wissenschaft, die völlig neue Einsichten in die Mechanismen der transgenerationalen Weitergabe ermöglichen.

2. Epigenetik

»Traumata sorgen nicht nur für Narben in der Seele, sondern auch für Narben im Erbgut«: Auf diese anschauliche Formel bringt es der Schweizer Depressionsforscher Florian Holsboer (zit. nach Badenschier u. Schwarz, 2020). Aber er meint damit nicht Veränderungen an unserer DNA, also den Genen selbst, sondern an der Art, wie sie aktiviert werden. Es sind epigenetische Marker, die zum Beispiel anfällig für eine Depression machen können. Was geschieht da? Die Gesamtheit unseres Erbguts – unser Genom – umfasst etwa 25.000 Gene. Sie sind in fast jeder Zelle unseres Körpers vorhanden, aber längst nicht in jeder aktiv. So können sich mehr als 250 Zelltypen ausformen, die jeweils vollkommen andere Aufgaben erfüllen. Diese Genexpression wird vom Epigenom gesteuert, einer Informationsebene oberhalb unserer Gene. Und im Unterschied zu unseren Genen verändert sich dieses Epigenom unter dem Einfluss unserer Erfahrungen im Leben. Bei der Untersuchung von eineiigen Zwillingen zwischen drei und 74 Jahren stellten spanische Forscher:innen fest, dass das Epigenom der jüngsten Proband:innen sich kaum unterschied, das der ältesten aber erheblich (Badenschier u. Schwarz, 2020).

Diese Erkenntnisse werden gestützt durch mittlerweile zahlreiche Studien dieser vergleichsweise jungen Forschungsdisziplin. Wichtige Faktoren, die auf das Epigenom wirken, sind:

- Fürsorge in den ersten Lebensmonaten,
- Ernährung,
- Lebensführung,
- prägende Lebensereignisse,
- Krankheiten.

2017 gelang Forscher:innen am Max-Planck-Institut für Immunbiologie und Epigenetik der Nachweis, auf welche Weise dieses veränderte Epigenom die Grenze der Generationen überschreiten und an Kinder oder sogar Enkel weitervererbt werden kann. Sie lieferten damit die biologische Erklärung für Beobachtungen, die Forschende in ganz anderen Zusammenhängen gemacht hatten:

- warum die Kinder von Holocaustüberlebenden sehr viel häufiger unter Stresserkrankungen leiden als Kinder anderer jüdischer Familien;
- warum im Wohlstand lebende Kinder und Enkel von Frauen, die in der Schwangerschaft über längere Zeit hungern mussten, häufiger unter Diabetes und Adipositas leiden;
- warum Menschen, die in ihrer frühen Prägephase wenig Fürsorge erlebt haben, potenziell vererbbare Störungen im Stresshormonsystem bekommen;
- warum Kinder, deren Mütter während der Schwangerschaft von häuslicher Gewalt bedroht waren, sich als Jugendliche ängstlicher, stressanfälliger und weniger neugierig zeigten.

Grundsätzlich sichert die Epigenetik dem Organismus das Überleben, indem sie ihn anpassungsfähig macht an Umweltbedingungen wie etwa die Verfügbarkeit von Nahrung. Aber sie kann eben auch negative Auswirkungen haben: Traumata, chronischer Stress oder bestimmte Drogen können das Epigenom so verändern, dass etwa die Anfälligkeit für Depressionen, Zwangserkrankungen oder Panikstörungen steigt (Luerweg, 2020). Offenbar ist gerade die Schwangerschaft eine Zeit, in der epigenetische Weichen gestellt werden.

Was im Labor deutlich wurde (und in Tierversuchen mehrfach bestätigt): Genau die Gene, die für die Resilienz und die Regulation von Stress zuständig sind, waren bei den Untersuchten nicht aktiviert. Verschiedene biochemische Vorgänge können das bewirken. Die bekannteste ist die Methylierung. Dabei setzen sich kleine Moleküle an die DNA und verhindern, dass die darin enthaltenen Informationen von der Zelle gelesen werden können. Forscher:innen vermuten, dass diese epigenetischen Veränderungen bei der Zeugung eines Kindes über die Keimzellen der Eltern vererbt werden (Jawaid u. Mansuy, 2021, S. 281).

Die gute Nachricht ist: Die Methylierung ist reversibel. Das Epigenom kann sich nicht nur zum Negativen, sondern auch zum Positiven verändern. Und so gibt es erste Hinweise, dass auch Psychotherapien diesen Effekt haben könnten (Domschke, 2021). Die

Studienlage ist aber noch nicht annähernd belastbar genug, um eine Schlagzeile wie diese zu formulieren: »Psychotherapie verändert das Erbgut!« Die Hoffnung darauf ist immerhin nicht abwegig.

3. Frühkindliche Bindungserfahrungen
»Die These vom Einfluss der mütterlichen Psyche auf das Kind ist keine psychoanalytische Mythologie und kein Mutterkult, sondern in den letzten 30 Jahren gründlich und auch mit objektivierenden Methoden untersucht und dokumentiert worden.« Dieser streng formulierte Satz stammt von dem Soziologen und Entwicklungspsychologen Martin Dornes (1997, S. 234), der mehrere Grundlagenwerke zur frühkindlichen Entwicklung vorgelegt hat. Um diesen Einfluss zu verstehen, müssen wir wissen, was genau da eigentlich geschieht – wie genau die Interaktion zwischen Mutter und Säugling abläuft und wie dieser überhaupt aufnehmen und reagieren kann.

Im Unterschied zu früher, als man der Meinung war, ein Säugling könne eigentlich nicht mehr als schlafen, schreien und trinken, weiß die Forschung heute, wie schnell sich die Fähigkeiten zu Wahrnehmung und Interaktion bei einem Neugeborenen entwickeln und ihm ermöglichen, die Beziehung zu seinen Eltern mitzugestalten. Unabhängig von Kulturen gibt es Muster für Gesichtsausdrücke, die Säuglinge und Kleinkinder schon ganz früh zeigen: Die Ausdrücke für Interesse und Neugier, Überraschung und Ekel sind von Geburt an vorhanden, für Freude spätestens ab vier bis sechs Wochen, für Ärger und Traurigkeit mit zwei bis vier Monaten, für Furcht ab sechs bis sieben Monaten und für Schuld im zweiten Lebensjahr (vgl. Dornes, 2000). Natürlich können Säuglinge nicht verstehen, was Bezugspersonen zu ihnen sagen, aber der Klang der Sprache, der sich in Melodie, Tempo und Rhythmus ausdrückt, sowie die Körpersprache der Bewegungen, Gesten und Gesichtsausdrücke wirken auf ihn. So werden Affekte kommuniziert – sind diese kleinen Wesen empfänglich für die »Geister im Kinderzimmer«, wie die Psychoanalytikerin Selma Fraiberg in ihrem berühmt gewordenen Zitat formulierte (Fraiberg, Adelson u. Shapiro, 1975, S. 387).

Mithilfe des limbischen Systems, in dem Emotionen verarbeitet werden, entwickelt der Säugling einen ersten Eindruck von der Welt, ob sie ein Ort von Sicherheit ist oder von Ungewissheit und Angst.

Wie bedeutsam das ist, betont Bessel van der Kolk: »Ob es uns gelingt, die Kunst der Selbstregulation zu meistern, hängt größtenteils davon ab, wie harmonisch unsere frühen Interaktionen mit unseren engsten Bezugspersonen waren. Kinder, die darauf vertrauen konnten, dass ihre Eltern ihnen Trost und Geborgenheit gaben und sie stärkten, haben ihr ganzes Leben lang einen wichtigen Vorteil – eine Art Puffer gegen das Schlimmste, womit das Schicksal sie konfrontieren kann« (van der Kolk, 2023, S. 146).

Wie wir uns vorstellen können und aus vielen Beispielen wissen, kann dabei eine Menge schiefgehen. Über den nachgerade verheerenden Einfluss der nationalsozialistischen Erziehungsideologie nach Johanna Haarer wird später zu reden sein, aber unabhängig von Ideologien können schon Blicke das sensible Zusammenspiel von Mutter und Kind nachhaltig stören. Martin Dornes berichtet von einer Mutter, die den Blick ihres kleinen Sohns als »stechend« empfand, eine Wahrnehmung, die niemand mit ihr teilte. Sie aber mied daraufhin beim Füttern und Spielen den Blickkontakt und löste beim Säugling verschiedene Entwicklungs- und Ernährungsstörungen aus. Tatsächlich handelte es sich offenbar um ein transgenerationales Drama: Der Blick ihres Kindes rief bei der Frau unbewusste Ängste vor ihrem Vater wach, die sie auf den Sohn übertrug (vgl. Dornes, 1997).

Die enorme Bedeutung der Interaktion zwischen Eltern und Säugling belegen auch Studien zur Transmission von Depressionen. Nehmen Kinder die typischen Verhaltensmerkmale depressiver Menschen wahr – trauriger Gesichtsausdruck, schlaffe Körperhaltung, monotone Stimme –, versuchen sie zunächst, die Bezugsperson mit Stimme oder Mimik gleichsam aufzumuntern. Scheitern sie, gehen manche aus dem Kontakt, andere beginnen zu schreien. Nach einer Weile hat sich dieses Verhalten verfestigt. Um es mit einem psychoanalytischen Ausdruck zu beschreiben: Eine »Introjektion« der Depression auf der Verhaltens- und Körperebene hat stattgefunden, die Anlage zu einer psychischen Erkrankung wurde übertragen (Dornes, 1997). Es sind entscheidende Monate. Ist der Kontakt zwischen der Mutter – oder auch einer anderen engen Bezugsperson – und dem Säugling harmonisch und entspannt, kann er sich frei und seinen Anlagen gemäß entwickeln. Unter schwierigen Bedingungen aber ist dieser frühe enge Kontakt, so Dornes, »der Umschlagplatz, an dem die konfliktgeprägte Vergangenheit und die belastete Gegenwart der Mutter auf die Zukunft des Kindes verladen werden« (Dornes, 1997, S. 234). Vor allem das, was die Mutter, schon bald aber auch die anderen Bezugspersonen nicht verarbeitet und abgespalten haben – abgewehrte Trauer oder Schuld etwa, ebenso traumatisches Erleben –, überträgt sich in dieser besonders vulnerablen Zeit.

Natürlich können wir uns später daran nicht mehr erinnern. Der Hippocampus, der für Erinnerung zuständige Teil unseres Gehirns, ist noch nicht weit genug entwickelt. Das bedeutet aber nicht, dass diese Erfahrungen nicht mehr existieren. Unter Stress können sie aktiviert werden. Ängste, für die wir keine Erklärung haben, tauchen wieder auf, allerdings ohne dass wir ihre Ursache erkennen könnten. Manchmal machen uns diese Introjekte später dann unangenehm zu schaffen.

4. Die Sozialisation im Familiensystem

Die Geschichte von der Mutter, die an ihrem Baby einen stechenden Blick wahrzunehmen glaubte und deswegen den Blickkontakt mied, illustriert ein Problem, dem sich alle Eltern stellen müssen: Im Aufwachsen unserer Kinder werden wir mit Erlebnissen und Gefühlen aus unserer eigenen Kindheit konfrontiert, und zwar ziemlich genau aus jenem Alter, in dem sich das Kind gerade befindet. War dies eine glückliche Phase, ist das ein wunderbares Erlebnis. War es aber eine unglückliche, bedrängende, womöglich leidvolle Phase, entsteht eine schwierige Situation. Zunächst für uns. Denn jetzt werden all die vergessenen, womöglich verdrängten Erinnerungen und Emotionen wieder wach, die uns schon damals gepeinigt haben. Darin liegt die Chance, sie ins Bewusstsein zu holen, zu bearbeiten und zu integrieren. Wenn es sich um besonders belastende Erlebnisse handelt, mit therapeutischer Unterstützung. Darin liegt aber genauso ein Risiko: nämlich für das Kind. Indem wir die Wahrnehmung abwehren und den schmerzhaften Blick in unsere Kindheit verweigern – und das Kind für diese negativen Gefühle verantwortlich machen. Vor allem traumatisierte Eltern neigen zu dieser Abwehr, und ihre Reaktionen sind umso schärfer, je näher das Verhalten des Kindes an das eigene Trauma kommt. Nicht selten unterliegen sie einem Wiederholungszwang. Obwohl sie sich geschworen haben, »ich werde mein Kind auf keinen Fall schlagen, anbrüllen oder niedermachen«, erleben sie sich in einem Ausbruch genau dieser Gewalt. Wird diese Reinszenierung früher Erfahrungen vom Elternteil verdrängt und bleibt das verstörende Erleben für das Kind unbearbeitet, weil den Eltern eine Therapie nicht nötig erscheint – weder für sich selbst noch für ihr Kind –, dann setzt sich auch das dysfunktionale und schädliche Verhalten als Teil des Familiensystems fort. Ein weiterer Baustein transgenerationaler Übertragung (vgl. Perry, 2020).

Die Muster, nach denen eine Familie sich organisiert, kommuniziert, Konflikte bearbeitet oder verdrängt, wie Geschlechterrollen vorgelebt, Kinder erzogen, Kontakte gepflegt oder abgebrochen, Ehen geführt oder geschieden werden, sind sehr stabil. Sie erhalten sich oft über Generationen. Das belegen zahlreiche Studien der Entwicklungspsychologie (Cierpka, 2008, S. 262) sowie klinische Erfahrungen. Sie »zeigen, wie sehr in transgenerationale Gefühlserbschaften auch bewusst verheimlichte oder unbewusst verleugnete sowie abgespaltene seelische Inhalte einfließen. Dazu gehören verdrängte und verleugnete traumatische Erlebnisse ebenso wie das Verschweigen von passiv beobachteten, insbesondere aber aktiv ausgeführten Verbrechen« (Moré, 2012, S. 72).

Auch typische Muster für die Familie wie etwa die Parentifizierung – eine Rollenumkehr zwischen Eltern und Kind – oder eine Inanspruchnahme des Kindes für die narzisstischen Bedürfnisse von Vater oder Mutter wiederholen sich häufig. Selbst das Muster des »schwarzen Schafs der Familie«, bei dem abweichendes Verhalten massiv geächtet und bestraft wird, kann im Familiensystem verankert sein. Dies geschieht nicht zuletzt, wenn ein Schweigegebot verletzt zu werden droht. Die Strafe dafür: Vernachlässigung, Misshandlung, sexualisierte Gewalt, Missachtung, massive Abwertung bis hin zu dem Punkt, Kinder für verrückt zu erklären (Müller-Hohagen, 2009, S. 158). Wir sehen daran, wie unnachsichtig und gewaltvoll Mitglieder der Familie eine Transmission der familiären Muster geradezu erzwingen können. Das hat natürlich Gründe. Es kann eine Reaktion auf individuelles Erleben sein, ein persönliches Trauma, abgewehrte Trauer oder Schuld, ein Familiengeheimnis. Sehr oft aber spiegeln sich auf Ebene der Familie große gesellschaftliche Katastrophen: Wirtschaftskrisen, Hunger, Kriege, erzwungene Migration, Verbrechen gegen die Menschlichkeit. Genau diesen Widerschein der *man-made disasters* in der Psyche und im Familiensystem werde ich später ausführlich behandeln. Dann steht die Familie unter dem Zwang, eine Antwort auf das potenziell traumatisierende Grauen zu finden, und etabliert nicht selten dysfunktionale Muster, die wiederum traumatisierendes Potenzial in sich tragen: verleugnen, schweigen, beschämen, die Verantwortung auf andere verschieben, abweichendes Verhalten bestrafen, um nur einige Abwehrstrategien zu nennen. Mit fatalen Folgen: Je geschlossener oder verdeckter der Dialog in der Familie ist, je mehr verheimlicht und retuschiert wird, desto nachhaltiger wirkt sich die Familienvergangenheit auf die Kinder- und Enkelgeneration aus.

5. Die Prägung durch das Kollektiv

Als Menschen sind wir soziale Wesen, und die Familie ist nur der Ausgangspunkt unserer Art, wie wir auf andere zugehen, mit ihnen in Kontakt kommen, von ihnen beeinflusst und schließlich auch geprägt werden. Naturgemäß spielt dabei eine große Rolle, in welche Generation, in welche »Zeitheimat«, wie der Schriftsteller W. G. Sebald es einmal genannt hat, wir hineingeboren wurden. Wenn wir uns die technologischen, politischen, sozialen, religiösen und gesellschaftlichen Unterschiede zwischen, sagen wir: den 1930er Jahren, den 1970er Jahren und heute bewusst machen, merken wir: Es war eine vollkommen andere Welt. Das klingt banal, ist es aber nicht, wenn wir auf die Bedingungen der Sozialisation schauen und die Haltungen, die sich daraus entwickelten, gerade im Hinblick auf unser Thema – die Gefühlserbschaften.

Denn was uns heute immer noch einholt, ist zum Beispiel die Weigerung früherer Generationen, sich etwa der Täterschaft in Krieg und NS-Regime zu stellen – auf individueller und familiärer Ebene. Sehr schnell nach dem Ende des Zweiten Weltkriegs hatten sich die allermeisten Deutschen mit der Vorstellung angefreundet, Opfer einer Bande von Verbrecher:innen rund um Adolf Hitler zu sein. Eine eigene Verantwortung lehnten sie ab. Bereits 1987 schrieb der jüdische Schriftsteller Ralph Giordano im Furor: »Generationen, die de jure, de facto, politisch und historisch, einfach schon von ihrem Lebensalter her, nur völlig schuldlos sein konnten, wurde so die Bürde unaufgearbeiteter Vergangenheit zugeschoben.« Und weiter: Es sei »ein schweres Vergehen schuldig gewordener Älterer an den schuldlos beladenen Söhnen, Töchtern, Enkelinnen und Enkeln – sie sind die eigentlichen Opfer der zweiten Schuld, denn was die Großeltern und Eltern nicht abgetragen haben, kommt auf sie über« (Giordano, 2020, S. 35).

Die Aufarbeitung ist freilich nicht nur eine Aufgabe für die Seite der Täter:innen, wie der amerikanische Psychoanalytiker Vamık Volkan herausgearbeitet hat. Volkan, der die Psychologie internationaler Konflikte erforschte, beschreibt für ethnische oder religiöse Gruppen sowie Nationen, die Opfer von Aggression geworden sind, Gefühle der Demütigung und Entwürdigung, der Scham und der Rache, eines erniedrigten oder erhöhten Selbstwertgefühls. Diese Gefühle, vielen unerträglich, müssten abgespalten und verdrängt werden. Und würden so späteren Generationen als Bürde überlassen, etwa indem traumatisierten Eltern wieder ein gutes Leben zu verschaffen sei oder aber Tote gerächt werden müssten (vgl. Volkan, 1999).

Eine kleine Schlussbemerkung für dieses Kapitel: Sich aus diesen Mustern zu lösen, den kollektiven und erst recht den familiären, ist schwer. Als Coach und Workshopleiter arbeite ich mit denen, die unter dem System leiden, die davon traumatisiert, von ihm ausgestoßen wurden. Die wahrnehmen, wie sie auch im Umgang mit den eigenen Kindern in emotionale Zeitschleifen kommen, Wiederholungszwänge an sich erleben und zugleich massiv darunter leiden, wenn in der Öffentlichkeit erneut Antisemitismus und Fremdenfeindlichkeit gesellschaftsfähig zu werden drohen. Der Wille, das Trauma nicht mehr weiterzugeben, ist freilich stark. Bevor wir uns aber davon lösen können, müssen wir das Wesen der Gefühlserbschaften noch besser verstehen. Darum geht es im Folgenden.

Die bestimmende Macht des Unbewussten

Das Gefühlserbe in der Psyche

Geister. So hat sie die amerikanische Psychoanalytikerin Selma Fraiberg genannt: Geister im Kinderzimmer (Fraiberg et al., 1975). Gleich mit der Geburt sind sie da, die Eltern bringen sie herein. Wenn die Stimme der Mutter einen schrillen Ton bekommt, die Gesichtszüge des Vaters sich verhärten, Wut oder Not, Aggression oder Verzweiflung den Raum bestimmen – dann beginnt der Spuk der Geister. Und der Säugling, ungeschützt in der emotionalen Atmosphäre seiner Eltern gefangen, nimmt sie in sich auf. Es ist eine Besetzung. Als Teil seiner Psyche werden sie ihn fortan begleiten, hartnäckig, unbemerkt und genau deswegen so mächtig. Gerade die unbewussten oder vorbewussten Dinge der Elterngeneration wie Ängste, Ohnmachtserfahrungen, Todesangst sind es, die oft in der Beziehung zu kleinen Kindern aktiviert werden, etwa in Stresssituationen – und Kinder spüren sehr feinfühlig, was mit den Erwachsenen ist. So werden eben auch Traumata über diese Kanäle weitergegeben. Diese nicht integrierten Anteile der Eltern werden zu sogenannten Introjekten der Kinder (siehe auch den Abschnitt »Frühkindliche Bindungserfahrungen«, S. 34 ff.), unbewussten Anteilen, die ihr späteres Verhalten steuern können und die sich in Erlebnissen, Fantasien, Träumen und spontanen Reaktionen auf kritische Situationen gleichsam aufs Neue inszenieren.

Das Bild der Geister im Kinderzimmer ist, zugegeben, nicht angenehm. Wir wünschen uns, dass ein Baby auf freudige und liebevolle Weise auf der Welt empfangen und zärtlich umsorgt wird – und nicht von den Geistern abgespaltener Emotionen bedrängt und besetzt. Die Idee (oder gar das Wissen darum), wir könnten selbst so ein Baby gewesen sein, macht es noch ein bisschen unangenehmer. Diesen Effekt kenne ich aus meinen Workshops sehr gut. Die Stimmungskurve zeigt deutlich nach unten, wenn es um Traumata, verdrängte Schuld und Trauer und ihren Widerschein in unserer Psyche geht. Ich lade trotzdem dazu ein, sich dem auszusetzen. Um einen Satz zu zitieren, der C. G. Jung zugeschrieben wird: »Man wird nicht dadurch erleuchtet, dass man sich Lichtgestalten vorstellt, sondern durch Bewusstmachung der Dunkelheit.« Kein Trost, ich weiß, aber vielleicht ein hilfreiches Leitmotiv für die Erforschung.

Irrationales Verhalten

Auf meinen Social-Media-Kanälen gab es vor einiger Zeit eine kleine Reihe von Posts, die den Titel trägt: »So klingt ein Gefühlserbe«. Es sind Sätze wie die bereits erwähnten, in denen sich ein Erbe spiegelt: »Ich kann einfach nichts wegschmeißen, auch wenn meine Wohnung schon überquillt.« Oder: »Ich kümmere mich immer nur um andere – meine eigenen Bedürfnisse kommen viel zu kurz.« In den Begleittexten erklärte ich, welches transgenerationale Erbe sich dahinter verbergen kann. Nach einigen Posts mit eher verhaltener Resonanz veröffentlichte ich diesen Satz: »Jedes Mal, wenn ich für den Urlaub packen soll, komme ich enorm unter Stress!« Und der hatte ganz offenbar einen Nerv getroffen. »Wow, ich habe den Zusammenhang nie gesehen … nicht nur Urlaub, sondern jeder Business-Trip, das Packen ist der größte Stress!!!!!«, schrieb mir eine Followerin. »Ich dachte, das geht nur mir so«, eine andere. »Oh, das ist jetzt echt hilfreich«, schrieb eine dritte. »Jetzt verstehe ich mich zum ersten Mal. Da läuft also ein ererbtes Programm ab.« In einer Reaktion beschrieb eine Frau sowohl das Problem als auch die Ursache: »Ich bin gern auf Reisen – wenn ich einmal unterwegs bin. Aber bis dahin ist es schrecklich! Das Packen hat sich dank strategischer Planung sehr verbessert, aber der Abschied von zu Hause gleicht einem Abschied auf Nimmerwiedersehen … Schon früher, wenn der Familienurlaub in Sichtweite kam, geriet meine Mutter in stumme Panik, sie war zwei Wochen außer sich, rannte kopflos hin und her, packte ein und wieder aus und verleidete uns allen die Vorfreude. Sie hat nie über ihr Leben gesprochen, soweit ich weiß, wurde sie nicht vertrieben, aber als sie aus ihren Kriegsjahren zurück nach Hause wollte, war die elterliche Wohnung von Fremden besetzt und sie musste ihre versprengte Familie erst wiederfinden. Kann es da auch einen Zusammenhang geben?«

Dass es diesen Zusammenhang gibt, ist offenkundig. Und zugleich wird deutlich, wie stark eine fast 80 Jahre zurückliegende Familiengeschichte den Alltag bestimmen kann – sogar dann, wenn es eigentlich ein freudiges Erleben sein könnte. Sie kann sich zu einer schweren Belastung von Beziehungen auswachsen, etwa wenn Menschen aufgrund übertragener Prägungen nichts wegschmeißen können, nicht einmal bereits verdorbene Lebensmittel. Hier kommen wir dann in den Bereich krankheitswertiger Befunde.

Transgenerationale Traumata

»Hej, letzte Nacht war ich auf der Flucht ... aus dem Lazarett zum heimischen Hof ... Dunkelheit, Kälte, Nacht ... Und beim Aufwachen fand ich das echt krass.

Da schrieb ich meiner Mutter eine Nachricht. Ich wollte wissen, was mein Opa (Jahrgang 1926) noch auf dem Sterbebett zu meinem Vater (Jahrgang 1948) gesagt hatte. Mein Vater sagte nämlich mal, dass Opa nie über den Krieg gesprochen habe. Nur einmal, kurz bevor er starb.

Kurzerhand packte ich meine drei Kinder ein und fuhr zu meinen Eltern. Leider erfuhr ich zu meinem Traum nichts Neues. Nur erneut, dass Opa der einzige Überlebende seiner Einheit war. Bauchschuss, Lazarett. Und weil er zufällig in relativer Nähe zu seinem Zuhause lag, konnte er fliehen. Nachts lief er, tagsüber versteckte er sich. So kam er nach ein paar Tagen zu Hause an und wurde von seiner Mutter noch drei Monate lang versteckt, bis Kriegsende.«

Ein Post aus einer Facebook-Gruppe von Kriegsenkeln. Eine Enkelin hat geträumt, was ihr Großvater 74 Jahre zuvor erlebt hatte. Dieses Phänomen ist natürlich rätselhaft, wird aber immer wieder beschrieben. Mehrere Dinge daran sind typisch: Es gibt eine für die Existenz der Familie äußerst bedeutende Geschichte, von der aber nur die Grundzüge bekannt sind. Vor allem aber hat beim Großvater offensichtlich keine emotionale Verarbeitung stattgefunden, ebenso wenig ein Austausch darüber mit seinem Sohn. Dessen Tochter wiederum wird vom Widerschein der Geschichte so aufgewühlt, dass sie sich sofort um weitere Aufklärung bemüht, leider vergeblich. Und so sucht sie dann emotionale Unterstützung in einer Facebook-Gruppe, in der Geschichten wie diese häufig geteilt werden, zumeist begleitet von unterstützenden Kommentaren der anderen Mitglieder. Es sind diese abgespaltenen Anteile der Vorfahren, die unbewusst und sicher nicht willentlich die Atmosphäre eines Kinderzimmers, eines Zuhauses kontaminieren. »Die Kriegskinder und Nachkriegskinder haben Eltern erlebt, in denen die Schrecken der Bombennächte oder der Flucht lebendig waren«, erläutert die Sozialpsychologin Angela Moré, Professorin an der Universität Hannover. »Aber wenn der Vater Teil eines Erschießungskommandos gewesen oder dabei war, wenn eine Kompanie der Wehrmacht ein russisches Dorf niederbrannte –

was hat das mit diesem Menschen gemacht? Der Schrecken über die eigene Unmenschlichkeit, zu der er gezwungen wurde oder sich verführen ließ, sie vielleicht sogar genoss – dieser Schrecken und das Gefühl, es unbedingt verbergen zu müssen, blieb in dieser Person und teilte sich seinem Kind mit« (Rohde, 2021a, S. 49).

Beziehen wir nur die Großelterngeneration der Nachkriegskinder und Babyboomer mit ein, ist es das historische Panorama fast des gesamten 20. Jahrhunderts, das transgenerational übertragen werden konnte und wurde. Es entsteht ein monströses Bild der Kriege, Vertreibungen und des staatlich organisierten Mordens. Der Holocaust mit seiner Vernichtungsindustrie ragt heraus, aber auch der Völkermord der Türken an den Armeniern gehört dazu, ebenso die Schreckensherrschaft des Stalinismus, der Vietnamkrieg, die Genozide in Kambodscha und Ruanda, der Massenmord von Srebrenica. Und die Leugnung der Schuld wirkt zerstörerisch nach. So kam es in der Türkei zu schockartigen Reaktionen in der Generation der Enkel, als die familiären Verstrickungen in den Genozid offenbar wurden. Die Weitergabe abgewehrter Schuld über Generationen ist aber nicht auf Genozide oder Kriegsverbrechen beschränkt. Mord oder sexualisierte Gewalt in Familien, Betrug, Diebstahl oder Untreue können ebenso Spuren im Unbewussten kommender Generationen hinterlassen (vgl. Moré, 2018).

Haben diejenigen, die dafür verantwortlich sind, ihre Schuld abgewehrt und sind in ein aggressiv bewehrtes Schweigen verfallen, entwickeln sich bei ihren Kindern und Enkel:innen Schuldgefühle, deren Ursache für sie rätselhaft bleiben, genauso wie die sozialen, psychischen und gesundheitlichen Folgen: Depressionen, Selbstbestrafungen, das Gefühl, kein Anrecht auf ein gutes Leben zu haben, der Verzicht auf Liebesbeziehungen und eigene Kinder, Zwänge zu Buße und Sühne, Suchterkrankungen. Bei den Kindern und Enkel:innen der Opfer sind die Symptome zum Teil ähnlich: Depressionen, Ängste, Autonomiekonflikte und Schuldgefühle gegenüber den Eltern. Die transgenerationalen Folgen sind wuchtig. »Bei Extremtraumatisierungen, wie sie insbesondere im Holocaust erfolgten, reicht ein Menschenleben oft nicht aus, um die psychischen Folgen zu verarbeiten«, sagt Angela Moré. »Ich kenne jüdische Menschen, deren Mutter immer eine Überlebende von Auschwitz bleibt, der

Vater immer der, der sich im Gebirge verstecken musste. Das geht auf deren Kinder über, die sich ihr Leben lang damit auseinandersetzen« (Rohde, 2021a, S. 49).

Die Soziologin Gabriele Rosenthal hat bereits von 1992 an in einer bemerkenswerten Studie drei Generationen von Täter- und Opferfamilien interviewt. Sie kommt zu überraschenden Ergebnissen. So wehrten sowohl die Nachgeborenen von Opferfamilien als auch die von Täterfamilien Informationen über die Familienvergangenheit ab, zeigten sich Ängste vor Vernichtung und Trennung, Schuldgefühle und behinderte Ablösungen von der Familie sowie das Ausagieren der Vergangenheit in Fantasien und psychosomatischen Reaktionen. Familienmitglieder behinderten sich gegenseitig dabei, über die Vergangenheit zu sprechen, und hätten das Schweigen darüber institutionalisiert. Wobei es einen entscheidenden Unterschied gibt, so Gabriele Rosenthal: »Überlebende wollen mit ihrem Schweigen den Kindern Belastungen ersparen und sich anderen mit ihren schmerzhaften Erlebnissen nicht zumuten. Ein Großvater und eine Großmutter oder Eltern, die an den Naziverbrechen beteiligt waren, schützen dagegen mit ihrem Schweigen und darüber hinaus mit ihrem Leugnen in erster Linie sich selbst vor Anklage und Verlust von Zuneigung« (Rosenthal, 1999b, S. 19).

Verhängnisvolles Schweigen

Mit dem Schweigen verbindet sich bei vielen Menschen eine durchaus verständliche, aber leider naive Hoffnung: dass sich damit die Bindung an eine belastete Familiengeschichte auflöse. Tatsächlich ist das Gegenteil der Fall. Der Versuch vieler Traumatisierter, auf diese Weise die schmerzhaften Erinnerungen von ihren Familien fernzuhalten, scheitert. Es sind die impliziten Botschaften, die das Erleben vermitteln, wie die Therapeutin Katharina Drexler formuliert: »Das kindliche Bemühen, die wahrgenommene elterliche Not zu verstehen, füllt das schwarze Loch des Schweigens mit Phantasien. Daher können auch Traumata übertragen werden, deren Inhalte sich nur durch Tabugrenzen, ein abruptes Dissoziieren der traumatisierten Bezugsperson oder Schweigen vermitteln« (Drexler, 2017, S. 18). Und genau dies bindet die Nachkommen nur noch umso stärker daran und verhindert die Entwicklung ihrer Autonomie. Ein besonders eindrucksvolles Dokument, das die toxische Wirkung dieser Nichtkommunikation bereits im Titel trägt, ist das Buch »Die Last des Schweigens« des israelischen Psychologen, Holocaust- und Friedensforschers Dan Bar-On (2004). Bereits 1985 reiste er nach Deutschland und führte zahlreiche Interviews mit den Kindern von NS-Tätern, um zu erfahren, wie sie mit dem Erbe ihrer Väter leben konnten. Seine Kollegin Barbara Heimannsberg fasst zusammen: Die Nachkommen »waren dadurch, dass sie von den Gräueltaten des Vaters nichts gewusst hatten oder dass darüber in ihrer Umgebung nicht gesprochen worden war, nicht etwa freier oder unbelasteter von der Vergangenheit ihrer Eltern, sondern das Gegenteil war der Fall: Sie waren zusätzlich traumatisiert durch das Schweigen der Eltern« (Heimannsberg u. Schmidt, 1992, S. 23).

Aus seiner Arbeit kann Oliver von Wrochem, Leiter der KZ-Gedenkstätte Neuengamme in Hamburg, dies bestätigen. Seit 2009 finden in der Gedenkstätte Seminare mit dem Titel »Ein Täter in der Familie?« statt. Darin sprechen Nachkommen über ihren Umgang mit dem familiären Erbe nach 1945, über ihre Gefühle von Loyalität und Illoyalität gegenüber den eigenen Eltern und Großeltern, darüber, wie die Familiengeschichte das eigene Leben prägt und was Nachforschungen in der Familie auslösen. Etwa 800 Menschen haben bisher teilgenommen, und von Wrochem hat beobachtet, wie stark gerade Unklarheit die Nachkommen belastet. »Es ist gar nicht so sehr die Tatsache, dass die Verwandten an Verbrechen beteiligt waren, sondern was die Nachkommen darüber vermuten. Diese Vermutungen sind oft monströser als das tatsächliche Geschehen.« Allerdings nicht immer, ergänzt er, betont aber: Seiner Erfahrung nach sei es einfacher, mit der Vergangenheit umzugehen, wenn man sie kenne. »Das Wissen um die Verbrechen scheint mir die psychischen Belastungen zu mindern« (Rohde, 2021a, S. 51).

Sekundäre Traumatisierung

Aber es gibt auch für die Beschäftigung mit einer traumatischen Vergangenheit eine Grenze. Die Therapeutin Bettina Alberti benennt sie mit plastischen Worten: »Die Seele ist nicht unendlich belastbar« (Rohde, 2022a). Wir hätten den Schutzmechanismus des Verdrängens und Vermeidens, er sei legitim. »Wir brauchen auch Schutz, wenn wir uns diesen Themen zuwenden, sonst kann es sekundär traumatisieren.« Und das gilt natürlich besonders für Kinder und Jugendliche.

Ein besonders bemerkenswertes Beispiel dafür möchte ich erzählen. Es begegnete mir im Kontakt mit einer Teilnehmerin eines Kriegsenkel-Seminars. Sie litt seit vielen Jahren an Erstickungsanfällen, für die Ärzte keine Erklärung fanden. Angeregt durch das Seminar, fuhr die Frau nach Berlin, woher sie stammte, und schritt den Weg ab, den sie früher immer mit ihrer Großmutter gegangen war. Hier stieg die Erinnerung an deren frühe Erzählungen auf: wie ihre Großmutter immer von der Luftnot im Bombenkeller berichtet hatte. Danach hörten die Anfälle auf. Ganz ähnlich der Bericht von Luise Reddemann bei einem Online-Event des Kriegsenkel e.V. im Februar 2022: »Eine meiner eindrucksvollsten Erfahrungen ist die folgende: Während eines Seminars gerät eine Kollegin in einen panikartigen Zustand. Ich frage, ob sie mit mir arbeiten will, was sie bejaht. Ich frage sie, wer in ihr so große Angst und Panik habe, und sie meint, dass dieser Teil vier Jahre alt sei. Kurz danach hält sie inne, schaut mich an, um mir zu sagen: ›Aber ich war doch gar nicht im Bombenkeller, das war doch meine Mutter!‹ Sie ist wie verwandelt, meint von sich aus, das kann ich doch nicht lösen, das muss meine Mutter machen. Und damit ist für sie alles geklärt. Später können wir das noch etwas genauer anschauen, und es wird deutlich, wie sehr die Kollegin von klein an die Ängste der Mutter aufgenommen hat, bis hin, dass es ihr schien, sie sei vom Krieg betroffen gewesen. Die Mutter erzählte viel von ihrer Kriegskindheit und von ihren schlimmen Erfahrungen. Es ist ein normaler Entwicklungsschritt in der frühen Kindheit, Dinge, die wichtige andere betreffen, als Eigenes zu erleben, um erst später zu erkennen, dass das Erleben zu einer wichtigen anderen Person gehört, mit der das Kind eng verbunden war.«

So wie in vielen Familien alles beschwiegen wird, was an belastenden Erfahrungen erinnert werden könnte, gibt es auch das gegenteilige Verhalten: die grauenvollen Erlebnisse immer und immer wieder zu erzählen. Vor allem Kinder und Enkel:innen werden von Eltern oder Großeltern in Dienst genommen, um sich von der eigenen

Bedrängnis zu entlasten und sich der Solidarität der Nachkommen zu versichern. »Ich musste euch meine Erlebnisse einhämmern«, zitierte eine Workshopteilnehmerin ihre Mutter. »Und wenn ich ihren Fluchtgeschichten und Kriegserlebnissen nicht mehr zuhören wollte, jammerte sie vorwurfsvoll: ›Du interessierst dich nicht für mich.‹«

Direkte Traumatisierung

Wenn Bedürfnisse der Kinder auf diese Weise ignoriert und übergangen werden, ist es nicht mehr weit zu einer Traumatisierung der Kinder durch die traumatisierten Eltern oder Großeltern. Das Thema »Gewalt gegen Kinder«, seelische und körperliche, ist freilich so schockierend groß, dass es hier nur angerissen werden kann. Die ideologische Komponente darin, die in der potenziell kinderfeindlichen Haltung des Preußentums begründet liegt und in der nationalsozialistischen Erziehungsideologie gipfelt, wird weiter unten im Text über Narzissmus behandelt. An dieser Stelle geht es um das individuelle Gefühlserbe, das aus den persönlichen Erfahrungen stammt. Dazu gehört natürlich, dass es für frühere Generationen vollkommen normal war, Kinder zu schlagen. Die UN-Kinderrechtskonvention wurde 1989 verabschiedet, seit 2001 ist in Deutschland das »Recht von Kindern auf eine gewaltfreie Erziehung« im Bürgerlichen Gesetzbuch (BGB) verankert. Danach sind »körperliche Bestrafungen, seelische Verletzungen und andere entwürdigende Maßnahmen [...] unzulässig« (§ 1631 BGB). Erst seit dem Jahr 2001!

Schauen wir aber auf die Prägungen, die Kriege, Genozide, Vertreibungen, Flucht und andere Katastrophen in Menschen hinterlassen, dann wissen wir: Gewalt gehörte und gehört immer dazu. Viele der Väter, die am Zweiten Weltkrieg teilgenommen hatten, kehrten als körperliche und seelische Wracks zurück, von Albträumen, Überlebensschuld, Schuld an Kriegsverbrechen geplagt oder von Kriegsgefangenschaft gebrochen. Die Hilflosigkeit und das unverarbeitete Leid, auch die abgewehrte Schuld und Trauer führten zu krassen Reaktionen. Nicht nur bei den Tätern, auch bei den Opfern. Der Traumatologe Bessel van der Kolk, nach dem Zweiten Weltkrieg in den Niederlanden aufgewachsen, ist Sohn eines Mannes, der von den Nazis in ein Lager gesperrt worden war. Er erzählt: »Mein Vater bekam immer wieder heftige Wutanfälle, die mich als kleinen Jungen völlig schockierten. Warum wurde dieser Mann, den ich jeden Morgen unten im Haus leise beten hörte, so entsetzlich wütend? Wie konnte jemand, der sein Leben dem Kampf für soziale Gerechtigkeit widmete, von solcher Wut erfüllt sein?« (van der Kolk, 2023, S. 22).

Vom Krieg verrohte, oft sicher auch traumatisierte Männer sind eine Gefahr für ihre Familien. Dieses Phänomen begegnete van der Kolk als Psychiater in einer Klinik für Vietnamveteranen in den USA, wohin er ausgewandert war: »Schon bei der kleinsten Frustration bekamen unsere Veteranen oft extreme Wutanfälle. Die öffentlichen Bereiche der Klinik waren übersät von Abdrücken ihrer Fäuste auf Gipskartonwänden« (van der Kolk, 2023, S. 22).

Einen weiteren Aspekt der Verrohung im Krieg beschreibt der Psychotherapeut Wolfgang Schmidbauer: Sadismus. In vielen Berichten der Kriegs- und Nachkriegskinder über ihre Väter würden sadistische Impulse deutlich, die sich gegen die kindlichen Gefühle richteten (Schmidbauer, 2013, S. 4). Die traumatisierten Männer hätten sich oft nicht vorstellen können, »dass ihre Frau oder ihre Kinder verletzt reagieren und sich von ihnen zurückziehen, wenn sie sie mit Grobheiten oder Zynismen behandeln, die unter ihren Kameraden als harmlose Scherze gegolten hätten« (S. 8). Die Reaktion auf das Trauma habe dazu geführt, »dass die eigene Aggressivität nicht mehr durch Einfühlung in die Verletzung des anderen reguliert wird, sondern durch Angst vor dem Feind oder vor dem Vorgesetzten« (S. 8).

Entwicklungstraumata

In dieser Atmosphäre von Aggressivität und mangelnder Empathie braucht es nicht unbedingt eine direkte Gewalteinwirkung, um ein Kind zu traumatisieren. Vernachlässigung, Beschämungen und Demütigungen reichen völlig aus. Es sind dann auch nicht die wuchtigen Erlebnisse, die sich als Trauma einbrennen – es ist die Regelmäßigkeit der negativen Erfahrungen. Wir sprechen von sequenzieller Traumatisierung. Und natürlich wirkt sie umso nachhaltiger, je früher Kinder davon bedrängt und beschädigt werden. Die sequenzielle Traumatisierung in den Entwicklungsjahren, die in einem Entwicklungstrauma mündet, untergräbt die psychische Gesundheit und Beziehungsfähigkeit junger Menschen und erhöht das Risiko weiterer psychischer und körperlicher Begleiterkrankungen und Störungen. Sie mindert die Fähigkeit des Kindes, sich selbst zu trösten oder auch mit Stress und Veränderungen zurechtzukommen. Es zeigt häufig eine schwach entwickelte Fähigkeit, seine Gefühle zu regulieren, kann in unkontrollierte, heftige Gefühlszustände geraten oder teilnahmslos und gefühlsarm erscheinen. Es fällt ihm schwer, seine eigene emotionale Verfassung zu erkennen und zu benennen oder die Gefühle und Wahrnehmungen anderer nachzuvollziehen. Oft hat es Mühe, seine Bedürfnisse und Wünsche zu vermitteln (vgl. Hübl, 2021). Was wir angesichts der Umgebung, in der Entwicklungstraumata entstehen, resigniert zur Kenntnis nehmen müssen: Es gäbe wohl auch niemanden, der für diese Bedürfnisse empfänglich wäre.

Narzissmus

Die Gefühlskälte der Kriegsteilnehmenden und Kriegskinder als Eltern, deren mangelnde Empathie und selbstbezogenes Wesen sind in der Literatur oft beschrieben worden. Die Begründung dafür war das Grauen, das sie im Krieg, auf der Flucht und in den Hungerjahren im zerstörten Deutschland erleiden mussten. Um überleben zu können, so die Herleitung, schnitten sie sich von ihren Gefühlen ab und trugen zudem so viel Leid in sich, dass für ihre Kinder keine Kraft mehr zur Verfügung stand. Das ist unbestreitbar richtig – aber hinreichend als Erklärung für ihr Verhalten ist es nicht. In ihrer Studie zu »Kindheiten im Nationalsozialismus und Zweiten Weltkrieg« schreiben die Soziologinnen und Psychologinnen Ilka Quindeau, Katrin Einert und Nadine Teuber: Es sei ein zentrales Problem der Forschung zu Kriegskindern, »dass das vielfach fortbestehende Leiden der Kinder als mehr oder weniger ausschließliche Folge des Zweiten Weltkriegs interpretiert wird.« Dabei »waren es nicht nur die Bombennächte, die Erfahrung von Flucht und Vertreibung, die belastende bis traumatisierende Auswirkungen zeitigten, sondern maßgeblich auch die Beziehungserfahrungen mit den eigenen Eltern« – die Sozialisation und Erziehung unter der Naziideologie. Aus heutiger Perspektive würde man sie als Kindesmisshandlung bezeichnen (Quindeau, Einert u. Teuber, 2012, S. 87).

Diese Misshandlung hatte, wie wir wissen, Methode. Das Buch »Die deutsche Mutter und ihr erstes Kind« von Johanna Haarer, 1934 erschienen, gehört sicher zu den krassesten Dokumenten dieser Unmenschlichkeit. Die Grundzüge des nationalsozialistischen Erziehungsideals, die Haarer formulierte, waren Zucht, Unterwerfung, Reinlichkeit und Opferbereitschaft, Einordnung in die Gemeinschaft, Abstreifen aller Wehleidigkeit, Tapferkeit und Mut, Gehorsam und Disziplin. »Das Kind wurde als ein Wesen beschrieben, das von Beginn seines Lebens an gierig, faul, tyrannisch, unrein und zerstörerisch ist«, schreiben die Forscherinnen. »Die Geburt war nach Haarer der Beginn eines langen Kampfes mit dem Ziel, das Kind mit allen Mitteln gefügig zu machen« (Quindeau et al., 2012, S. 97). Die Kinder waren Opfer eines verbrecherischen Regimes, das sich den Zugriff auf seine Untertanen schon direkt nach der Geburt zu sichern versuchte. Nach Kriegsende und dem Zusammenbruch des Naziregimes war damit in der Öffentlichkeit Schluss, im Privaten freilich nicht. Die Dynamik setzte sich in den Familien fort, häufig bis heute. Wenn ich das Thema »Narzissmus« in Seminaren oder Coachings anspreche, wirkt das nicht selten wie ein Blitzschlag der Erkenntnis. »Ich bin fast vom Stuhl gefallen«, entfuhr es der Teilnehmerin eines Workshops. Es war ein Erkennen, Erstaunen, Entsetzen, das sie erfasste. »Oh mein Gott, deswegen …« In diesem Blitzschlag auf einmal zu verstehen, dass es nicht ihr eigenes Versagen war, das die Herabwürdigung durch Mutter oder Vater legitimieren könnte, keine irgendwie geartete individuelle Schuld, sondern Ausdruck einer Persönlichkeitsstörung dieser Menschen, auf die sie als Kind überlebensnotwendig angewiesen war – diese Erkenntnis ändert vieles. Die jahrzehntelang erlittenen Vorwürfe werden entlarvt als das, was sie wirklich waren und sind: Strategien, um die Tochter mithilfe von Selbstzweifeln und Schuldvorwürfen zu manipulieren.

Täterintrojekte

Allerdings kann die jahrelange Demütigung so massive Spuren in der Psyche der Kinder hinterlassen haben, dass sie zu einem Teil des Selbst wird. Wir sprechen dann von einem malignen Introjekt oder auch einem Täterintrojekt. Dazu Luise Reddemann: »Täterintrojektion ist ein Schutzvorgang, der während traumatischer Situationen hilft, sich vor überwältigender Ohnmacht zu schützen. Lebt der Täter im Selbst, ist die Tat richtig, und damit gibt es keine Ohnmacht« (Reddemann, 2007, S. 113). Diese Introjektion soll dem Schutz der Beziehung dienen, die für das Kind in seiner extremen Abhängigkeit von den Eltern überlebensnotwendig ist. Bei genauer Betrachtung sei es die Angst vor dem Verlassenwerden, die das Kind innere Anteile kreieren lässt, die im eigenen Inneren sprechen und handeln wie ein lebenswichtiger anderer (Reddemann u. Fischer, 2010, S. 276).

Die Wirkung von Täterintrojekten ist hochproblematisch. Sie kann jede Bemühung um Selbstwertgefühl und Selbstwirksamkeit scheitern lassen, weil die Abwertung gar nicht mehr von anderen ausgesprochen werden muss. Sie kommt von innen, in einer Art Selbstbeschimpfung. Wir alle kennen unseren inneren Kritiker, unsere innere Kritikerin, aber eine Täterintrojektion hat eine viel größere verletzende Kraft. Sie benutzt die Worte, die der Täter oder die Täterin damals benutzt hat, und weil wir als Kinder akzeptieren mussten, dass sie angemessen und richtig sind, ziehen wir sie auch jetzt nicht in Zweifel. Selbsthass oder selbstverletzendes Verhalten sind die Folge. Im anderen Extrem kann das Täterintrojekt zur Überzeugung der eigenen Grandiosität führen, begleitet wiederum von massiver Abwertung anderer Menschen. Wir erleben also, wie maligner Narzissmus als Gefühlserbschaft weitergereicht wird.

Vererbte Schuld

Hier kommen wir zu einem weiteren Aspekt der Gefühlserbschaften, der auf den ersten Blick überhaupt keinen Sinn ergibt: dass es paradoxerweise die Opfer von Gewalt und Missbrauch sind, die Schuldgefühle entwickeln, nicht aber die Täter:innen. Die verneinen, zumindest auf der bewussten Ebene, jegliche Schuld und übertragen sie auf ihre Nachfahren. Sie wehren eigene Versagens-, Schuld- und Schamgefühle ab und drängen stattdessen ihre Kinder in die Rolle des Sündenbocks. Die wiederum können dadurch überfordert werden und mit den verschiedensten Symptomen reagieren. »Sie bleiben in der Fantasie stecken, letztlich doch nur eine Seite ihrer Eltern zu sein« (Cierpka, 2008, S. 369). Dass sich unbewusst Schuldgefühle bilden, die massiv abgewehrt werden (müssen), zeigt sich nicht zuletzt daran, dass deren Kinder oder Enkel häufig Schuldgefühle entwickeln, die sie überhaupt nicht verstehen. »Ich laufe ständig mit einem schlechten Gewissen herum, weiß aber nicht, warum« – dieses Gefühl kennen viele von uns, und diesen Satz höre ich oft. Die Loyalität mit den Eltern oder Großeltern verhindert eine Auseinandersetzung mit der Frage, ob die Vorfahren sich schuldig gemacht hätten, konstatiert der Familientherapeut Wolf Ritscher. Die Kinder versuchten, »die Schuld ihrer Eltern zu übernehmen, um den positiven Teil der ambivalenten Beziehung zu erhalten. Sie quälten sich z. B. mit der Frage, ob sie unter ähnlichen Bedingungen hätten TäterInnen werden können. Durch diese Wendung der TäterInnenfrage auf die eigene Person präsentierten sich die Kinder als Schutzschilder ihrer Eltern« (Ritscher, 2017, S. 57). Viele Nachkommen der Kriegsgeneration empfinden zudem intensive Bedürfnisse, »etwas« wiedergutzumachen. Da ist der Drang, beweisen zu müssen, dass Deutsche auch gute Menschen sein können. Viele gehen in helfende oder heilende Berufe. »Das habe ich in meiner Lehrtätigkeit oft erlebt«, berichtet die Sozialpsychologin Angela Moré. »Der Anteil ist sehr viel höher, als die meisten wissen« (Rohde, 2021a).

Das geht von einer Generation zur nächsten. Die Kinder wissen nicht um diese Aufträge, werden erwachsen, werden selbst Eltern – und zeigen ihren Kindern genau die emotionalen Anteile, die sie selbst auf diese Weise aufgenommen haben. Die Auswirkungen werden in der Abfolge der Generationen nicht etwa schwächer, betont die Soziologin Gabriele Rosenthal: »Deutlicher noch als ihre Eltern agieren die Enkel die Folgen der Vergangenheit aus.« Sie entwickeln manifeste Störungen oder werden krank. Sie beginnen, »das Leiden an der Vergangenheit, die Vernichtungsängste und die sie verfolgenden Phantasien einzugestehen, offen zu äußern und auch auszuagieren« (Rosenthal, 2001, S. 16). Oder sie verfallen in Depression und neigen zu Selbstbestrafungen, verbunden mit einem nicht begründbaren Gefühl, kein Anrecht auf ein gutes Leben zu haben. Teilweise verzichten sie auf Liebesbeziehungen und eigene Kinder (Moré, 2018, S. 235).

Aber wie mit der Schuld der Vorfahren umgehen? Wir kommen um einen klaren Blick auf das, was unsere Vorfahren im Krieg und im Naziregime getan haben, nicht herum. Haben sie sich anderer

Verbrechen oder Vergehen schuldig gemacht, gilt es, auch das anzuschauen und einen Weg zu finden, damit umzugehen. Ohne Zweifel ist es unendlich schwer, damit zu leben, wenn in der Familie oder von nahen Angehörigen Verbrechen verübt worden sind. Damit kann man sich nicht versöhnen. Und es braucht Zeit, sich damit zu konfrontieren, zum einen mit der Scham, zum anderen mit dem Bewusstsein für diese Gewalt. »Der Weg dorthin ist lang, aber sehr wichtig«, sagt Bettina Alberti. »Er braucht Zeit, Empathie, auch viel Mut und dann die Fähigkeit, den Schmerz auszuhalten. Es kann einen sonst mitreißen, und das empfindet man auch unbewusst. Da braucht es gute Haltepunkte im Leben, Menschen, die einen unterstützen« (Rohde, 2022a).

Und wie umgehen mit dem eigenen Schuldgefühl? Luise Reddemann, 1943 als Tochter von überzeugten Nationalsozialisten geboren, erzählte mir von einer Tagung, an der sie als frischgebackene Psychoanalytikerin teilgenommen hatte. »Da waren auch jüdische Kollegen. Ein älterer wurde nach einer Weile sehr streng mit uns. Er sagte, wir sollten aufhören, von Schuld zu sprechen. Wir hätten keine. Schuld, das hat sich mir an diesem Tag eingeprägt, hat immer nur der Täter. Wir Nachfahren aber haben Verantwortung – das Unsere zu tun, dass sich diese Taten nicht wiederholen« (Rohde, 2021a).

Vererbte Scham

Eine zentrale Rolle spielt die Scham. Sie ist ein Gefühl, das wir besonders schwer aushalten können. Schwerer noch ist es, sich für die Eltern schämen zu müssen. Luise Reddemann: »Ahnt oder erfährt ein Kind, dass sich seine Eltern schlecht oder gar verbrecherisch verhalten haben, erfährt es tiefe Ohnmacht. Schamgefühle sind häufig so schmerzlich, dass sie nicht zur Sprache gebracht werden können« (Reddemann, 2017, S. 15). Eine Klientin von mir, Mitarbeiterin im sozialpsychiatrischen Dienst, arbeitete sich im Abstand weniger Jahre immer wieder in den Burn-out hinein. Die Geschichte ihrer Familie konnten wir nur streifen. Als ich dennoch vorschlug, die Geschehnisse um das Gut in Ostpreußen, das ihr Großvater besessen hatte, aufzuarbeiten, weil es dort offenbar einen Suizid gegeben hatte, brach sie wenig später das Coaching ab.

Im Gegensatz zur Schuld, die aufgearbeitet und entschuldigt werden kann, ist Scham »ein bleibender Makel«, wir können uns zwar entschuldigen, aber nicht »entschämen« (Marks, 2011, S. 46). Und sie ist ansteckend. »Kinder, die in schamerfüllten Familien, Subkulturen oder Kulturen aufwachsen, nehmen viel von der Scham ihrer Umgebung in sich auf. Auf diese Weise wird die Scham transgenerational von der einen an die nächste Generation weitergegeben« (S. 47). Traumatische Qualität bekommt sie, wenn Kinder sich nicht mehr für einen Fehler oder eine unangenehme Situation schämen, sondern für sich selbst. Dann sagen sie sich nicht mehr, »ich habe einen Fehler gemacht«, sondern »ich *bin* der Fehler«. Diese Botschaft, so wurde mir in meiner Praxis mehrfach berichtet, können Mütter durchaus direkt formulieren, indem sie das Scheitern des eigenen Lebenswegs den Kindern anlasten. Etwa so: »Als du auf die Welt kamst, war meine Karriere beendet.« Es fällt schwer, im Zusammenhang mit einer Geburt von einer Täter-Opfer-Umkehr zu sprechen, aber letztlich ist das der dahinterstehende Mechanismus.

Dass der eigene Selbstwert massiv unter diesen Zuschreibungen leidet, versteht sich von selbst. Die Scham über die eigene Existenz wird zum quälenden Grundgefühl des Lebens. Der dänische Schriftsteller Peer Hultberg formuliert das sehr eindrücklich. Scham sei »mit einer viel tieferen Angst als derjenigen vor Strafe verbunden, nämlich mit der Angst, aus der menschlichen Gesellschaft ausgestoßen zu werden. Scham bedeutet Angst vor totaler Verlassenheit, […] vor psychischer Vernichtung« (zit. nach Marks, 2011, S. 47 f.). Weil sie aber so schwer auszuhalten ist, muss Scham abgewehrt werden. Die Mechanismen reichen von emotionaler Erstarrung und dem Verschwindenwollen bis zu dissozialem Verhalten und Gewalttätigkeit.

Die Spätfolgen der Traumata

Das Gefühlserbe im Körper

Auf einmal ist da ein Gluckern im Bauch. Ein tiefes Durchatmen. Der Körper, eben noch im Sessel zusammengekauert, strafft sich ein wenig. Die Brust öffnet sich. Ein kurzes Aufleuchten im Gesicht, in die erstarrte Mimik kehrt Leben zurück. Der Blick verlässt den Boden, wandert nach oben, der Radius weitet sich. Tastend bewegen sich die Augen durch den Raum, zaghaft auf der Suche nach Kontakt. Die Stimme klingt auf einmal voller, tiefer. Was ist passiert? Im autonomen Nervensystem ist eine Botschaft der Hoffnung angekommen. Unser Bewusstsein, zuvor gefangen in immer gleichen Gedankenkreiseln und Grübeleien, hat ein Türchen gefunden, eine neue Perspektive auf unsere verfahrene, scheinbar aussichtslose Situation. Jetzt spüren wir ein warmes Gefühl im Bauch, das Herz wird leichter, der Kopf klarer, der Atem tiefer. Die Spange der Kontraktion, die uns in einer geduckten, zusammengezogenen Position gehalten hatte, löst ihre Umklammerung ein wenig.

Was wir mental und emotional erleben, ist aufs Engste mit Prozessen im Körper verwoben. Die Signale der Hoffnung etwa laufen über den Vagusnerv. Er ist der zehnte und längste unserer zwölf Hirnnerven und Teil des Parasympathikus im autonomen Nervensystem, zuständig für Erholung, Ruhe und Verdauung. Er führt vom Hirnstamm an der Schädelbasis sowohl aufwärts zu Hals, Kehle, Augen und Ohren als auch abwärts zu Lunge, Herz, Zwerchfell und Magen. Bekommt er den positiven Impuls unseres Bewusstseins, wirkt das entspannend, parasympathisch, und wir denken nicht mehr nur, dass es Hoffnung gibt – wie *empfinden* sie (vgl. van der Kolk, 2023).

Wenn ich das Gefühlserbe in die Abschnitte »Psyche« und »Körper« aufgeteilt habe, dann zeigt dieses Beispiel sehr deutlich: Diese Trennung ist eine Hilfskonstruktion. Denn es ist ein Gedanke, der einen Vorgang im vegetativen Nervensystem auslöst, der ein Gluckern im Bauch bewirkt und zugleich eine Aufrichtung des Körpers, die wiederum unserem Geist das Signal gibt: »Hier geht wieder etwas.« Die Aufteilung folgt allerdings auch dem Dualismus von Körper und Geist, wie er etwa unser Gesundheitssystem bestimmt – und gerade hier wird er von Patient:innen nicht selten als dysfunktional erlebt.

Ein weiteres Beispiel, das die Psychotherapeutin Vita Heinrich-Clauer beschreibt, soll das verdeutlichen: Haben wir häufig große Angst und heftigen emotionalen Schmerz erlitten, manifestiert sich dies in einer chronischen Muskelspannung, einer reduzierten Beweglichkeit der Muskulatur, vom Psychoanalytiker Wilhelm Reich »Muskelpanzer« genannt. Diese Erstarrung, die dem Schutz vor Stress und Trauma dienen soll, reduziert zugleich unsere Fähigkeit zu fühlen. »Gefühle, für die es keinen emotional-motorischen Ausdruck gibt, weil wir uns durch Gedanken oder unbewusste Ängste kontrollieren […] werden als Muskelanspannung im Körper gehalten«, schreibt die Therapeutin (Heinrich-Clauer, 2014, S. 115). Ein fester oder geschlossener Mund, ein verspannter Kiefer könne jede Kommunikation von Gefühlen blockieren. »Augenring-, Schädelbasis- und Nackenmuskulatur, Schultergürtel halten Angst, Schrecken und Terror. Handgelenke wirken oft unbelebt, unfähig zu einer abwehrenden Geste. Bei Patienten, die geschlagen wurden, [zeigen sich] hart verspannte Muskeln im Rücken und Gesäß sowie eine erhöhte Wachsamkeit im Rücken, verbunden mit der Unfähigkeit sich anzulehnen, zu überlassen« (Heinrich-Clauer, 2014, S. 116).

In welcher Disziplin würde diese Symptomatik, die ohne Zweifel schmerzhaft ist, behandelt: in der Orthopädie, in der Physiotherapie, in der Psychotherapie oder gar in der Psychiatrie? Es würde sich auch die Familientherapie anbieten, denn natürlich geschieht dieses traumatische Erleben in einem dysfunktionalen Beziehungsgeflecht, beschädigt auch aufgrund transgenerationaler Übertragungen. Hier soll es aber um körperliche Erkrankungen gehen, auch wenn die Ursachen dafür in negativen Einwirkungen auf die Psyche zu suchen sind. Und es ist der schon mehrfach zitierte Arzt und Psychiater Bessel van der Kolk, der diesen starken Satz formuliert: »Der Körper vergisst nicht und nichts« (van der Kolk, 2023, S. 461).

Das Trauma im Körper

Eine bahnbrechende Studie, die diesen Zusammenhang auf Basis von nicht weniger als 17.421 Proband:innen nachweist, ist die »Adverse Childhood Experiences (ACE)«-Studie des amerikanischen Arztes Vincent Felitti und dreier Kollegen. Sie zeigt, dass belastende Kindheitserfahrungen und spätere Gesundheitsrisiken, körperliche Erkrankungen und psychische Störungen in engem Zusammenhang stehen, und belegt eine Verbindung zwischen der Traumatisierung in der Kindheit einerseits und Pathophysiologie und Psychopathologie im Erwachsenenalter andererseits. Die Forscher benannten zehn Kriterien für belastende Erfahrungen, die den Proband:innen bis zum Alter von 18 Jahren widerfahren sein konnten:

- körperliche Misshandlung,
- sexueller Missbrauch,
- emotionaler Missbrauch,
- körperliche Vernachlässigung,
- emotionale Vernachlässigung,
- häusliche Gewalt gegenüber der Mutter,
- Suchtmittelmissbrauch im Haushalt,
- psychische Erkrankungen im Haushalt,
- Trennung/Scheidung der Eltern,
- Inhaftierung eines Familienmitgliedes (zit. nach Stahlschmidt, o. J.).

Beim Zutreffen eines Kriteriums vergaben sie jeweils einen ACE-Punkt – und stellten fest, wie mit der Höhe der Werte auch die psychischen, körperlichen und sozialen Belastungen wuchsen – und zwar dramatisch. Bei Befragten mit einem ACE-Wert von vier oder mehr Punkten lag die Häufigkeit chronischer Depressionen bei Frauen bei 66 Prozent und bei Männern bei 35 Prozent, wohingegen Depressionen bei Teilnehmenden mit einem ACE-Wert von null Punkten lediglich in 12 Prozent der Fälle vorkamen. Auch die Wahrscheinlichkeit der Einnahme von Antidepressiva und verschreibungspflichtiger Schmerzmittel stieg proportional zur Höhe des ACE-Punktwerts.

Das Ausmaß und die Verschiedenheit der Symptome sind enorm. Sie reichen von Asthma – bei traumatisierten Kindern 50-mal häufiger als bei unbelasteten – über chronische Schmerzen im Hals- und Nackenbereich und Fibromyalgie, Migräne, Verdauungsstörungen, Reizdarm und chronische Erschöpfung bis hin zu Suchterkrankungen und selbstschädigendem Verhalten. Klinische Beobachtungen haben wiederholt gezeigt, dass Kinder, die massiv traumatisiert worden sind, auch als Erwachsene üblicherweise mit einem von vier unbewussten Mustern reagieren:

- Sie verhalten sich so, als ob sie es verdienten, geschlagen und erniedrigt zu werden, als ob sie es verdienten, sich in einer rätselhaften Anhäufung von Unfällen zu verletzen;
- sie werden depressiv;
- sie agieren ihre Wut und Aggressivität aus, etwa in Form häuslicher Gewalt oder Suizidversuchen;

- sie entwickeln typische Beschwerden, im gesamten Verdauungsapparat, im Herz-Kreislauf-System und im Bewegungsapparat – häufig begleitet von chronischen Schmerzen und einem erheblichen Verlust an Lebensqualität (vgl. Felitti et al., 2007).

Dabei zeigt die Traumatisierung in Kindheit und Jugend möglicherweise erst Jahrzehnte später ihre verheerende Wirkung. Felitti weist darauf hin, dass seine Kolleg:innen und er heute möglicherweise Dinge behandeln, die Patienten vor 50 Jahren erlebten. Die Wahrscheinlichkeit ist hoch, aber die Zusammenhänge sind in der Regel weder den Patient:innen noch den Ärzt:innen bewusst.

Spätfolgen von Kriegskindheiten

Die Spätfolgen einer Kindheit oder Jugend im Krieg wurden in Deutschland lange ignoriert. Die wenigen Untersuchungen dazu in den 1950er und 1960er Jahren kamen zu dem Ergebnis, dass die im Krieg und zu einem relevanten Anteil vaterlos aufgewachsenen Kinder und Jugendlichen ihre früheren Erfahrungen insgesamt ziemlich gut verarbeitet hätten. Sie seien zumeist körperlich und psychisch kaum beeinträchtigt, selten verhaltensauffällig und zudem von großer Anpassungsfähigkeit (vgl. Radebold, Brähler u. Decker, 2012). Meine Schwester, geboren 1944 und bei einem Trauergespräch nach ihrer Kindheit befragt, sagte den Satz: »Man hat halt funktioniert.« Es galt, mit dem angepassten Verhalten die an Leib und Seele versehrten Eltern stabil zu halten. Der Psychiater Hartmut Radebold, 1935 geboren, damit selbst ein Kriegskind und zugleich ein Pionier der Erforschung der Kriegskinderproblematik, sieht darin vor allem einen Ausdruck der Betrachtungsweise jener Zeit. Angesichts des hohen Ausmaßes an erschreckenden und traumatisierenden Ereignissen, die jene Menschen hatten erleben müssen, so Radebold, stuften sie ihre damalige Lebenssituation als Normalität ein. »In Wirklichkeit handelte es sich um eine pathologische Normalität, die nur um den Preis eines hohen Maßes an Verdrängungsleistung aufrechterhalten werden konnte« (Radebold et al., 2012, S. 112 f.).

Was sich, nicht überraschend angesichts der ACE-Studie, viele Jahre später zeigen sollte. Hartmut Radebold nennt folgende Symptome, die sich bei der Untersuchung älterer erwachsener Kriegskinder zeigten:

- Ängste und depressive Züge mit einer Tendenz zu Rückzug und Abkapselung,
- Misstrauen,
- sich wiederholende Bindungsschwierigkeiten und Bindungskonflikte,
- eine eingeschränkte und unsichere psychosexuelle und psychosoziale Identität als Mann oder Frau,
- ein gestörtes Gesundheits- und Krankheitsverhalten insbesondere bezüglich eigener Fürsorge und rechtzeitiger Durchführung von Behandlungsmaßnahmen (Radebold et al., 2012, S. 112 f.).

Das sind Symptome, die zumindest in Teilen für ein Posttraumatisches Belastungssyndrom, kurz PTBS, sprechen, eine Diagnose, die in den USA anhand der Kriegsfolgen bei Vietnamveteranen entwickelt wurde. Aufgrund eines PTBS entsteht ein deutlich höheres Risiko für Erkrankungen, die wir zunächst einmal nicht mit psychischer Not in Verbindung bringen würden: Demenz etwa. Abgesehen vom Gehirn hat chronisch traumatischer Stress aber auch schädliche Auswirkungen auf andere Körperfunktionen: auf Herz und Kreislauf, Blutgefäße im Gehirn und das Verdauungssystem (Jawaid u. Mansuy, 2021). Auch das Risiko, an rheumatischer Arthritis oder an Krebs zu erkranken, steigt. Wie Bessel van der Kolk lakonisch kommentiert: »Wenn der Körper ständig unter Stress steht, verlangt das seinen Preis« (van der Kolk, 2023, S. 196).

Eine kritische Phase ist der Ausstieg aus dem Berufsleben. Der Puffer des Alltags, der mit seinen Herausforderungen für Struktur und Ablenkung gesorgt hat, wird schwächer und durchlässiger, die Erinnerungen bekommen mehr Raum. Das ist sicher auch der Grund, weswegen viele ältere und alte Menschen geradezu rastlos durch ihre Tage hetzen, jedenfalls solange ihre Gesundheit das zulässt. Das Risiko dieser Zeit, so der Therapeut Wolf Ritscher, »liegt in der Entwicklung neurotischer, psychosomatischer oder gar psychotischer Symptome. Die Chance liegt in der Aufweichung der Tabugrenzen und der vorsichtigen Annäherung an die eigene Geschichte« (Ritscher, 2017, S. 83). Wird diese Chance verpasst, können die Auswirkungen wuchtig sein.

In meinem persönlichen Umfeld erlebe ich ein solches, ja, Schicksal: die Spätfolgen einer gewaltvollen und sadistischen Erziehung in der Nachkriegszeit, die nach dem Ende der Berufstätigkeit mit 69 Jahren geradezu in einer Kaskade von schweren und schwersten Erkrankungen mündete, mit einer kompletten Veränderung der Persönlichkeit einherging und in einer Pflegebedürftigkeit sieben Jahre später mündete. Was schwer mitzuerleben war: die Hilflosigkeit und Resignation angesichts der Symptome, auch sie erkennbar eine späte Folge des nie aufgearbeiteten Leids der Kindheit und Jugend.

Vererbung von PTBS

Wie ich im Abschnitt über die Wege der transgenerationalen Übertragung beschrieben habe, lässt uns die Epigenetik verstehen, wie auch die Symptome eines PTBS vererbt werden können: Das Trauma aktiviert eine Reihe von Signalwegen, die seine Auswirkungen auf die Fortpflanzungsorgane und die Keimbahn übertragen können (vgl. Jawaid u. Mansuy, 2021). Das zeigen etwa die Forschungsarbeiten der amerikanischen Neurowissenschaftlerin Rachel Yehuda, die bei Nachkommen von Holocaustüberlebenden niedrigere Cortisolwerte feststellte – ein Hormon, das dem Körper nach einem Trauma hilft, sich wieder zu erholen. Sie fand zudem heraus, dass diese Personen andere Stresshormonprofile aufweisen als die Kontrollgruppe. Das macht sie womöglich anfälliger für Angststörungen. Auch ihre Anfälligkeit für ein PTBS ist höher: Eigentlich unbelastete Nachfahren von Holocaustüberlebenden sowie von versklavten Menschen, Kriegsveteranen und Eltern, die ein schweres Trauma erlebten, entwickeln eher Symptome eines PTBS, nachdem sie selbst ein Trauma erlitten oder Zeugen eines Gewaltakts wurden. Die Vererbung sorgt offenbar für eine höhere Verletzlichkeit (vgl. Jawaid u. Mansuy, 2021).

Körperwahrnehmung als Indikator

Wie wir aus alltäglicher Erfahrung wissen, meldet der Körper, wenn etwas um uns herum nicht in Ordnung ist. Wir werden nervös, beginnen zu frieren oder stark zu schwitzen, merken einen Klumpen im Magen oder einen Kloß im Hals, bekommen kalte oder schweißnasse Hände. All das sind Warnsignale des Unbewussten, die unser vegetatives Nervensystem in Körperreaktionen wandelt. Der Neurowissenschaftler und Psychiater Stephen Porges hat für dieses Warnsystem den Begriff »Neurozeption« geprägt, der unsere Fähigkeit beschreibt, Gefahr und Sicherheit in unserer Umgebung richtig einzuschätzen. Bei Traumatisierten ist diese Fähigkeit gestört: Sie wittern permanent Gefahr, werden also fortgesetzt mit Warnsignalen konfrontiert. Das führt dazu, dass sie sich in ihrem Körper chronisch unwohl fühlen, wie Bessel van der Kolk beobachtet hat: »Ihre Vergangenheit begleitet sie in Form nagenden Unbehagens [...] Und weil sie sich bemühen, diese Vorgänge unter Kontrolle zu behalten, werden sie oft sehr versiert darin, ihre Bauchgefühle zu ignorieren und sich den Vorgängen in ihrem Inneren gegenüber taub zu stellen. Sie lernen, sich vor sich selbst zu verstecken. Je hartnäckiger Menschen versuchen, innere Warnzeichen zu überspielen oder zu ignorieren, umso wahrscheinlicher ist, dass diese die Führung übernehmen und die Betroffenen fassungslos, verwirrt und beschämt hinterlassen. Menschen, die nicht mit Behagen registrieren können, was in ihnen vor sich geht, reagieren oft auf jede sensorische Veränderung, indem sie diese entweder ›ausschalten‹ oder indem sie in Panik verfallen – sie entwickeln Angst vor der Angst« (van der Kolk, 2023, S. 130). Über epigenetische Marker kann diese Anlage zur Angststörung vererbt werden. So tragen ängstliche oder gar schnell in Panik verfallende Menschen eine Störung in jede Beziehung, in jede Familie hinein, die sich als schwere Belastung erweisen kann.

Dissoziation als Notfallreaktion

In meinen Workshops habe ich diese Frage oft gestellt: »Wer hat nur bruchstückhafte Erinnerungen an seine Kindheit?« Viele Teilnehmende fühlten sich angesprochen, wenngleich ihnen der Zusammenhang zur Kriegsenkel-Thematik nicht sofort einleuchtete. Tatsächlich ist diese dissoziative Amnesie aber ein Zeichen für überwältigenden Stress oder gar traumatisches Erleben, das die Gedächtnisfunktionen stark beeinträchtigen kann. Dissoziation ist gleichsam eine Flucht aus inneren oder äußeren Konflikten, die wir als unerträglich erleben – ein Schutzmechanismus, der über das autonome Nervensystem gesteuert wird (Heller u. Doerne, 2020). Unsere Wahrnehmung wird wie von einem Nebel eingehüllt, wir stehen neben uns, sind nicht mehr ganz anwesend. Und so ist es tatsächlich: Ein schützender Filter schiebt sich davor und sorgt dafür, dass wir die Eindrücke um uns herum nicht an uns heranlassen müssen. Wir tauchen ab.

Im Alltag merken wir das, wenn wir in einer Phase großer Belastungen Dinge einfach vergessen oder uns nach einer Autofahrt nicht mehr erinnern können, welchen Weg wir eigentlich gefahren sind. Dann kann es helfen, einfach mal eine Pause einzulegen. Merken wir freilich, das ganze Zeitabschnitte wie aus der Erinnerung gelöscht sind, kann das für eine dissoziative Störung sprechen. Sie kann sich in ein Loslösen vom Selbst und eine gestörte Wahrnehmung der eigenen Identität gesteigert haben und Teil eines PTBS sein.

Sexualisierte Gewalt

Ein besonders grausamer Aspekt unseres Themas ist die sexualisierte Gewalt. Sie gehört zu jedem Krieg und hat die Funktion, den Gegner zu demütigen und zu demoralisieren. Während des Zweiten Weltkriegs war sie Teil des Vernichtungskriegs der Wehrmacht und der SS, beim Vormarsch der sowjetischen Truppen Richtung Deutschland Teil ihrer Rache. In Asien wurden Frauen und Mädchen aus Korea, China, Taiwan oder von den Philippinen von der japanischen Armee verschleppt und sexuell versklavt, zynisch als »Trostfrauen« bezeichnet, um die Verbrechen zu verschleiern. In der unmittelbaren Nachkriegszeit waren Vergewaltigungen ein Massenphänomen. Vorsichtig geschätzt, so schreibt die Historikerin Miriam Gebhardt, waren davon rund 900.000 Frauen betroffen, und Täter waren nicht nur »die Russen«, sondern auch Amerikaner, Franzosen und Briten. Beiderseits des späteren Eisernen Vorhangs wurden dabei die Vergewaltigungen der späteren Verbündeten – der Westalliierten in der BRD, der sowjetischen Truppen in der DDR – möglichst ausgeblendet. Und das auf Kosten der betroffenen Frauen, deren Leid ihnen nicht selten selbst zur Last gelegt wurde. Miriam Gebhardt: »Gerade die Opfer der weißen westlichen Soldaten hatten es besonders schwer, für ihr Trauma Verständnis zu finden, denn es eilte ihnen der böse Ruf der Fraternisierung voraus« (Gebhardt, 2017). Nicht nur deshalb hätten viele Betroffene geschwiegen, hätten Eheleute in einer stillen Übereinkunft nach dem Kriegsende einen Schweigepakt geschlossen. »Wo das nicht möglich war, etwa weil ein andersfarbiges Kind geboren wurde, mussten sich die Mütter in demütigenden Prozeduren mit Ärzten und Behörden auseinandersetzen. Die Beweislast lag in der deutschen Nachkriegsgesellschaft auf ihrer Seite, wenn sie etwa eine Rente für ihr Kind aus einer Vergewaltigung beantragen wollten« (Gebhardt, 2017).

»Hunderttausende Frauen überlebten das Trauma, aber konnten oder durften nicht über das Erlebte sprechen«, berichtet Sara Fremberg, Sprecherin der Frauenrechtsorganisation *medica mondiale.* »Ihre Geschichten und ihr Leid werden in den Nachkriegsgesellschaften bis heute überwiegend ignoriert und verdrängt.« Wie wir wissen, verstärkt das erzwungene Schweigen die traumatische Last. Aus der Arbeit mit Mitarbeiter:innen in Pflegeeinrichtungen und Hospizen weiß ich, wie manche demente ältere Frauen sich schreiend wehren, wenn sie etwa gewaschen oder geduscht werden sollen. Manche reagieren bereits panisch, wenn ein männlicher Pfleger nur den Raum betritt. Und natürlich verstärkt das Schweigen die Nachwirkungen für die Kinder und Enkel:innen. Die Kölner Regisseurin Katja Duregger, Enkelin einer im Zweiten Weltkrieg vergewaltigten Frau und Tochter des Mannes, der bei der Vergewaltigung gezeugt wurde, berichtet davon: »Ich habe irgendwann gemerkt, dass die Art, wie ich Beziehungen führe, nicht gut ist. Ich konnte mich nicht wirklich öffnen und andere Menschen nahe an mich heranlassen. Da war immer so ein diffuses Gefühl von Scham, von Schuld, von etwas Dunklem und Schwerem. Das war mir lange nicht bewusst und hielt mich deshalb sehr gefangen« (zit. nach medica mondiale, 2020).

Es sei essenziell, dass von sexualisierter Gewalt Betroffene ihre leidvollen Erfahrungen nicht verschweigen müssten und mit solidarischer Unterstützung bewältigen könnten, fordern die Frauenrechtlerinnen von *medica mondiale.* Nur dann sei es möglich, dass Ängste, Schutz- oder Stressreaktionen nicht an Kinder und Enkelkinder weitergegeben werden.

Die pathologische Normalität der Familien
Das Gefühlserbe in Beziehungen

Nicht jeder Mensch, der etwas Schreckliches erlebt oder sieht, trägt auch ein Trauma davon. Es kommt darauf an, ob er anschließend ein angemessenes Maß von Sicherheit, Schutz und Geborgenheit erleben kann, das ihm hilft, das Erlebte zu verarbeiten und zu integrieren – oder eben nicht. »Während einer Katastrophe orientieren sich kleine Kinder gewöhnlich an ihren Eltern. Wenn ihre primären Bezugspersonen ruhig bleiben und auf die Bedürfnisse der Kinder eingehen, bleiben sie auch nach entsetzlichen Ereignissen frei von schweren psychischen Schädigungen« (van der Kolk, 2023, S. 77). Das ist inmitten von Kriegen oder erzwungener Migration natürlich häufig nicht der Fall. Viele der Betroffenen erleben den Verlust wichtiger Bezugspersonen, ohne ihn angemessen betrauern zu können, und wurden vertrieben oder ausgebombt. Und dann ist ein Trauma tatsächlich die Folge.

Das beschreibt den Hintergrund der Kriegskindheiten in Deutschland, aber natürlich auch von vielen Kriegskindheiten in unserer Zeit. Die meisten Väter waren im Zweiten Weltkrieg als Soldaten an der Front oder bereits tot, und die Mütter, selbst massiv von Gewalt bedroht, konnten zumeist keine stabile Mutter-Kind-Beziehung anbieten. All das durchgestanden zu haben, wurde Teil der Identität der Kriegskinder, wie Hartmut Radebold formuliert: »Ihre charakteristischen Verhaltensweisen […] – dass sie stets planen und organisieren, sparsam und bescheiden sind, nichts wegwerfen können und sich ohne Rücksicht auf Hunger, Krankheiten und Verletzungen verhalten – empfanden sie als zu sich selbst gehörig und damit als selbstverständlich. […] ›Es hat uns doch nichts ausgemacht‹; so wurde die in Wirklichkeit erlebte *pathologische* oder *anormale* Normalität als *übernormale* Normalität vermittelt« (Radebold, 2009, S. 49).

In einem Vortrag äußerte der Psychoanalytiker Michael Ermann, selbst 1943 geboren, seine Verblüffung darüber: »Wie kommt es, dass es so viele Jahre gedauert hat, bis die Kriegskindheit wiederentdeckt wurde?« Seine Erklärung: »Das Erste und vielleicht Wichtigste ist die Einstellung zu Kindern, die unsere Tradition in Deutschland beherrscht: Ein Mythos von der Unverletzlichkeit der Kinder, von der

Unschuld der Kinder. Als bekämen Kinder das Schreckliche nicht mit, weil sie noch klein sind, und als mache es ihnen nichts aus. Das Zweite ist die Heldenideologie des Nationalsozialismus, die unausgesprochen in der Verarbeitung des Zweiten Weltkrieges und der NS-Zeit im Nachkriegsdeutschland mitschwang. ›Deutsche‹ Kinder werden geboren zur Härte, und diese Kinder sind nicht verletzlich. Wenn sie denn aber geschädigt werden, dann werden sie nicht in ihrem Schmerz und Leid gesehen, sondern in ihrer Tapferkeit, mit der sie die Verletzungen überstehen« (Ermann, 2003, S. 11). Diese Haltung Kindern gegenüber trägt natürlich selbst schon traumatisierendes Potenzial in sich, wie wir in den vorigen Kapiteln gesehen haben.

Was dazugehört: eine Gefühlsabwehr, um die schrecklichen Erinnerungen nicht immer wieder spüren zu müssen. Sie verband sich bei vielen, die jene Zeit schon bewusst erlebt haben, mit der Prägung durch die Erziehung im nationalsozialistischen Apparat. Und sie reichte viel weiter, als wir heute nachempfinden können, ein typisches Muster in Diktaturen. »Das totalitäre Regime begnügt sich nicht damit, Repressionen in der äußeren Realität auszuüben, indem allen Gesellschaftsmitgliedern präzise Lebensnormen vorgeschrieben und aufgezwungen werden. Es dringt gewaltsam in die psychische Welt ein, etabliert sich als verinnerlichtes System von Kontrollen, Hierarchien und Überwachungen« (Kamm, 2014, S. 139). So wurde alles, was der Ideologie der Härte der Nazis nicht entsprach, wie etwa »sich schwach fühlen« oder »bedürftig sein«, abgewertet und durfte nicht gefühlt werden. Zu den Haltungen, die dann vermittelt wurden, gehörten – und gehören! – Sätze wie diese: »Heul hier nicht rum!«, »Reiß dich zusammen!«, »Man kann das doch mit dem Kopf regeln«. Oder die Eltern sagten: »Du hast doch gar keine Ahnung!«, »Du weißt doch gar nicht, was Hunger ist«, »Wenn du wüsstest, was wir durchgemacht haben!« Das ist die Atmosphäre, in der viele Nachkriegskinder und Kriegsenkel aufwuchsen.

Der Mangel an Empathie

In einer Onlineumfrage, die ich über meine Social-Media-Kanäle verbreitet hatte, bekommt diese teils schockierende Haltung der Eltern plastischen Ausdruck. »Ich war mit dem Fahrrad gestürzt und hatte eine Gehirnerschütterung«, schrieb eine Teilnehmerin. »Trotz Kopfschmerzen und Übelkeit musste ich in die Schule gehen, weil ich ja nur simuliere. Ein Lehrer hat mich zum Arzt gefahren, ich war drei Wochen krank. Meine Mutter hat es mir trotzdem nicht geglaubt.« Eine weitere Befragte schildert ein ähnliches Erlebnis: »Ich hatte eine Wachstumsstörung und Knochenprobleme, das Bein war geschient. Konnte mich nur eingeschränkt unter Schmerzen bewegen. Zum anstehenden Jugendturnier um die Bezirksmeisterschaft im Handball hat meine Mutter die Schiene abgenommen und mich zur Mannschaft geschickt. Aussage: Die verlassen sich auf dich! Schmerzen, Schäden – egal …« Die Anklänge an Loyalität und Kameradschaft im Krieg sind sicher nicht zufällig.

Es waren nicht die einzigen Stellen dieser Umfrage, an denen mir der Atem stockte. Immer wieder blitzte in den Aussagen die Ideologie der nationalsozialistischen Erziehung hervor, die jede Schwäche, jedes Gefühl, jede empathische Regung abwertete und brutal auszutreiben versuchte, die jene verherrlichte, die Schmerzen überwanden. Diese Ideologie gehört sicher zu den übelsten Gefühlserbschaften jener Zeit, weil sie Kinder schon in ihrer frühen Prägephase beschädigte und tief verunsicherte. Sogenannte Erziehungsmaßnahmen wie körperliche und seelische Gewalt, aber auch Methoden wie der Kontaktabbruch durch Schweigen begegneten mir in den Aussagen immer wieder. Das hat manchmal durchaus komische Seiten, wie wir an dieser Geschichte erleben: »Meine Mutter schwieg drei Tage mit mir, weil sie böse auf mich war. Um das Schweigen zu brechen, schmiss ich ihre guten Gläser an die Wand – aber von ihr kam keine Reaktion.«

Die Forschung weiß davon, dass die regelmäßige Abwertung von Kindern das Risiko von Misshandlungen erhöht. Eltern, die ihre Kinder demütigen oder schlagen, tun das offenbar auch, weil sie ihnen schlechte Charaktereigenschaften unterstellen und in der Nichtbefolgung von Anweisungen böse Absichten sehen. Erfolge der Kinder dagegen schreiben sie eher glücklichen Umständen zu oder sich selbst und ihrer guten Erziehung. Studien, die es hierzu gibt, weisen in dieselbe Richtung: Misshandelnde Eltern nehmen ihre Kinder als schwieriger und charakterlich negativer wahr, als etwa neutrale Beobachter:innen das tun. Diese Verzerrung der Wahrnehmung ist, psychoanalytisch gesprochen, eine Folge der sogenannten Projektion negativer Selbstanteile auf das Kind – die Eltern bekämpfen im Kind, was sie selbst an sich ablehnen und nicht wahrhaben wollen (vgl. Dornes, 1997). In meiner Umfrage klingt das folgendermaßen. Eine Teilnehmerin, 1962 geboren, zitiert als typischen Satz ihrer Mutter eine schockierende Aussage: »Du bist so lästig wie ein Pestgeschwür.« Ein Erlebnis, das typisch für ihre Mutter sei, beschreibt sie in knappen Worten. »Mein Vater schlägt mich, 13 Jahre alt, zusammen. Meine Mutter geht zur Nachbarin und klagt darüber, dass wir uns ›kloppen‹.« Es verwundert nicht, dass die Tochter später den Kontakt zur Mutter abbrach, ein Akt des Selbstschutzes.

Traumatisierende Familienmuster

Es ist vor allem die Abwehr von Trauerreaktionen, wie sie in Zeiten von Krieg und großer Not verbreitet ist, die dazu führen kann, dass Familienmitgliedern Verluste nicht bewusst, Gefühle überhaupt blockiert werden. So können zentrale Bereiche der Persönlichkeit gleichsam einfrieren, erstarrt die Beziehungsfähigkeit, wird die Entwicklung von Beziehungen nachhaltig behindert. Das individuelle Leid des Kriegsheimkehrers, der Großmutter, die sexualisierte Gewalt erleiden musste, des gedemütigten oder immer wieder geprügelten Kindes – es sickert in das Familiensystem ein und schafft ein destruktives Muster von Bindung und Beziehung, das Generationen überdauern kann. Aus der erlittenen Demütigung wird Überheblichkeit, aus dem Beschämtwerden das Beurteilen, Verurteilen, Entwerten anderer. Der Psychoanalytiker Wolfgang Schmidbauer formuliert lakonisch: »Für die Praxis hat sich diese Arbeitshypothese bewährt: intensiv bewertende Familien sind traumatisiert« (Schmidbauer, 2013, S. 15). Bettina Alberti, Psychotherapeutin und Autorin des Kriegsenkel-Standardwerks »Seelische Trümmer«, erläutert, wie stark das Trauma der Kriegskinder als Eltern das Aufwachsen ihrer Kinder bestimmte: »Sie erlebten eine aggressive Aufladung der Eltern, wenn ihre kindliche Lebendigkeit sich zeigte und eine Antwort suchte. Die Begrenzung war für viele Kinder nicht einzuordnen, sie kam impulsiv, weil sie aus der Ladung der Traumaabwehr der Eltern entstand. Sie hatte eine Funktion für das seelische Gleichgewicht der Eltern und keinen eigentlichen Wert. ›Wie du wieder rumläufst! Was tust du uns an! Musst du uns Schande machen?‹ In solchen Sätzen ist die Verzweiflung traumatisierter Eltern spürbar, die sich schützen wollten vor einem Exponiertwerden« (Alberti, 2014, S. 139). Anpassung ist das Programm der Kriegskinder, das vor Missbilligung schützt. Nur nicht auffallen, nur niemandem einen Grund geben, schlecht über einen zu denken oder zu reden, nur bei nichts erwischt werden. Ein bewährter Angstlöser: Alkohol.

Plastisch beschreibt die Autorin und Therapeutin Katharina Ohana in ihrem autobiografischen Buch »Ich, Rabentochter« das Leben in einer solchen Familie. »Ich war mit dem Gefühl aufgewachsen, nicht gut genug zu sein, das war die einzig mögliche Erklärung für die Suizidgedanken meiner Mutter und die Gleichgültigkeit meines Vaters. Ich hatte die Welt durch diese Brille sehen gelernt und sie filterte auch weiterhin meine Sichtweise auf das Leben. Sie ließ nur Kritik und Fehler in mein Blickfeld, jedes Lob, jedes erreichte Ziel blieb außen vor und verschwand im Schatten dieser Übermacht« (Ohana, 2006, S. 169).

Studien belegen die Macht dieser Muster. Sie zeigen, wie stark sich die Begegnungen von Partner:innen, Eltern und Kindern generationenübergreifend ähneln, wie Einstellungen zu Erziehung, die Qualität von Ehen, Scheidungen, Kontaktabbrüche, Parentifizierung, Gewalterfahrungen und die Möglichkeiten zur Persönlichkeitsentwicklung wiederholt und reinszeniert werden (vgl. Moré, 2012). Das Trauma hebt die Verbundenheit auf, es beschädigt unsere Fähigkeit, anderen zu vertrauen und uns mit ihnen verbunden zu fühlen. Wie weit das gehen kann, lässt dieses Bekenntnis von Katharina Ohana ahnen: »Ich traute meiner Therapeutin lange nicht, ihre herzliche Anteilnahme schien mir zu unwahrscheinlich. Warum interessierte sich ein fremder Mensch, der mir nicht verwandt und verpflichtet war, mehr für mich als meine Mutter, glaubte mehr an mich als mein Vater?« (Ohana, 2006, S. 172). Das Misstrauen anderen Menschen gegenüber war zum bestimmenden Faktor im Kontakt mit anderen geworden. Wir bleiben in destruktiven Beziehungen, weil wir unbewusst in der kindlichen Bindungsbeziehung zu unseren Eltern gefangen sind.

Parentifizierung und Loyalitätskonflikte

Ich möchte ein Posting aus der Facebook-Gruppe von Kriegsenkel e.V. zitieren, weil es die damit verbundene Not deutlich macht.

> *»Gerade fühle ich mich in der Falle.*
> *Ich habe seit fast acht Jahren NUR in Form von Schicksalsschlägen und Heilung meine Deformierungen geheilt. Jetzt fühle ich, ich starte MEIN LEBEN!!!*
> *Und was passiert? Meine alte Mutter, unter der ich AM MEISTEN GELITTEN HABE!!! Die mir echt 5 Jahrzehnte schwergemacht hat. Will jetzt, dass ich sie pflege. Die, wenn sie sich nicht für eine Hüft-OP entscheidet, bald bettlägerig sein wird.*
> *Also ich auf dem Start in ein neues und endlich mein Leben – und nun die moralische Verpflichtung für Mutter zu sorgen.*
> *Das war's dann mit meinem Leben, oder was?«*

Nach wenigen Stunden hatte das Posting Dutzende Kommentare. Die Frau hatte bei vielen Leser:innen einen Nerv getroffen. In einer Zeit, in der selbst die jüngsten der im Krieg geborenen Menschen ihr 80. Lebensjahr erreicht haben, ist die Frage ihrer Pflege für viele der Kinder ein großes Problem. Die Eltern sehen es als selbstverständlich an, dass die Kinder – vor allem die Töchter – sie pflegen, vollkommen unabhängig davon, was das für deren Leben bedeutet. Sowohl aus meiner Praxis als auch aus vielen Veranstaltungen bei Hospizvereinen weiß ich von erschütternden Beispielen. Eine seit mehreren Jahren arbeitslose Frau, die eigentlich dringend eine Stelle suchte, wurde von der pflegebedürftigen Mutter geradezu genötigt, sich die Pflege mit ihrer Schwester zu teilen. Über fast zwei Jahre, bis zum Tod der Mutter, campierten die Töchter abwechselnd in deren Wohnzimmer, weil sie eine professionelle Betreuung kategorisch ablehnte. Beide wohnten nicht einmal in derselben Stadt, sondern mussten jeweils anreisen. Mit großer Scham gestand mir die Klientin nach einiger Zeit, im Geheimen habe sie die Hoffnung, dass ihre Mutter endlich sterbe. Ich konnte das nachfühlen. Einen Ausweg aus der Verstrickung sah die Klientin für sich nicht. Als die Mutter schließlich gestorben war, zeigte die Tochter deutliche Anzeichen einer Erschöpfungsdepression.

Die erzwungene Loyalität hat einen Namen – Parentifizierung. Der Begriff hat zwei Wortstämme aus dem Lateinischen, »parentes« für Eltern und »facere« für machen. Es geht also darum, dass jemand zu einem Elternteil gemacht wird. Fachlich gesprochen ist Parentifizierung eine Rollenumkehr. Das Kind muss sich um die Eltern kümmern, statt dass die Eltern sich um das Kind kümmern. Parentifizierung hat viele Gesichter:

Es sind die schrecklichen Erinnerungen daran, wie wir als Kinder vollkommen davon überfordert waren, den depressiven Vater stabil zu halten.

Es ist die Befürchtung, dass die Eltern enttäuscht sind, wenn wir sie mal nicht besuchen, sondern mit Freund:innen ins Kino gehen.

Es sind diese Sonntagnachmittage, an denen wir wieder Streit zwischen den Eltern schlichten mussten.

Es sind die Abende, die wir damit zubringen, den Klagen des Vaters über seine geschiedene Ehefrau zuzuhören – also über unsere Mutter.

Es ist das schlechte Gewissen, die Eltern eine ganze Woche nicht angerufen zu haben.

Es ist, zusammengefasst, das Gefühl, als Kinder dafür sorgen zu müssen, dass Mutter oder Vater glücklich sind. Und wenn schon nicht glücklich, dann doch wenigstens nicht ganz so unglücklich.

Diese Inanspruchnahme, die nicht selten narzisstische Züge aufweist, beginnt in der Regel sehr früh. Laurence Heller, der Begründer der Therapiemethode NARM (NeuroAffective Relational Model), hat dafür ein treffendes Bild entwickelt: Es ist, als sage die Mutter zu ihrem Baby: »Wenn du dich maximal um meine Bedürfnisse kümmerst, wenn du genau das tust, was ich von dir erwarte, wenn du erreichst, was ich immer erreichen wollte: Dann – und nur dann! – werde ich dich als mein Kind anerkennen, dich vielleicht sogar lieben« (vgl. Heller u. Doerne, 2020). Menschen, die in einer narzisstisch geprägten Familie aufgewachsen sind, wurden und werden von Mutter oder Vater als Verlängerung ihres Selbst empfunden und behandelt. Sie wurden nicht geliebt für das, was sie waren, sondern dafür, was sie zu sein hatten. Nur für diese Funktion haben sie Liebe und Aufmerksamkeit bekommen, nicht für ihr Wesen, ihr Selbst. Deswegen fällt es ihnen sehr schwer, ihre eigene Identität und ein stabiles Selbstwertgefühl zu entwickeln. Das zeigt sich dann in Tendenzen zur Selbstentwertung und in großen Schwierigkeiten, sich aus der Familiendynamik zu lösen.

Vaterlosigkeit

Die Abwesenheit von Vätern, die jeder Krieg zur Folge hat, verschärft das Problem der Parentifizierung, nicht zuletzt für die Jungen, die jetzt den »Mann im Haus« geben müssen, eine Rolle, die sie in der Regel überfordert. Der Psychoanalytiker Matthias Franz spricht sogar von »alleinerziehenden Kindern«, die sich an der Depression ihrer Mütter anstecken (vgl. Franz, 2011). Was vor allem auch ihre Autonomieentwicklung und Ablösung aus dem Elternhaus behindert, wenn nicht blockiert.

Die Historikerin Miriam Gebhardt schreibt in ihrem Buch »Unsere Nachkriegseltern« über das Bild der Väter, mit dem die Jungen damals aufwuchsen: »Sie bekamen mit dem hypermännlichen Vaterbild des heldischen Soldaten, der sein Leben für das ›Vaterland‹ opferte, ein überlebensgroßes Vorbild vor die Nase gesetzt. Die Mütter hielten ihren Söhnen Fotografien ihrer schneidigen uniformierten Väter vor und hofften darauf, dass sie, wenn der vermeintliche Kriegsheld von der Front zurückkäme, sein Spiegelbild wären. Sie wollten einen stämmigen Sohn, rotwangig, kräftig, flachsblond, eben einen richtigen ›Kerl‹, präsentieren können« (Gebhardt, 2022, S. 142). Es kam bekanntlich anders. Der Krieg zerstörte dieses Bild des Helden komplett und dauerhaft. 5,5 Millionen deutsche Soldaten, als Vertreter einer Herrenrasse in den Krieg gezogen, starben. Nach dem Zweiten Weltkrieg war ein Viertel der Kinder vaterlos, ein weiteres Viertel zumindest zeitweise. Oder die Männer kehrten schwer traumatisiert, körperlich und seelisch zutiefst verwundet zurück, viele plagten Albträume, sie fühlten sich schuldig, überlebt oder Kriegsverbrechen begangen zu haben, waren von Kriegsgefangenschaft gezeichnet. Die Journalistin Marta Hillers, 1911 geboren, vermittelt einen lebendigen Eindruck davon: »Immer wieder bemerke ich in diesen Tagen, daß sich mein Gefühl, das Gefühl aller Frauen den Männern gegenüber ändert. Sie tun uns leid, erscheinen uns so kümmerlich und kraftlos. Das schwächliche Geschlecht. Eine Art Kollektiv-Enttäuschung bereitet sich unter der Oberfläche der Frauen vor. Die männerbeherrschte, den starken Mann verherrlichende Naziwelt wankt – und mit ihr der Mythos Mann« (zit. nach Schoepp, 2018, S. 122).

Die fehlende Beziehung zum toten, traumatisierten oder körperlich versehrten Vater sei bis heute in zahlreichen psychotherapeutischen Behandlungen der Kriegskindergeneration ein leidvolles und häufig jahrzehntelang verdrängtes Thema, so der Epidemiologe Matthias Franz, und, möchte ich ergänzen, als Folge der transgenerationalen Weitergabe auch ein (verdrängtes) Thema der Generation Kriegsenkel. Als Vorbilder für ihre Söhne taugten daher die wenigsten Rückkehrer. Wenn sie wieder ihre Rolle als Pater familias zurückverlangten, kam es zum Kampf mit den selbstständig gewordenen Ehefrauen und den jugendlichen Söhnen. Die Frauen konnten, schreibt Miriam Gebhardt, weder mit dem soldatischen noch mit dem geschlagenen Mann viel anfangen. Diese Geringschätzung übertrugen sie auf ihre Kinder. So war es auch in meiner Familie, wie ein lakonischer Satz meiner ältesten Schwester zeigt: »Papi war ein Feigling.«

Wobei auch die Jahre ohne Vater ihre negativen Nachwirkungen hatten und haben. War er während der ersten sechs Lebensjahre der Kinder mindestens sechs Monate nicht bei der Familie, so ist das Risiko für psychische Erkrankungen bei den Kindern um das 2,5-Fache höher, selbst 50 Jahre später noch. Das ergab eine große Mannheimer Studie. Matthias Franz, einer der Studienleiter: »Die Generation derer, die ihren Vater durch den Krieg verloren haben oder entbehren mussten, war traumatisiert, entfremdet und emotional erstarrt. [Sie] verzichtete in der Folge aufgrund ihrer Schuldgefühle und der Verinnerlichung der mütterlichen Depression auf die eigene Entwicklung zugunsten der Mutter« (Franz, 2011). Eine überfordernde Parentifizierung sei häufig mit einer gestörten Ablösung verbunden gewesen.

Aber natürlich bedarf es keines Krieges, um ohne Vater aufzuwachsen und parentifiziert zu werden. Kinder von geschiedenen Paaren werden ebenso oft als Partner- oder Elternersatz installiert und dadurch an eine Stelle im Familiensystem gezwungen, die ihnen nicht zusteht und die sie überfordert. Auch aus der deutschen Teilung entstanden viele stille Dramen: Mütter oder Väter, die allein aus der DDR flohen und ihre Familien zurückließen. Eine schwer zu überwindende Kränkung vor allem auch der verlassenen Kinder.

Faktoren der Resilienz

Ich möchte noch einmal auf das Zitat der Kinderärztin Nadine Burke Harris zurückkommen, die davon schrieb, dass Menschen mit belastenden Kindheitserfahrungen durchaus Empathie, Entschlossenheit und Durchsetzungsfähigkeit entwickeln können, indem sie die Erfahrungen annehmen und Dinge in Eigeninitiative verändern. Dafür gibt es zahlreiche Beispiele. Das posttraumatische Wachstum, von dem später zu reden sein wird, kann beeindruckend sein. Es gibt aber einen Aspekt, der mir in meiner Arbeit (und durchaus in meiner eigenen Geschichte) immer wieder begegnet: die Kraft, die Kinder aus der Bindung mit anderen Mitgliedern der Familie ziehen können. In Workshops leite ich immer wieder dazu an, nach diesen scherzhaft so genannten »Krafttieren« in der Familie Ausschau zu halten und sich ihrer unterstützenden Energie bewusst zu werden.

Die Geschichte des Therapeuten Wolf Ritscher, auf der Internationalen Bindungskonferenz 2021 vorgetragen, ist ein schönes Beispiel. Er sagte: »Meine Schwester Gabriele und ich durchlebten eine schwierige Kindheit und Jugend, von der sich manches auch auf die Geschichte der Familie während des ›Dritten Reiches‹ zurückführen lasst: Wir sollten funktionieren, die Eltern nicht bei ihrer beruflichen und sozialen Integration in die Nachkriegsgesellschaft stören, unangenehme Fragen unterlassen und uns mit dem, was an Zuwendung für uns möglich war, zufriedengeben« (Ritscher, 2022, S. 28). Dennoch seien er und seine Schwester Teil einer Familie gewesen, in der es auch Bindungs-, Beziehungs- und Unterstützungspotenziale gab. Die Großeltern väterlicherseits hätten Sicherheit und Struktur gegeben, Bildung, Vernunft, Arbeit und Disziplin seien hier wichtige und erdende Faktoren gewesen. »Die Eltern unserer Mutter waren dagegen für uns Kinder der emotionale und regressive Fluchtpunkt; hier durften wir einfach Kind sein und fühlten uns bedingungslos angenommen. So gab es genügend Resilienzfaktoren, um unseren eigenen Weg zu finden« (Ritscher, 2022, S. 29).

Was ich von Wolf Ritscher anlässlich eines Online-Events, in dem ich ein Gespräch mit ihm führte, lernen konnte: dass das nicht sehr ausgeprägte Interesse seiner Eltern an der Entwicklung der Kinder durchaus Vorteile gehabt habe – sie konnten weitgehend unbehelligt eigenen Interessen nachgehen und eine Unabhängigkeit entwickeln, um die sie parentifizierte Kinder sicher beneidet hätten. Seither sehe ich meine eigene Kindheit und Jugend, in der mein Vater vor allem auf Geschäftsreise und im Ausland war, vollkommen anders. Ich konnte mein Ding machen, und er war nicht da, um mich davon abzuhalten. Tatsächlich möchte ich mir gar nicht vorstellen, wie es anders hätte kommen können.

Drang zur Wiedergutmachung
Das Gefühlserbe im Lebensweg

Ich möchte noch einmal die Aussage von Gabriele Rosenthal aufgreifen, die ich schon in der Einleitung zitiert hatte: »Die nichterzählten Bestandteile der Familiengeschichte wirken sich auf die Lebensgeschichte der Kinder und Enkel aus, ohne dass dies von ihnen erkannt würde. [...] Je weniger die Nachgeborenen über die Vergangenheit ihrer Eltern oder Großeltern wissen, umso stärker werden sie in ihrem Leben, in ihrem psychischen Befinden, ihrem politischen Handeln und vor allem auch in ihren biographischen Entscheidungen [...] von dieser Vergangenheit bestimmt« (Rosenthal, 1999a, S. 5).

Eines der faszinierendsten Phänomene in diesem Zusammenhang ist für mich die Idee einer Gerechtigkeitsbilanz in einer Familie. Sie gibt uns den Hinweis, wie gerade das verschwiegene Gefühlserbe der Familie zu einer treibenden Kraft in unserem Leben werden kann. Diese Idee einer Gerechtigkeitsbilanz wurde in den 1970er Jahren vom ungarisch-amerikanischen Psychiater Ivan Boszormenyi-Nagy entwickelt, einem Vorreiter der systemischen Familientherapie. Wir können uns das so vorstellen: Eine Familie trägt einen ethischen Grundkonsens in sich, ein in Generationen entstandenes Wertesystem, dem sich die Familienmitglieder verpflichtet fühlen. Darin sind über die Jahrzehnte kulturelle, religiöse, politische und gesellschaftliche Vorstellungen eingeflossen, die in einer für die Familie typischen Mischung zu Leitlinien ihres Handelns wurden. Sie können, gerade in der familiären Kommunikation, sehr subtil sein. Wer sich daran hält, ist ein guter Müller, Meier, Schulze, wer nicht ... ein schwarzes Schaf. Ivan Boszormenyi-Nagy brachte in dieses System, das die allermeisten von uns von zu Hause kennen, die Metapher einer »transgenerationalen familiären Buchführung« (vgl. Ritscher, 2022) ein. Sie entsteht im Wechselspiel von Geben und Nehmen, Schuld und Verdienst und ist damit die Basis der Loyalität innerhalb einer Familie.

Aber was passiert, wenn Familienmitglieder gegen den ethischen Grundkonsens verstoßen, etwa indem sie Mitglieder der Waffen-SS oder einer anderen verbrecherischen Organisation werden, die das Unrechtssystem eines totalitären Staats aufrechterhalten soll? Die Gerechtigkeitsbilanz kommt aus dem Gleichgewicht – und das Familiensystem unter Spannung. In der Folge werden Tabus und Schweigegebote etabliert, Familiengeheimnisse entstehen. Es mag sein (und ist sicher millionenfach so gewesen), dass robustere Naturen, denen eine Verdrängung unangenehmer Gefühle und ethischer Konflikte leichter fällt, sich damit halbwegs zurechtfinden, um die Loyalität mit dem Täter nicht zu gefährden. Ob sie diese Verdrängung später einholt, sei dahingestellt. Sensible Menschen aber, die ein tiefes Gerechtigkeitsgefühl in sich tragen, leiden. Nicht selten zeigen sich bei ihnen Symptome, psychisch wie körperlich. Und sie sind diejenigen, die für sich die Aufgabe einer »Wiedergutmachung« empfinden. Manchmal die Kinder, vor allem aber offenbar die Enkel spüren den Drang, mitunter den Zwang, die Gerechtigkeitsbilanz wieder ins Gleichgewicht zu bringen. Um im Beispiel des SS-Mannes in der Familie zu bleiben: indem sie gleich nach der Schule für ein Jahr nach Israel ins Kibbuz gehen, sich für verfolgte Sinti und Roma engagieren oder beim Aufbau einer Gedenkstätte für die Opfer des NS-Regimes helfen. Es kann eine von der Familie an diese Menschen weitergereichte Aufgabe sein, die bisher unerledigt geblieben ist: »Sorg du dafür, dass unser Name wieder einen guten Klang bekommt.«

Es ist eine kaum zu schulternde Bürde, die ihnen die Familie auferlegt hat. Die Therapeutin Margarete Hecker schreibt mitfühlend: »Es ist unendlich schwer, damit zu leben, wenn in der Familie oder von nahen Angehörigen Verbrechen verübt worden sind […] Mit solchen Lebensinhalten der Eltern kann man sich nicht versöhnen. Wir finden diese Kinder und Enkel als Erwachsene oft unter den Angehörigen der helfenden Berufe: Sie sind in hohem Maße sozial engagiert, auch in aussichtslos erscheinenden Situationen […] Sie bleiben häufig kinderlos, so als ob es sich nicht lohne, die eigene Familientradition weiterzugeben, so als hätten sie mit der Bewältigung der Vergangenheit genug zu tun« (Hecker, 1992, S. 244 f.). Diese Beobachtung wird von vielen Sozialwissenschaftler:innen bestätigt: dass überproportional viele Nachkommen von Täterfamilien in helfende und heilende Berufe gehen, freilich oft unbewusst. Denn viele Täter und Täterinnen haben ja dafür sorgen können, dass ihre Schuld verdeckt, marginalisiert und zum Tabu innerhalb der Familie wurde. Auch die Gesellschaft als Ganzes trug in den Nachkriegsjahren massiv dazu bei.[2]

Ich möchte selbstverständlich nicht behaupten, Angehörige der helfenden und heilenden Berufe seien stets Nachkommen von Täterfamilien. Das Helfende ist im Menschen angelegt, ihm zu folgen eine natürliche Bewegung. Freilich ist es eine spannende Frage, ob es darum geht, helfen zu wollen – oder zu müssen! Die Sozialpsychologin Angela Moré, bereits häufiger zitiert, sagte mir im Gespräch, Ausgangspunkt der Berufswahl sei etwa bei Studierenden, die sie in der Lehre erlebe, ein dumpfes Schuldgefühl. Der Beginn der Tätigkeit bringe ihnen erst einmal ein Gefühl von Entlastung. »Ich tue jetzt etwas und fühle mich deswegen leichter oder besser. Ich kann etwas gutmachen, ohne zu wissen, was das eigentlich ist.« Dahinter verschwinde das eigentliche berufliche Interesse, die individuelle Leidenschaft, sie dürfe oft erst an die Oberfläche kommen, wenn genug von der nicht selbst verursachten Schuld abgegolten sei. Angela Moré: »Auch den Eltern war und ist nicht klar, dass sie etwas in ihre Kinder verschieben. Aber sie fühlen sich häufig ebenfalls entlastet, wenn eine Tochter oder ein Sohn diese Aufgabe übernommen hat.« Weil von nun an in der transgenerationalen Buchführung der Gerechtigkeitsbilanz auf die Habenseite gebucht werden kann.

---

2 Wahrlich kein exklusiv deutsches Phänomen. Die Aufarbeitung von politisch, ethnisch oder religiös motivierter Gewalt verweigern viele Staaten. Mit verheerenden Folgen, die als toxische Gefühlserbschaften von Generation zu Generation weitergegeben werden. Wenn Menschen dann als Geflüchtete zu uns kommen, betreffen sie auf einmal auch uns.

Delegation in der Familie

Wir sprechen hier von Delegation. Ihre Mechanismen können bewusst, vorbewusst oder unbewusst ablaufen und sich in den davon definierten Lebensläufen sehr unterschiedlich ausdrücken, je nachdem, welche Aufgaben die Familie an ihre Nachfahren delegiert. Dass Kinder und Enkel:innen in ein Familienunternehmen eintreten, wird oft schon vor ihrer Geburt festgelegt. Der Widerstand dagegen wird in der Regel Konflikte auslösen. Delegationen können, wie häufig in Familien von Migrant:innen, auch den Auftrag beinhalten, den sozialen Status mithilfe des »richtigen« Berufs zu heben, vorzugsweise als Ärtzt:innen oder Jurist:innen. Nicht selten sind es Prozesse, in denen eine Parentifizierung der Kinder und/oder eine narzisstische Inanspruchnahme deutlich werden. Die Geschichte einer Frau, die ich für ein Magazin (Rohde, 2020a) porträtierte, macht das sehr anschaulich.

Die Eltern dieser Frau – mittlere von drei Schwestern – waren selbstständig mit einem Laden für Farben und Dekoration, gut in der Arbeit, schlecht im Geschäft, abwesend als Eltern. Die drei Töchter waren praktisch sich selbst überlassen. Selbst um die Lernbehinderung der Jüngsten mussten sich die Älteren kümmern (mit Erfolg: sie studierte später). Was für die Eltern ausgemachte Sache war: dass die Älteste, eine studierte Innenarchitektin, den Betrieb übernehmen würde. Aber sie hatte dann doch andere Pläne, zog in eine Stadt mehrere Hundert Kilometer entfernt und gründete dort eine Familie. Der Vater, ein guter Gestalter, aber schlechter Geschäftsmann, kam in Not. Und weil die mittlere Tochter, studierte Geografin, gerade Probleme in ihrem Job hatte, ließ sie sich darauf ein, den Betrieb auf Vordermann zu bringen. Zu spät merkte sie, was sie sich vorgenommen hatte: Das Geschäft war ein Sanierungsfall. Sie musste aus ihrem eigenen Vermögen Schulden des Vaters ablösen, um Lieferanten zu bezahlen. Eigentlich hatte sie etwas ganz anderes mit ihrem Berufsleben vorgehabt, hatte ein Jahr in Australien gearbeitet, wollte als Geografin in der Welt herumkommen und nicht ihr Leben als Inneneinrichterin in einer Kleinstadt zubringen. Aber wie konnte sie gerade jetzt ihre Eltern im Stich lassen? So übernahm sie schließlich das Geschäft, machte es rentabel und zahlt den Eltern heute noch ein Gehalt sowie die Kosten für Auto und Handy. Wofür sie von ihnen nie ein Wort des Dankes hörte. Stattdessen behauptet der Vater immer noch, er habe seiner Tochter eine großartige Chance zur beruflichen Entwicklung geboten. Ihr Kommentar dazu: »Wahrscheinlich ist das für ihn die einzige Möglichkeit, sein Scheitern als Geschäftsmann zu überspielen.«

Karrieren im Schatten des Traumas

Bei der Frage nach dem Berufsweg kommen wie unterm Brennglas zentrale Themen in den Fokus, die für viele der Kriegsenkel-Generation, aber auch der später geborenen Millennials relevant sind: bindungsunfähige Eltern, die die Bedürfnisse anderer nicht wahrnehmen können und die Kinder als Verlängerung ihres Selbst ansehen; ein großes Sicherheitsbedürfnis, ebenfalls von den Eltern eingeimpft; Glaubenssätze, die das Selbstvertrauen schwächen und eine erfolgreiche Karriere bremsen, wenn nicht blockieren; das Ringen um Selbstbestimmung; die bittere Erkenntnis, dass gerade im Beruf vieles nicht so gelaufen ist, wie es hätte laufen sollen. Viele von ihnen empfinden, dass in ihnen ein ungenutztes Potenzial schlummert, das zu mehr Zufriedenheit und Erfolg auch im Beruf verhelfen könnte. Wenn sie sich denn trauen würden, es zu nutzen. Diesem Potenzial zur Entfaltung zu verhelfen, könnte das ganze Leben positiv beeinflussen, denn Lebens- und Arbeitszufriedenheit sind eng miteinander verbunden. Und berufliche Kompetenz zu erarbeiten, das Selbstwertgefühl zu stärken und im Arbeitsalltag unsere Identität zu erleben – das sind wichtige Aspekte nicht nur des Berufswegs, sondern der Persönlichkeitsentwicklung überhaupt. Arbeit ist bezahlte Selbsterfahrung.

Analog zu meiner Umfrage zum Thema »Mutter« hatte ich über meine Social-Media-Kanäle auch eine Umfrage zum Thema »Beruf und Karriere« gemacht.[3] Das Ergebnis war ziemlich ernüchternd und bestätigte meine Erfahrungen aus vielen Workshops. Nur wenige schrieben Sätze wie diese: »Ich gehe in meinem Beruf auf.« Sehr viel häufiger klang es so: »Meine Arbeit habe ich immer über-

3 Mir ist bewusst, dass eine solche Umfrage keine repräsentativen Ergebnisse hervorbringt. Als Schlaglicht auf die Problematik eignet sie sich aber sehr wohl.

durchschnittlich gut verrichtet, ich hätte aber ganz andere Chancen haben können.« Oder: »Meine Arbeit hat mir keinen Spaß gemacht. Ich habe meine Seele verkauft. Ich habe mich verbogen.« Oder: »Ich habe sehr viel Kraft gelassen für wenig Erfolg.« Tatsächlich sprach aus vielen der Antworten das Gefühl, unter den eigenen Möglichkeiten geblieben zu sein.

Die Ursachen beruflichen Scheiterns

Bei der Suche nach den Ursachen der zahlreichen Erfahrungen des Scheiterns führen viele Spuren in eine unbewältigte Familiengeschichte. Fünf wichtige Themen stecken darin.

»Ich weiß gar nicht, was meins ist.«
Aus der unsicheren Bindung der Kindheit, in der es vor allem darum ging, den Erwartungen der Eltern zu entsprechen, ist eine tiefe Selbstunsicherheit erwachsen. Das ist kein Gedanke, mehr ein Gefühl, das sich in Fragen wie diesen zeigt: »Wer bin ich eigentlich, was fühle ich wirklich, was sind meine echten Empfindungen?« Das ist eine elementare Ebene. Wir bremsen uns innerlich aus. »Ich bin noch gar nicht bei mir angekommen – wie soll ich da etwas in Angriff nehmen, was meins ist?«

»Ich bin im falschen Beruf.«
Aus dieser Unsicherheit heraus haben viele einen Beruf gewählt, der eine sichere Perspektive zu bieten schien. Wie meine Umfrage zeigt, spielten die Eltern dabei eine wichtige Rolle.[4] Das immer noch stark hierarchisch geprägte Verhältnis zwischen Eltern und Kindern der 1970er und 1980er Jahre ließ wenig Spielraum. Zugleich war die Erziehung stark von Rollenklischees geprägt. Was das konkret bedeutete, zeigen Aussagen wie diese:

---

4 Das hat sich kaum geändert, wie eine Umfrage der Bertelsmann Stiftung 2022 ergab. Danach sind die wichtigsten Unterstützer:innen bei der Berufswahl bei 73 Prozent der jungen Menschen nach wie vor die Eltern. Bei Jugendlichen mit niedriger Schulbildung ist der Anteil mit 61 Prozent der Befragten geringer.

»Da ich mich geweigert habe, einen Beruf zu erlernen, der für eine zukünftige deutsche Hausfrau gut und wichtig ist, haben sie sich im Gegenzug geweigert, meinen Lehrvertrag in einer Druckerei zu unterschreiben. Ich war noch keine 18.«

»Es hat keine Wahl gegeben, die Eltern haben das bestimmt: Einzelhandelskauffrau. Ich wäre lieber Handwerkerin geworden.«

»Mein Vater sagte: ›Das Abi brauchst du doch gar nicht.‹ Als ich es dann hatte, sagte er: ›Ein Studium bezahlen wir nicht.‹ Also habe ich Ergotherapeutin gelernt.«

Acht von zehn Teilnehmenden sagten: »Meine Eltern haben meine Talente und Wünsche nicht gesehen und unterstützt.«

Natürlich sollten wir nicht das Bemühen um eine gute Zukunft für die Kinder verkennen, das bei vielen Eltern sicher auch eine Rolle spielte. Eine Ausbildung als Erzieher:in, Krankenpfleger:in, Beamt:in, bei der Bank oder Versicherung erschien den Eltern sicher und richtig. Ein Mann, der mit 16 Jahren eine Lehre bei der Post begann, erzählte: »Da dachten meine Eltern: Jetzt haben wir's geschafft. Der Junge ist gut unterwegs.« Wie der kreative Mann dort leiden würde, konnte sich keiner vorstellen. Aber es war auch kein Kriterium.

»Meine Eltern haben mir keine Wahl gelassen.«
Den Aspekt der Delegation im Sinne einer Gerechtigkeitsbilanz habe ich bereits ausführlich geschildert. Die oft unbewussten Mechanismen bei der Einflussnahme konnten auch vom Neid eines Elternteils geprägt sein: »Wenn ich das nicht hatte, darfst du das auch nicht haben!« Oder, andersherum, eine narzisstische Inanspruchnahme: »Ich konnte nicht Ärztin werden, ich erwarte aber von dir, dass du Ärztin wirst.« Das Ergebnis in beiden Fällen: Der Beruf mag ein sicheres Einkommen bieten – Erfüllung bietet er nicht. Und damit eben auch nicht das Gefühl, mit Energie und Freude der eigenen Berufung zu folgen.

»Meine Glaubenssätze bremsen mich aus.«

In Workshops und Coachings ist es stets präsent: das ganze Bündel von negativen Glaubenssätzen, das die berufliche Laufbahn vieler Menschen begleitet. Hierin vermengt sich auf geradezu toxische Weise die narzisstische Abwertung, die viele Familien prägt, mit einem aus Kriegs- und Fluchterfahrungen gespeisten Pessimismus. Das klingt dann so:

- *Das kannst du nicht.*
- *Du bist nicht gut genug.*
- *Mach bloß keinen Fehler!*
- *Pass dich an und fall nicht auf.*
- *Du würdest gern, schaffst es aber nicht.*
- *Karriere ist nur für Egoisten.*
- *Arbeit, die Spaß macht, ist keine richtige Arbeit.*
- *Damit wirst du nie Geld verdienen, das ist brotlose Kunst.*

Natürlich schwächt es Menschen, wenn sie als Kinder gehört haben: »Du bist ja nicht belastbar.« Wir haben Probleme mit angemessener Selbstfürsorge, wenn wir immer wieder hören: »Stell dich nicht so an!« Und es entmutigt uns nachhaltig, wenn die Mutter immer wieder Sätze wie diese sagt: »Das bringst du ja doch nicht zu Ende.« »Das kannst du doch gar nicht.« »Das ist doch nichts Gescheites.« Oder: »Schau dir nur mal die Kinder von Frau X an, *die* haben es zu etwas gebracht.«[5]

»Ich habe negative Erfahrungen gemacht.«

»Das Gehirn vergisst nicht«, wissen wir aus der Forschung zu traumatischen Erfahrungen. Alle Erfahrungen, ob im Bewusstsein präsent oder nicht, haben ihre Spuren in uns hinterlassen, negative Erfahrungen meist eindrücklichere als die positiven. Haben wir in unserer Kindheit eine sichere Basis für unser Selbstwertgewühl entwickelt, können wir ihre Bedeutung einschätzen und im Kontrast mit unseren Ressourcen relativieren. Gibt es jedoch traumatische Erlebnisse aus Elternhaus und Schule, besteht das viel größere Risiko, dass uns in kritischen Situationen die verdrängten, schambelasteten Er-

5 Diese Aussagen stammen aus meiner Umfrage zu den Müttern.

fahrungen umso mächtiger bedrängen. Gerade wenn eine berufliche Neuorientierung ansteht, ein unbefriedigendes oder gar narzisstisch geprägtes Arbeitsumfeld verlassen werden soll, melden sich diese verdrängten Ängste zurück. Genau dann, wenn wir uns aus dem Alten lösen und an das Neue herantrauen wollen, entsteht auf einmal eine rätselhafte Spannung in uns. Dann warnt das Unbewusste: »Mach denselben Fehler nicht noch einmal!« Und schon ist die Energie dahin, fügen wir uns erneut ins Unvermeidliche. »Ja, der Job ist nicht toll, aber für etwas Besseres reicht es eben nicht.« So bleibt eine weitere Chance ungenutzt.

Die Geschichte der Familie kann sich freilich auch ganz andere Wege in die Aktualität suchen. So erlebte es ein Klient von mir, Sohn von Vertriebenen aus Schlesien, die es nach Bayern verschlagen hatte. Dort waren sie geradezu feindselig empfangen worden und hatten sich umso mehr bemüht, unter dem Radar der Einheimischen zu bleiben. »Pass dich an und fall nicht auf!« war ihr Überlebensmotto, das sie an den 1972 geborenen Sohn weitergaben. Der rebellierte zwar in seiner Jugend und als junger Erwachsener dagegen und verursachte mehrere Verkehrsunfälle durch weit überhöhte Geschwindigkeit, schwenkte aber später emotional wieder ein: als er, ein technischer Sachverständiger, sich selbstständig machte und ein kleines Büro gründete. Nur erschien es ihm unmöglich, angemessene Honorare für seine Dienstleistungen zu fordern, zu groß die Angst, als unverschämt gebrandmarkt und gleichsam aus der Stadt getrieben zu werden. Die Würdigung der Not seiner Eltern und ein vorsichtiges Herantasten an höhere Honorare ließen die Angst langsam weichen.

Rast- und Heimatlosigkeit

Acht Umzüge in zehn Jahren, alle zwei Jahre die Arbeitsstelle wechseln, immer wieder ein beruflicher Neuanfang – und all das nicht aus freien, wohl abgewogenen Entscheidungen heraus, sondern wie unter Zwang: Dieses Lebensgefühl des Getriebenseins ist eine große Belastung fürs eigene Leben der Betroffenen, womöglich noch mehr für Partner:innen und Kinder. Häufig spiegelt sich darin eine unverarbeitete Zwangsmigration von Vorfahren. Wie tief dies in die Entstehung der »biodeutschen« Bevölkerung eingeprägt ist, zeigen die

Zahlen aus der Zeit vom Ende des Zweiten Weltkriegs an: Zwischen 1944/45 und 1950 waren je nach Schätzung von Historiker:innen zwölf bis 18 Millionen Deutsche von Flucht und Vertreibung aus den ehemaligen Ostgebieten betroffen. Etwa zwei Drittel von ihnen kamen in der späteren Bundesrepublik an, die meisten in Bayern, Niedersachsen und Schleswig-Holstein, ein Drittel in der späteren DDR. Dort bildeten sie mit einem Anteil von 25 Prozent eine bedeutende Gruppe innerhalb der Gesamtbevölkerung. Die Flüchtlinge standen vor dem Nichts, inmitten einer feindlich gesinnten Umwelt, die ihre Besitzstände zu wahren trachtete. Weil durch die Bombardierung der Städte 30 Prozent des Wohnraums vernichtet waren, mussten viele von ihnen über Jahre unter erbärmlichen Bedingungen in Lagern hausen, wurden eingewiesen in Häuser und Wohnungen der Einheimischen, immer wieder gegen energischen Widerstand. »Vertriebene hielten unter dem Schutz der Maschinenpistolen der Alliierten Einzug«, formulierte es Luise Reddemann (2009) in einem Vortrag. Der Historiker Andreas Kossert nennt das Verhalten deutschen Rassismus gegen deutsche Vertriebene und zitiert eine geläufige Beschimpfung aus jener Zeit: »Aus dem Osten kam das Gesocks« (zit. nach Reddemann, 2009). Luise Reddemann kommentiert trocken: »Die gelungene Integration der Vertriebenen ist bis in die 60er Jahre hinein ein Mythos« (Reddemann, 2009).

In der DDR durften sie nicht Vertriebene heißen, sondern wurden »Umsiedler« genannt. Aufgrund der staatlich verordneten Freundschaft zu den sozialistischen Brudernationen war die Vertreibung der Deutschen tabu. Beate Mitzscherlich, 1964 in Cottbus geborene Professorin für Psychologie, spricht von einem »gespaltenen Erinnern«, einem Auseinanderklaffen von offiziellem Diskurs und innerfamiliären Erzählungen. Noch in den 1970er Jahren, so Mitzscherlich, kursierte zum offiziellen Tag der Befreiung durch die Sowjetarmee am 8. Mai der gallige Witz der DDR-Bürger: »Befreit? Von unseren Uhren haben sie uns befreit« (Mitzscherlich, 2012, S. 161). Dass damit auch Vergewaltigungen und Erschießungen durch Rotarmisten verdeckt wurden, wurde verschwiegen. Sie waren und sind natürlich trotzdem Teil des emotionalen Erbes der Flüchtlingsfamilien.

Im Alltag der Nachkommen von Geflüchteten zeigen sich Verhaltensweisen, die sich geradezu widersprechen: bei den einen das

Horten von Dingen und die Unfähigkeit, irgendwie brauchbaren Hausrat weggeben zu können, bei den anderen das Ringen um minimalistische Reduktion, um jederzeit umziehen zu können (wie mein Zahnarzt, Kind iranischer Geflüchteter, mir erzählte: »Für jedes Möbelstück, das bei uns ins Haus kommt, muss ein anderes weg. Sonst drehe ich durch.«). Das zwanghafte Umziehen ebenso wie die Weigerung, das einmal gefundene Zuhause auch nur für Urlaube zu verlassen. Und schließlich ein überangepasstes Verhalten, das jeden Konflikt vermeidet, ebenso wie der wütende Protest dagegen. Den Eltern und Großeltern gegenüber haben die Nachfahren häufig das Schuldgefühl, in einer »besseren Zeit« aufgewachsen zu sein. Sie behindern sich damit selbst und beschädigen sowohl ihre Genussfähigkeit wie auch die Freude an beruflichen Erfolgen. Nicht selten werden diese Gefühle durch Sprüche der Eltern angeheizt: »Wenn du erlebt hättest, was wir erleben mussten …!«

Das kann Ausdruck einer Parentifizierung sein. Sie kennzeichnet sehr häufig Familien, die aus anderen Kultur- und Sprachräumen kommen. Denn meist finden sich Kinder von Geflüchteten leichter in der neuen Umwelt zurecht, lernen schneller die Sprache, und die sonst übliche Rollenverteilung gerät durcheinander. »Kinder werden häufig zu Beschützern der Eltern«, weiß die Psychologin Sybille Rothkegel. Mit Folgen, die lange nachwirken: »In Familien mit einer erzwungenen Migrationsgeschichte finden wir sehr häufig spezifische Schwierigkeiten im Separations- und Individuationsprozess. Jegliche Form von Loslösung und Trennung ist für die Eltern psychisch so sehr mit der Gefahr der Endgültigkeit verknüpft, dass den Kindern auch als jungen Erwachsenen der Ablösungsprozess sehr schwerfällt« (Rothkegel, 2011).

Das Phänomen des Jahrestag-Syndroms

Immer wieder beobachten Therapeut:innen und Forscher:innen ein Phänomen, das besonders rätselhaft anmutet: das »Jahrestag-Syndrom«. Davon sprechen wir, wenn die Nachkommen das Trauma ihrer Eltern oder sogar Großeltern zu jenem Zeitpunkt »nacherleben«, an dem sie sich im ähnlichen Alter oder am selben Tag befinden, an dem die Vorfahren das eigentliche Trauma erlitten haben (vgl. Kellermann, 2001). Andere Varianten sind möglich. So kann eine Tochter eine Angststörung und Panik vor schwerer Krankheit und Tod in einem Alter entwickeln, in dem ihre Mutter oder Großmutter erkrankt und gestorben ist. Oder Nachfahren können an einer Depression in jenem Alter erkranken, in dem Eltern oder Großeltern durch Krieg, Verlust oder Trennung in eine Lebenskrise geraten waren, wichtige Bezugspersonen sich suizidierten. Diese Zusammenhänge werden bei der Erarbeitung eines Genogramms sichtbar. Dieses wichtige Arbeitsmittel der systemischen Familientherapie werde ich später vorstellen.

Unbewusste Scheu

Die Auflösung der Muster, die ich in diesem Kapitel beschrieben habe, ist zu einem wichtigen Teil mit der Recherche und Aufarbeitung der Familiengeschichte verbunden. Nur im klaren Blick auf das, was uns zumeist unbewusst geprägt hat, können wir den transgenerationalen Anteil in unserem Lebensweg und der aktuellen Situation erkennen und damit seine Macht brechen. Dabei ist es ganz sicher kein Zufall, dass viele Menschen der Generation Kriegsenkel erst mit der Recherche der Geschichte ihrer Familie begannen, *nachdem* die Mitglieder der Erlebnisgeneration gestorben waren – also diejenigen, die selbst noch in die Verbrechen des Kriegs und der NS-Zeit verwickelt sein konnten. Das gilt auch für mich. Die Angst, was zum Vorschein kommen könnte, was ein hartnäckiges Nachfragen für das ohnehin schwierige Verhältnis zu meinem Vater bedeutet hätte, wie es diesen hinter einer auftrumpfenden Fassade schwachen Mann hätte destabilisieren können, war offenbar zu groß. Aber eine bewusste Entscheidung war es nicht, sondern ein unbewusstes Zurückscheuen vor etwas Dunklem, Bedrohlichem. Was es persönlich und für das Familiensystem bedeutet, wenn wir die Mauer des Schweigens durchbrechen, behandle ich ausführlich im Kapitel »Expedition ins Gefühlserbe« (S. 143 ff.).

Einladung zur Reflexion

Fragen und Übungen

Unsere Gefühlserbschaften sind oft gut versteckt hinter vollkommen unscheinbaren alltäglichen Mustern. Die folgenden Fragen können Ihnen helfen, sie zu identifizieren.

Rätselhafte Wiederholungen

- Gibt es Dinge, die ich immer wieder erfolglos versuche?
- Erlebe ich massive Körperreaktionen, deren Ursache ich nicht erklären kann?
- Bin ich von Befürchtungen oder Ängsten geplagt, deren Grund ich nicht kenne?

Toxischen Mustern auf der Spur

- Wie und wofür habe ich als Kind in meiner Familie Kritik, Abwertung oder Ablehnung erfahren?
- Welche dieser Muster erlebe ich heute immer noch – und mit wem?
- Wie konnte und kann ich dem Einhalt gebieten?

Die Rolle im Familiensystem

- Welche Rolle habe ich im Familiensystem?
- Wie profitiere ich davon?
- Wie begrenze ich mich dadurch?

Delegation und transgenerationale Aufgaben

- Empfinde ich eine Aufgabe, die mir von der Familie übertragen wurde – ausgesprochen oder stillschweigend?
- Wenn ja: Wie geht es mir mit dieser Aufgabe?
- Möchte ich diese Aufgabe ablegen oder erfüllen?

Übungen

Beiseitetreten
Mithilfe dieser Übung können wir auf ganz einfache Weise ermitteln, welche emotionale Kraft das Familiensystem auf uns ausübt, ob es uns stützt oder blockiert.

1. Schritt: Nehmen Sie sich ein Blatt Papier und malen Sie Ihr Familiensystem, ganz so, wie es Ihnen in den Sinn kommt und wie es sich für Sie richtig anfühlt. Der künstlerische Ausdruck ist unerheblich, auf den emotionalen kommt es an.

2. Schritt: Wählen Sie einen Ort in dem Raum, in dem Sie sich gerade befinden, den Sie für die Zeichnung Ihres Familiensystems geeignet finden. Folgen Sie einfach dem ersten Impuls. Legen Sie die Zeichnung dort auf den Boden.

3. Schritt: Stellen Sie sich auf die Zeichnung und nehmen Sie wahr, welche Körperempfindungen und Emotionen in Ihnen aufsteigen. Kommen Bilder oder Erinnerungen? Nehmen Sie sich Zeit, um all Ihre Reaktionen aufzunehmen.

4. Schritt: Und nun treten Sie ganz bewusst einen Schritt beiseite. Halten Sie inne und nehmen Sie einige tiefe Atemzüge. Wie geht es Ihnen jetzt? Was fühlen Sie, was denken Sie?

5. Schritt: Notieren Sie Ihre Erfahrungen.[6]

Familienporträt

Beschreiben Sie Ihre Beziehungen zu Familienmitgliedern, lebenden wie bereits verstorbenen, in ein paar Sätzen. Achten Sie dabei auch darauf, welche Emotionen und Körperempfindungen Sie beim Schreiben über die jeweilige Person wahrnehmen.

- Weitere Materialien zur Selbsterforschung finden Sie online auf www.vandenhoeck-ruprecht-verlage.com bei der Anzeige dieses Buches unter der Rubrik »Downloads«.

---

6 Den Impuls zu dieser Übung verdanke ich dem Buch »Das Kriegserbe in der Seele« von Udo Baer und Gabriele Frick-Baer (2015).

Geschichte und Geschichten

»Hier stimmt doch etwas nicht ...«

Die leise Stimme der Intuition

Den Zweifel, der sich in diesem Satz ausdrückt, kennen viele von uns, wenn das Gespräch in Familien auf den Krieg, die Nazizeit, Jahre der Flucht und Vertreibung, der Zeit in Lagern oder des Hungers kommt. Es lohnt sich, dem Zweifel etwas Raum zu geben, dieser leisen Stimme der Intuition zu folgen. Auch wenn die Fakten scheinbar fugenlos ineinanderpassen, die Argumentation überzeugend vorgetragen ist, unser Gegenüber seine ganze Verve in die Erzählung hineinlegt, wir uns ihm oder ihr loyal oder gar in Liebe verbunden fühlen: Wenn diese leise Stimme sagt, dass hier etwas nicht stimmt – dann ist das mit hoher Wahrscheinlichkeit so. Denn genauso, wie sich viele Menschen ihre eigene Wahrheit gestalten können, können andere entlarven, was sie tatsächlich ist: eine Beschönigung, eine Ausrede, eine Deckgeschichte oder auch eine Lüge. Vielleicht hören wir im Bemühen um ein Gespräch über die Familiengeschichte Sätze wie diese:

»Möchtest du noch ein Stück Kuchen?«

»Davon haben wir nichts gewusst.«

»Wir hatten doch gar keine Wahl.«

»Oh, mir wird ganz schwindelig.«

»Da wird ja vieles aufgebauscht.«

»Davon darfst du nicht sprechen!«

»Die Russen, die waren schlimm.«

»Sieh das doch mal sachlich, nicht immer so emotional.«

»Mit diesen linksversifften Gender-Idioten sollte man dasselbe machen.«

»Und wer hat sich um uns gekümmert?«

»Du hast doch keine Ahnung!«

»Wenn du noch einmal damit anfängst, sind wir geschiedene Leute!

Abwehrmechanismen. Gespräche über so heikle Themen wie die Verwicklung der eigenen Familie in Verbrechen gegen die Menschlichkeit oder auch über die traumatisierenden Erlebnisse von Verfolgung und sexualisierter Gewalt sind ohne Zweifel unangenehm. Selbst wenn es gar nicht um die eigenen Taten oder erlittenen Verletzungen geht, sondern um die der Vorfahren. Und vielleicht nicht nur unangenehm, sondern destabilisierend. Sie mögen sogar das Potenzial einer Retraumatisierung in sich tragen. Deswegen sind Vorwürfe gegen jene, die einen Austausch darüber verweigern, erst einmal fehl am Platz (vor allem helfen sie uns gar nicht weiter).

Denn: Abwehrmechanismen nutzen wir alle. Wir können gar nicht anders. Es sind zumeist unbewusst ablaufende psychische Prozesse, die dem Umgang mit Impulsen, Erinnerungen oder Gefühlen dienen, die wir von unserem Bewusstsein fernhalten wollen. Wir vermeiden innere Konflikte und nutzen die Abwehr, um in einer mentalen Balance zu bleiben oder sie wiederzugewinnen. Statt Ärger oder Scham, Angst oder Verzweiflung, Unsicherheit oder depressive Verstimmung empfinden zu müssen, wehren wir sie ab, mithilfe von Strategien, die ich gleich beschreiben werde – eigentlich ein ausgesprochen hilfreicher Mechanismus unserer Psyche. Im Alltag unserer modernen Welt ist es schlichtweg nicht möglich, jede Empfindung achtsam wahrzunehmen, ihrer Ursache auf den Grund zu gehen, sie selbsttherapeutisch zu bearbeiten, um sie anschließend zu integrieren. Es wäre eine komplette Überforderung, zeitlich und emotional. Abwehrmechanismen sind also notwendiger Bestandteil unserer psychischen Stabilität. Aber sie haben eine Kehrseite. Bei übermäßigem Gebrauch schaden wir uns damit. Denn das, was wir nicht fühlen wollen, erledigt sich nicht etwa, sondern wird gerade mithilfe der Abwehr am Leben gehalten und belastet uns im Unbewussten eben doch. Verweigern wir uns also den abgewehrten Emotionen dauerhaft, versuchen wir die darunterliegenden Probleme komplett zu verdrängen – abzuspalten –, vergiften sie gleichsam unsere Psyche, unsere Beziehungen, unser Leben. Ja, und so entwickeln sie sich zu den toxischen Gefühlserbschaften, um die es in diesem Buch geht. Schließlich vererben wir sie, so wie wir selbst die abgewehrten Gefühle unserer Vorfahren vererbt bekommen haben.

Aber was wurde da abgewehrt – und wie? Das ist Inhalt dieses Kapitels. Auch die Art, wie eine Wahrnehmung abgewehrt wurde, ist für uns bedeutsam, denn sie wird Teil des Gefühlserbes. Zudem hilft uns das Wissen um die Strategien der Abwehr, ihnen auf die Spur zu kommen. Und es hilft, dem Gefühl, »hier stimmt doch etwas nicht«, folgen zu können, um schließlich zu verstehen, was vor uns geheim gehalten werden sollte.

Verdrängung, Vermeidung, Verleugnung

Abwehrmechanismen

Wenden wir uns noch einmal den Sätzen zu, die viele von uns aus dem Kontext der Familienkonversation über Themen der deutschen Vergangenheit kennen. Welcher Abwehrmechanismus steckt dahinter?

»Möchtest du noch ein Stück Kuchen?«
– Vermeidung.

»Davon haben wir nichts gewusst.«
– Verdrängung.

»Wir hatten doch gar keine Wahl.«
– Verleugnung.

»Oh, mir wird ganz schwindelig.«
– Dissoziation, vorgeblich oder tatsächlich.

»Da wird ja vieles aufgebauscht.«
– Bagatellisierung.

»Davon darfst du nicht sprechen!«
– Tabuisierung.

»Die Russen, die waren schlimm.«
– Projektion.

»Sieh das doch mal sachlich, nicht immer so emotional.«
– Rationalisierung.

»Mit diesen linksversifften Gender-Idioten sollte man dasselbe machen.«
– Reaktionsbildung

»Und wer hat sich um uns gekümmert?«
– Regression.

»Du hast doch keine Ahnung!«
– Abwertung.

»Wenn du noch einmal damit anfängst, sind wir geschiedene Leute!
– Spaltung.

Eins wird anhand aller Aussagen, so unterschiedlich sie sein mögen, klar: Die Kommunikation, ein echtes Gespräch, soll unterbunden werden. Wie die Aussagen aber deutlich zeigen, sind sie Ausdruck sehr unterschiedlicher Haltungen und Persönlichkeitsstrukturen. Und es kommt in ihnen auch die Qualität der Beziehung zwischen den Teilnehmenden zum Ausdruck. Ein »Oh, mir wird ganz schwindelig« appelliert an die Rücksichtnahme des Gegenübers, typisch für eine Parentifizierung, während das abwertende »Du hast doch keine Ahnung!« eine Position der Stärke behaupten soll. Natürlich ist für die Bewertung der Situation auch der Ton entscheidend, in dem das Gespräch abgewehrt wird, wie aggressiv die Reaktion aufladen ist. Aber schauen wir uns die Mechanismen und die dahinterliegende Struktur im Detail an.

Verdrängung ist gleichsam ein übergeordneter Schutzmechanismus, der sich in unterschiedlichen Abwehrstrategien äußern kann. Er läuft nicht willentlich ab, sondern unbewusst. Die Impulse oder Erinnerungen, die vom Bewusstsein ferngehalten werden sollen, werden in unser Unbewusstes verdrängt, äußern sich aber weiterhin auf indirekte, diffuse Weise.

Bei der *Vermeidung* weichen die Angesprochenen aus, etwa indem sie so tun, als gäbe es das Thema gar nicht. Oder sie gehen darüber hinweg, als hätten sie nichts gehört. Ein sehr eindrucksvolles Beispiel liefert die Studie »Opa war kein Nazi«, in der Mehrgenerationengespräche über die Familienvergangenheit ausgewertet wurden. Die Autor:innen beschreiben, wie ein Großvater von seiner Beteiligung an Kriegsverbrechen berichtet, die Angehörigen aber überhaupt nicht darauf reagieren. »Es ist, als würden solche Erzählungen von den anwesenden Familienmitgliedern gar nicht gehört. [...] Das Überhören der Tätergeschichten geschieht beiläufig, wie automatisch – das Tonband zeichnet diese Geschichten auf, das Familiengedächtnis nicht« (Welzer, Moller u. Tschuggnall, 2002, S. 51 f.).

Verleugnung ist eine aktive Handlung. Wir können uns nicht gegen die Wahrnehmung oder die Tatsache selbst wehren, aber wir können bestreiten, was sie bedeutet – dass es in einem moralischen Dilemma sehr wohl andere Optionen zu handeln gegeben hätte. So müssen wir uns nicht mit unangenehmen Konsequenzen befassen, zum Beispiel dem Eingeständnis eigener Verantwortung oder Schuld.

Regression ist der Rückfall auf eine frühere Stufe der Persönlichkeitsentwicklung wie etwa kindliches Verhalten. Ein Beispiel, von dem mir häufiger berichtet wird: dass Mütter, die Kritik erleben oder Konflikte austragen sollen, auf einmal in Tränen ausbrechen, um sich dem Stress und der Angst, die damit verbunden sind, zu entziehen.

Weil viele Männer den Umgang vor allem mit negativen Gefühlen nicht gelernt haben, nutzen sie das Mittel der *Rationalisierung.* Das ist der Versuch, das eigene Verhalten aus logischen oder moralisch vertretbaren Gründen herzuleiten. Indem sie die Gefühle anderer abwehren, versuchen sie zugleich, Kontrolle über die Situation zu behalten. Versteigt sich der Abwehrende in die Erläuterung komplexer Sachverhalte, um Gefühle abzuwehren, sprechen wir von *Intellektualisierung.*

Die *Bagatellisierung* ist unter Freund:innen und gegenüber Kindern ein sehr beliebtes Mittel der Gefühlsabwehr. »Ach, das wird schon nicht so schlimm, das schaffst du schon.« So klingt es, wenn wir uns auf das Problem des Gegenübers nicht wirklich einlassen wollen. Aber auch, wenn die Zeit des NS-Regimes in Deutschland auf einen »Vogelschiss«[7] reduziert werden soll, erleben wir diese Strategie. In einem Konflikt wird dieses Kleinreden Teil der Abwertung der gegnerischen Person: Wir nehmen sie nicht ernst, machen sie vielleicht sogar lächerlich und stellen ihre Motive infrage. Sind wir uns einer Schuld bewusst, versuchen wir uns so aus der Verantwortung zu ziehen. Auch das andere Extrem gibt es: die *Dramatisierung.* Sie soll die Schuld des Gegenübers betonen und entsprechende Gegenmaßnahmen rechtfertigen.

Bei der *Projektion* unterstellen wir anderen genau jene Anteile unseres Selbst, unserer Eigenschaften, Unzulänglichkeiten oder Bedürfnisse, die wir bei uns ablehnen oder uns nicht erfüllen können. So wurden Juden und Jüdinnen über Jahrhunderte als raffgierige Wucherer diskreditiert. Hier zeigte sich die Projektion einer Gier der Verfolger auf sie, die sich dann bei der Enteignung – Arisierung – jüdischen Vermögens bereicherten. Spektakuläre Fälle von Projektion sind immer wieder die Entlarvung von besonders rigiden Moralist:innen, die im Verborgenen auslebten, was sie öffentlich anprangerten: Homosexualität, Promiskuität oder Drogenkonsum. Eine wichtige Variante dieser Abwehr ist die *projektive Identifizierung.* Dabei verschieben wir das, was wir an uns selbst ablehnen, auf unser Kind (das sich dagegen natürlich nicht wehren kann). Das ist eine narzisstische Inanspruchnahme und kommt einer Besetzung der kindlichen Seele gleich.

Ein anderer Begriff für die Projektion ist *Externalisierung.* Auch sie beschreibt die Verlagerung und Abwälzung von Motiven oder Zuschreibungen nach außen, es wird ein innerseelischer Konflikt in zwischenmenschliche Beziehungen verschoben.

Das Schweigegebot, das mit einer *Tabuisierung* begründet wird, soll nicht nur die Täter:innen schützen – es soll das Wissen um die Tat komplett aus dem Bewusstsein des Kollektivs löschen. Während

7 Alexander Gauland, damaliger AfD-Vorsitzender, am 2. Juni 2018 (https://afdbundestag.de/wortlaut-der-umstrittenen-passage-der-rede-von-alexander-gauland/).

die meisten anderen Abwehrmechanismen der psychischen Balance des:der Einzelnen dient, dient das Tabu einer Gruppe (Marks, 2011, S. 25). Das kann eine Familie sein, eine ethnische Gemeinschaft, ein Staat. So gab es das Schweigegebot über die Verbrechen des NS-Regimes nicht erst nach 1945, als die Täter:innen sich zu tarnen versuchten, sondern bereits während der Nazizeit. Wer etwa aus dem KZ entlassen wurde (das kam vor), musste eine Schweigeverpflichtung unterschreiben (Marks, 2011, S. 18). Aber natürlich gibt es staatlich bewachte Tabus nicht nur in Deutschland, wie etwa an der Reaktion der türkischen Regierung auf den Beschluss des Bundestages zum Genozid an den Armeniern im Jahr 1915 zu beobachten war.[8]

Bei *Somatisierung* verwandelt sich der psychische Stress, den wir erleben, in körperliche Symptome. Eine Attacke schwerer Rücken- oder Kopfschmerzen oder ein Schwindelgefühl ziehen uns aus einer bedrängenden Situation heraus oder verhindern im Vorfeld, dass wir uns ihr aussetzen müssen. Auf kognitiv-psychischer Ebene kann unsere Wahrnehmung aussetzen. Die typische Reaktion: Wir sind wie umnebelt, können uns nicht erinnern, sind von Eindrücken, Gedanken, Gefühlen, Körper und Verhalten losgelöst, stehen wie neben uns. Dann sprechen wir von *Dissoziation.* Bei der *Konversion* schließlich gibt es einen symbolischen Zusammenhang zwischen der Belastung, die wir abwehren wollen, und dem körperlichen Symptom: Wenn wir etwa die Augen vor etwas verschließen wollen, bekommen wir Sehstörungen. Diesen drei Abwehrmechanismen ist gemeinsam, dass die Symptome nicht mit körperlichen Ursachen erklärt werden können.

Die *Sublimierung* ist eine Abwehr eigener innerer Triebe, die uns sozial beschädigen könnten, ein starker sexueller Trieb etwa oder die Neigung zu Aggression. Wir versuchen sie zu verwandeln in sozialverträgliches Verhalten, indem wir sie auf eine höhere geistige Ebene heben, zum Beispiel in Kunst oder Musik. Oder wir wenden

---

8 Türkischstämmige Abgeordnete des Bundestages bekamen Morddrohungen, Präsident Erdoğan drohte mit diplomatischen Sanktionen, und der türkische Justizminister sagte: »Erst verbrennst Du die Juden im Ofen, dann stehst Du auf und klagst das türkische Volk mit Genozid-Verleumdungen an. Kümmere Dich um Deine eigene Geschichte« (Berliner Zeitung, 15.7.2016).

Aggressionen in Wettbewerbsorientierung. Die Risiken bestehen darin, sich zu stark von den eigenen Lebensenergien abzuschneiden oder in Krisensituationen auf einmal zu erleben, wie die eigentlich sublimierten Triebe hervorbrechen. Dennoch ist die Sublimierung eine reife und gemeinschaftskonforme Abwehr.

Abwertung ist eine aggressive Strategie der Abwehr, die sich gegen eine (vermeintlich) gegnerische Person in einem Konflikt oder gegen das Objekt von Neid richtet. Sie soll dazu dienen, den eigenen, oft geschwächten Selbstwert zu stabilisieren und innere Spannungen abzumildern. Steigert sie sich, sprechen wir von *Verachtung.* Sie ist oft eine Vorstufe von Gewalt. Der Sozialwissenschaftler Stephan Marks konstatiert: So werde »passiv in aktiv verwandelt: Andere werden beschämt, schikaniert, gedemütigt, missachtet, wie Luft behandelt, aus der Gemeinschaft ausgeschlossen, zu Zahlen gemacht, vernichtet – insbesondere diejenigen, die als schwach betrachtet werden« (Marks, 2014, S. 48). Jede Art von Mobbing, Rassismus und Nationalismus beruht darauf, natürlich auch der Antisemitismus. Kriegen, ethnischen Konflikten oder Genoziden geht immer ein Stadium der massiven Verachtung der Gegner:innen voraus.

Ist der Gegner im Konflikt zu mächtig, muss nicht selten ein Schwächerer dafür leiden: Das nennt sich *Verschiebung.* Das Sprichwort, das zur Stabilisierung des beschädigten Selbstwerts dient, kennen wir alle: »Nach oben buckeln, nach unten treten.« In einer stark hierarchischen Gesellschaft, in der Demütigungen an der Tagesordnung sind, findet sich immer jemand, an dem der aufgestaute Ärger abreagiert werden kann.

Reaktionsbildung – eine erstaunliche Strategie. In einer 180-Grad-Wende wird aus einem Menschen, der sich ständig schämt, einer, der keine Scham mehr kennt und vollkommen skrupellos agiert. Andersherum ist eine Person, die eine andere eigentlich verabscheut, besonders nett zu ihr. Das geschieht, wenn unsere eigentlichen Impulse so angstbesetzt sind, dass wir sie ins Gegenteil verkehren.

Brauchen wir das Mittel der *Identifikation,* um innerlich stabil zu bleiben, haben wir uns einer oder einem anderen ausgeliefert. Unser Selbstwert ist so bedroht oder bereits zerstört, dass wir deren oder dessen Werte, Normen oder Verhaltensweisen übernommen haben. Wir nehmen das, was uns vorher geängstigt oder bedroht hat, in unsere Struktur auf, um die Gefahr nicht mehr zu spüren. Dann empfinden wir es als richtig und angemessen, zurechtgewiesen, herumkommandiert oder erniedrigt zu werden, weil es einer natürlichen Ordnung entspricht. Hier sprechen wir von der Identifikation mit dem Aggressor (in der Psychoanalyse vom Täterintrojekt; siehe auch S. 50 f.).

Teil der Identifikation ist oft die *Idealisierung:* Indem wir andere Personen unrealistisch überbewerten, ihnen womöglich gottgleiche Eigenschaften zuweisen, fällt es uns viel leichter, uns ihnen unterzuordnen und ihre Allmacht zu akzeptieren. Teilhabe an ihrer Größe stützt den eigenen Selbstwert, negative Eigenschaften werden komplett ausgeblendet. Jeder Führer- oder Personenkult braucht die Idealisierung durch die Untertanen, Jünger:innen oder Anhänger:innen. Das Gegenteil der Idealisierung ist die *Entwertung,* die ausschließlich negative Eigenschaften in der Wahrnehmung zulässt.

Bei der *Spaltung* pendelt die Abwehr zwischen Idealisierung und Entwertung, zwischen Gut und Böse, Schwarz und Weiß. Dazwischen gibt es nichts, und auch Ambivalenzen sind aus dem Selbst- und Weltbild getilgt. Verstörend für andere Menschen ist es, wenn die Spaltungsabwehr vom einen ins andere kippt: von übergroßer Wertschätzung in ätzende Kritik, von hingebungsvoller Liebe in kalte Ablehnung. Der Mechanismus der Spaltung ist Teil von Persönlichkeitsstörungen wie der Borderline-, der narzisstischen und der dissozialen Störung, er ist aber auch gesellschaftlich relevant: Vielen Deutschen etwa ist es fast unmöglich, in der Geschichte des Krieges und der NS-Zeit *sowohl* die Opfer- *als auch* die Täteranteile wahrzunehmen, zumal für ihre Familie.

Als ich diese Aufstellung der Abwehrmechanismen zusammenstellte, war ich fasziniert. Es sind nicht weniger als 24 Abwehrmechanismen, die ich oben angesprochen habe. Wie erfindungsreich unsere Psyche doch dabei ist, unangenehme Gefühle von uns fernzuhalten. Ein ums andere Mal fühlte ich mich ertappt: »Ach, deswegen …« Wir können auf uns selbst neugierig sein, welche Wege wir einschlagen, um uns emotional zu stabilisieren. Spannend ist auch die Frage, wann und in welchen Situationen wir das tun. Welches Thema es ist, das uns unmittelbar und unwillentlich mit einer Abwertung anderer, einer Bagatellisierung des Sachverhalts oder einer Verleugnung reagieren lässt. Je mehr wir unter Stress geraten, umso intensiver wird unsere Abwehr. Verbirgt sich womöglich eine traumatische Erfahrung dahinter? Hier lohnt es sich zu forschen.

Immer wieder mag es aber gar keine persönliche Erfahrung sein, die eine Abwehr in uns wachruft, sondern eine unserer Vorfahren – wenn uns also eine Gefühlserbschaft bedrängt. Das lenkt die Aufmerksamkeit wieder auf die schädliche Wirkung der Abwehrmechanismen. Werden unangenehme Gefühle dauerhaft abgewehrt, negative Erfahrungen nicht bearbeitet und integriert, erledigen sie sich nicht von selbst, sondern bleiben lebendig und schwären gleichsam im Unbewussten. So wie das toxische, das dunkle Erbe, das uns auch Jahrzehnte später noch bedrängt.

Das dunkle Erbe

Die Abwehr deutscher Verbrechen

»Wir *haben* von den Dingen gewusst.« Bundespräsident Theodor Heuss sagte diesen Satz am 30. November 1952 bei der Einweihung der ersten KZ-Gedenkstätte der noch jungen Bundesrepublik in Bergen-Belsen (zit. nach Frei, 2023, S. 52). Und er fuhr fort: »Wer hier als Deutscher spricht, muss sich die innere Freiheit zutrauen, die volle Grausamkeit der Verbrechen, die hier von Deutschen begangen wurden, zu erkennen« (zit. nach Frei, 2023, S. 52). Für uns Nachgeborene, so empfinde ich es, sind das irritierende Sätze. Die Deutschen haben von dem, was in den Konzentrationslagern geschah, gewusst? Sie hatten Kenntnis vom Holocaust (der damals noch nicht so genannt wurde)? Und das bekennt der Bundespräsident bereits 1952 bei einem Staatsakt, in Anwesenheit von Nahum Goldmann, dem Präsidenten des Jüdischen Weltkongresses, Hunderten Überlebender des KZs und nationaler und internationaler Presse? Wie konnten dann die Großeltern und Eltern der meisten von uns das Gegenteil behaupten?

Eine Legende, die sich noch Jahrzehnte hielt, ja sich immer noch hält. Es gibt in jeder KZ-Gedenkstätte Beweise für dieses Wissen zumindest der Bevölkerung um das KZ herum. Sie geben Kenntnis von einer erschütternden Gleichgültigkeit gegenüber dem Leiden der Verfolgten. Und von Herbst 1941 an mussten ja jüdische Mitbürger:innen mitten am Tag durch Stadtzentren zu den Bahnhöfen marschieren, um von dort in Vernichtungslager deportiert zu werden. Bei den sogenannten Todesmärschen in der Endphase des Krieges wurden Tausende KZ-Häftlinge auf tage- und wochenlangen Gewaltmärschen mitten durch etliche Städte und Dörfer getrieben, waren Einheimische für die logistische Unterstützung nötig. Es sei historiografisch weitgehend gesichert, schreibt der Historiker Norbert Frei, dass »eine Ahnung von den Massenverbrechen, allen Geheimhaltungsbemühungen des Regimes zum Trotz, auch bei den Durchschnittsdeutschen schon während des Krieges vielfach vorhanden« war (Frei, 2009, S. 163). Forschende wie der amerikanische Psychoanalytiker und Professor für Geschichte Thomas Kohut betonen eine Plausibilität dieser Erkenntnis, die uns unmittelbar einleuchten muss: »Bedenkt man die Ungeheuerlichkeit des Genozids, die Anzahl der Getöteten und die Dimension des Grauens, so muss praktisch jeder Deutsche, der über ein Gewahrsein der Außenwelt verfügte, auf irgendeiner Ebene von der Endlösung gewusst haben.« Er fügt einen Satz an, der nachklingt: »Um Wissen verdrängen zu können, muss man zunächst wissen, was man nicht wissen möchte. Um wegzusehen, muss man wissen, was man nicht sehen möchte« (zit. nach Frie, 2021, S. 183). Und genau in diesem Sinne weigerten sich die allermeisten Deutschen nach dem Ende des Krieges und der NS-Diktatur, dieses Wissen einzugestehen. Viele tun es bis heute.

Die Abwehr als »zweite Schuld«

In der Literatur zu dieser Frage ist die Erschütterung, ja die Wut über diese Abwehr zu spüren. Ralph Giordano veröffentlichte schon 1987 ein Buch, das sich wie eine Abrechnung liest mit diesem Versuch der Deutschen, sich aus der Verantwortung für eine Zeit des Mordens, Raubens, Plünderns, Folterns und des »totalen Krieges« zu stehlen. Sein Titel: »Die zweite Schuld oder Von der Last, Deutscher zu sein«. Weitere Beispiele in der Literatur sind leicht zu finden. Es gibt gleichsam eine Art historiografischer Beweisführung, die versucht, diese Legende zu entlarven als das, was sie ist: ein kollektiver Abwehrmechanismus. Der natürlich auch Folgen hatte. Norbert

Frei spricht von einer »beispiellose[n] Strategie der Verharmlosung, Leugnung und Irreführung zu Beginn der fünfziger Jahre, die am Ende selbst ruchlosesten NS-Verbrechern zur Freiheit verhalf« (Frei, 2009, S. 46 f.). Sich dem Geschehenen zu stellen, hätte bedeutet, die Verantwortung anzuerkennen, die nicht nur die Täter:innen trugen, sondern auch gewöhnliche Bürger:innen. Es hätte bedeutet, sich der grauenhaften Wahrheit zu stellen, wie sie der Holocaustforscher und Familientherapeut Wolf Ritscher formuliert: »Ohne die ZuschauerInnen gäbe es weder Verfolgte noch TäterInnen. Sie gehören notwendig zum System der nationalsozialistischen Gesellschaft und ihrer terroristischen Exekutive: es hätte ohne sie nicht funktioniert« (Ritscher, 2017, S. 156). Der Philosoph Karl Jaspers sagte direkt nach dem Ende des NS-Regimes: »Jeder von uns hat Schuld, sofern er untätig blieb« (Jaspers, 2020, S. 53).

Viele Millionen Deutsche haben diese Erkenntnisse unberührt gelassen. Tatsächlich gibt es bis heute kein Eingeständnis für das Wissen um das Morden mitten unter uns. Und das zeigt Wirkung. Ob ihre Vorfahren von der systematischen Verfolgung und Ermordung von Menschen während der Zeit des Nationalsozialismus wussten, wurden junge Menschen zwischen 16 und 25 Jahren in der MEMO-Studie (MEMO = Multidimensionaler Erinnerungsmonitor) der Universität Bielefeld (IKG u. FGZ, 2023) gefragt – und mehr als die Hälfte verneinte. Im Jahr 2022. Die Legende lebt fort.

Die Legende des Nichtwissens

Eigentlich hätten mich diese Ergebnisse nicht überraschen sollen. Als ich mich für eine Reportage daranmachte, das Thema der abgewehrten Schuld der Deutschen zu recherchieren, war auch ich wie selbstverständlich von der Ahnungslosigkeit der Zeitgenoss:innen ausgegangen, zu denen ja auch meine 1922 geborenen Eltern gehörten. Die Recherche führte mich dann zu mehreren KZ-Gedenkstätten, ins jüdische Museum und in die Ausstellung »Topografie des Terrors« in Berlin. Zunächst mit wachsendem Entsetzen, dann mit aufbrandender Wut und schließlich beschämt von meiner eigenen Naivität wurde mir klar, *wie* präsent dieser bürokratisch organisierte Völkermord inmitten der Gesellschaft gewesen war. Auch aus einem anderen Grund hätte mich die Kluft zwischen historisch gesicherter Erkenntnis und dem, was wir als Familiengedächtnis in uns tragen, nicht überraschen sollen: Sie entspricht genau dem, was mir in vielen Workshops von Kriegsenkel berichtet wurde und wird – die Abwehr von Fragen nach der Familiengeschichte vor 1945, die mal im Nebel, mal hinter einer mit Stacheldraht bewehrten Mauer des Schweigens verschwindet. Die Angst oder mindestens Scheu der Kinder und Enkel:innen, zu fragen, ist groß. Und so schicken sich die allermeisten in den besänftigenden Glauben, dass die Vorfahren eben ohnehin nichts gewusst und erst recht nichts getan haben. Zahlen dazu aus der bereits erwähnten MEMO-Studie:

- Auf die Frage, ob während der NS-Zeit unter den Vorfahren Täter waren, antworteten 19,6 Prozent der Befragten mit »ja«, 69,8 Prozent mit »nein«.
- 35,9 Prozent zählen ihre Vorfahren zu den Opfern, wobei die Opferschaft zum größten Teil aus dem Bombenkrieg und der Vertreibung hergeleitet wird.
- 50 Prozent sehen ihre Vorfahren nicht als Mitläufer der Nazis.
- 28,7 Prozent sind der Meinung, ihre Vorfahren hätten Verfolgten des Regimes geholfen.

Der Widerspruch zu den historischen Fakten, zumal beim letzten Punkt, ist eklatant: Schätzungen gehen davon aus, dass es 20.000 bis maximal 200.000 Menschen gab, die den potenziellen Opfern von NS-Verbrechen tatsächlich geholfen haben sollen – nicht 20 Millionen.

Die Deutschen waren Opfer, keine Täter:innen. Das ist die Botschaft dieser Zahlen. Es ist eine Verleugnung.

Und es ist ein Gefühlserbe, das seinen Ursprung in der Zeit unmittelbar nach der deutschen Kapitulation und dem Zusammenbruch des NS-Regimes hat. Die Seelenlage beschreibt Karl Jaspers, der bereits im Wintersemester 1945/46 eine viel besuchte Vorlesung über die Schuld des deutschen Volks an den Verbrechen des Nationalsozialismus hielt. Es klingt Mitgefühl heraus aus dem, was der Philosoph in einem ungeheizten Hörsaal der Universität Heidelberg zu den Studierenden sagte: Einen großen Teil der Bevölkerung interessiere nur, »was Arbeit und Brot, Wohnung und Wärme bringt. Der Horizont ist eng geworden. Man will nicht hören von Schuld, von Vergangenheit, man ist nicht betroffen von Weltgeschichte. Man will einfach aufhören zu leiden, will heraus aus dem Elend, will leben, aber nicht nachdenken. Es ist eher eine Stimmung, als ob man nach so furchtbarem Leid gleichsam belohnt, jedenfalls getröstet werden müsste, aber nicht noch mit Schuld beladen werden dürfte« (Jaspers, 2020, S. 16).

Die Apokalypse nach Kriegsende

Tatsächlich war die Situation apokalyptisch. 55 Millionen Menschen waren im Verlauf des Zweiten Weltkriegs gestorben. Mehr als fünf Millionen deutsche Soldaten und mehr als zwei Millionen Zivilist:innen waren tot. Im September 1945 waren elf Millionen Deutsche in Gefangenschaft, irrten fast ebenso viele ehemalige Kriegsgefangene, KZ-Häftlinge, Zwangsarbeiter und Angehörige von Hilfstruppen durch das Land. Je nach Schätzung von Historiker:innen waren zwölf bis 18 Millionen Deutsche von Flucht und Vertreibung aus den ehemaligen Ostgebieten betroffen, mussten Jahre unter erbärmlichen Bedingungen in Lagern hausen, weil 30 Prozent des Wohnraums in den Städten vernichtet waren. Vorsichtig geschätzt wurden, wie bereits erwähnt, 900.000 Frauen Opfer sexualisierter Gewalt durch Soldaten der Besatzungstruppen, etwa zur Hälfte von Rotarmisten, aber ebenso von Franzosen, Briten und Amerikanern. Weil massiv schambesetzt, mussten sie darüber schweigen und erlebten weitere traumatische Situationen, wenn sie schwanger geworden waren. Dazu grassierte der Hunger. Hatte eine Kommission des Völkerbunds eine Mindestmenge von 2.400 Kalorien pro Person am Tag ermittelt, sah die Realität anders aus. Im Sommer 1945 setzten die Alliierten die Versorgung auf 1.550 Kalorien fest, die im Winter 1946/47, dem verheerenden Hungerwinter, auf die Hälfte sank (vgl. ZEIT Geschichte, 2023). Mehrere Hunderttausend Menschen verhungerten.

Die Daten zum unfassbaren Schrecken, den die Wehrmacht, die Waffen-SS und Polizeitruppen vor allem im Osten angerichtet hatte, sind allerdings noch dramatischer. So waren im Zweiten Weltkrieg 27 Millionen Einwohner:innen der Sowjetunion getötet worden, davon 14 Millionen zivile Opfer. 1.700 Städte waren zerstört, 70.000 Dörfer und 32.000 Fabriken. Hier kostete der Hungerwinter etwa zwei Millionen Menschen das Leben. Polen hatte den größten

Verlust an Zivilist:innen im Verhältnis zur Gesamtbevölkerung zu beklagen: 5,7 Millionen, davon weit mehr als die Hälfte polnische Jüdinnen und Juden, insgesamt etwa ein Fünftel der Einwohnerschaft. Die Zahlen sind der nüchterne Ausdruck dessen, was Historiker:innen einen Vernichtungskrieg nennen.

Jede Gegenüberstellung von Opferzahlen lässt sofort den Verdacht aufkommen, es solle etwas aufgerechnet werden. Das habe ich nicht vor. Warum dann diese Zahlen? Weil sie uns eine Ahnung davon vermitteln, welche Dimension der Schrecken hatte, dem die Psyche der damals lebenden Menschen ausgesetzt war, eine Ahnung von der unfassbaren Schuld, die viele auf sich geladen hatten und nun abzuwehren versuchten, von dem Hass und dem Sinnen auf Rache, die in der Psyche der Opfer provoziert wurden. Der Psychoanalytiker und Friedensforscher Vamık Volkan, mehrfach für den Friedensnobelpreis vorgeschlagen, beschreibt, was in Gruppen von Opfern vorgeht: Sie erleben unerträgliche Gefühle der Demütigung und Entwürdigung, der Scham und der Rache, die abgespalten werden müssen. Können diese geteilten psychischen Erfahrungen nicht Lösungen zugeführt werden, werden sie der nächsten Generation als psychologische Aufgaben überlassen – so etwa die Toten zu rächen oder traumatisierten Eltern wieder ein gutes Leben zu verschaffen. Die gemeinsamen psychischen Phänomene, die nach Volkan eine Großgruppenidentität schaffen, verbinden die Generationen miteinander und können soziale, kulturelle und politische Prozesse beeinflussen (vgl. Volkan, 1999). Mit anderen Worten: Auch das Kollektiv, das unerwünschte Gefühle abwehrt, gibt ein Gefühlserbe weiter. Was das bedeutet, drückt die Tochter einer Auschwitz-Überlebenden in einfachen Worten aus: »Wir sind mit diesem Gefühl aufgewachsen, dass die schmerzvolle Vergangenheit unser heutiges Leben bestimmt. Es ist unser Erbe. Es war immer da, in jeder Minute unserer Kindheit, jeder Stunde unserer Jugend, an jedem Tag unseres Lebens« (Batthyany, 2017, S. 204).

Der schnelle Abschied von Hitler

Das Erbe des nichtjüdischen deutschen Kollektivs war, wir wissen es, ein anderes: »Uns wurde übel mitgespielt, und was tatsächlich geschah, davon hatten wir keine Ahnung.« Diese Legende, Ergebnis einer Verleugnung, entstand sehr früh, wie die Aussage des amerikanischen Geheimdienstoffiziers Saul Padover, der 1944 und 1945 deutsche Kriegsgefangene interviewte, illustriert: »Psychologisch gesehen, wollen sich die Deutschen Strafe und moralischer Verantwortung entziehen, indem sie der Welt einen Schuldigen präsentieren, den sie noch vor kurzer Zeit als Halbgott angehimmelt haben […]. Hitler wird vorgeworfen, den Krieg verloren, und nicht, ihn begonnen zu haben« (zit. nach Welzer et al., 2002, S. 206). Damit war der Ton gesetzt, waren die wahren Schuldigen bei der Hand: Hitler und seine Clique von Naziverbrechern. Vergessen war, wie der »außerordentlich hohe Konsens zwischen Regime und Bevölkerung« (Frei, 2009, S. 67 f.) nach der Machtübernahme der Nazis entstehen konnte. Norbert Frei konstatiert: »Hitler war gewollt: zunächst und vor allem vom Heer seiner glühenden Anhängerschaft, sodann von den konservativen Eliten, schließlich aber, und schneller als die Nationalsozialisten es selbst erwarteten, von der übergroßen Mehrheit der Deutschen« (S. 167). Die Erinnerung daran schwand sehr schnell, als das Land nun von den Alliierten besetzt war, die eine Aufklärung der Verbrechen und die Bestrafung der Täter verlangten. Der Rest der »Volksgemeinschaft« habe sich gleichsam im kollektiven Befehlsnotstand befunden, hieß es nun, habe entweder »nichts mitbekommen« oder nicht anders gekonnt als mitzumachen, weil sonst die Existenz gefährdet gewesen oder man Gefahr gelaufen wäre, »ins KZ zu kommen«. Von deren Existenz man allerdings nichts gewusst habe (Welzer et al., 2002, S. 207). Der immanente Widerspruch zwischen den Aussagen kam und kommt vielen nicht ins Bewusstsein.

Die »säuberungspolitische Entschlossenheit der Alliierten«, wie Norbert Frei es nennt, verstärkte die Abwehr zusätzlich. Sie hatte bereits eingesetzt, »als in der Umgebung der eben befreiten Konzentrationslager jene Mehrheit, die sich ganz und gar unschuldig wähnte, von den Besatzungstruppen gezwungen wurde, das dortige Grauen zur Kenntnis zu nehmen« (Frei, 2009, S. 83). Mir persönlich war diese Abwehr in einem völlig anderen Zusammenhang begegnet: als ich die Biografie einer hochbetagten Künstlerin schrieb, 1926 geboren, die das Kriegsende 19-jährig in Hamburg erlebt hatte (Rohde, 2018a). Zum Zeitpunkt der Interviews 90 Jahre alt, erzählte Ruth Rupp empört davon, wie rüde und feindselig die britischen Soldaten zu ihr gewesen seien (im Unterschied zu den amerikanischen einige Wochen später nach der Rückkehr in ihre Heimatstadt Bremen). Dass die britische Armee kurz zuvor Bergen-Belsen befreit und ein unvorstellbares Grauen vorgefunden hatte, war für sie schon damals und im Jahr 2017 immer noch nicht von Bedeutung. Sie nahm das Verhalten persönlich und fühlte sich zutiefst ungerecht behandelt. Eine Diskussion darüber wies sie brüsk von sich: Wer damals nicht dabei gewesen sei, könne da gar nicht mitreden. Ein Satz, den auch viele Teilnehmende meiner Workshops von ihren Eltern zitieren.

Es ist nicht leicht, diesen Ausweichbewegungen und Abwehrmechanismen nicht mit Sarkasmus oder mit Wut zu begegnen.[9] Es wäre allerdings nicht hilfreich. Denn wenn wir uns heute mit diesem Thema befassen, geht es uns ja nicht um die Täter:innen selbst (zu denen Ruth Rupp nicht gehörte), sondern um die Nachfahren. Sie oder womöglich uns selbst zu beschämen, würde der Spirale der Abwehrmechanismen den nächsten Schwung verpassen und uns nur weiter in die Familienloyalität hineintreiben, die den Abschied von den Legenden so schwer macht.

Nazierziehung mit Folgen

Gerade die Kinder der Täter waren ja zumeist selbst Opfer – des Systems und ihrer Eltern. Erinnern wir uns noch einmal an Johanna Haarers 1934 erschienenen Ratgeber »Die deutsche Mutter und ihr erstes Kind«, in der die NS-Ideologie für die Aufzucht der Kleinsten dienstbar gemacht wurde. Die hier propagierte Erziehung war dazu prädestiniert, Entwicklungstraumata zu provozieren. Und: Die darin enthaltene Anweisung, den Säugling nur alle vier Stunden zu stillen, war ein geradezu perfider Trick, dem Kind einen »abgrundtiefen Hunger nach Anerkennung« anzuerziehen, wie Stephan Marks sagt. Er wurde von den Nazis systematisch instrumentalisiert (vgl. Marks, 2014). Und zwar im Sinne eines Vertreters der Herrenrasse.

---

9 Dies angesichts der zahllosen Verbrechen gegen die Menschlichkeit, die unter dem Deckmantel des Schweigens oder der Bagatellisierung ungesühnt blieben, begangen von Funktionsträgern, die in der Bundesrepublik unbehelligt ihre Karriere fortsetzen konnten.

In seiner eindrucksvollen Studie »Warum folgten sie Hitler?« legt Stephan Marks plausibel dar, »dass der Nationalsozialismus nahtlos an die Abwehr des Traumas des Ersten Weltkrieges anknüpfen konnte – sein Programm war ja von Veteranen dieses Krieges selbst, allen voran Adolf Hitler, geschaffen worden. Damit wurden Derealisierung, Gefühlskälte, Heroismus und Idealisierung zum politischen Programm« (Marks, 2014, S. 86). Und zur Atmosphäre, in der die Kinder, also unsere Eltern oder Großeltern, aufwuchsen. »Das im nationalsozialistischen Sinn erzogene Kind wird gesünder, stärker, schöner, leistungsfähiger und zuverlässiger sein als je ein Kind der Vergangenheit«, lautete die Propaganda (zit. nach Quindeau et al., 2012, S. 96). Dieser rassistisch motivierte Größenwahn verband sich mit einer Identifikation mit einer mächtigen, oft sadistischen Autorität, völlig fehlendem Schuldgefühl und einer Unfähigkeit zur Empathie als Erziehungsprinzip in Kindergarten, Schule, Hitlerjugend und Bund Deutscher Mädel. Psychopathologie als Staatsräson, bösartiger Narzissmus als gesellschaftskonforme Persönlichkeitsstörung (vgl. Reuleaux, 2006).

Das Mordprogramm der »Euthanasie«

Sie richtete sich gegen die Schwächsten, vor allem gegen sie. »Euthanasie«, übersetzt etwa »guter Tod«, hieß in beispiellosem Zynismus das Tötungsprogramm, das sich mit den Ortsnamen Grafeneck, Brandenburg, Hartheim, Pirna, Bernburg und Hadamar verbindet. Hier befanden sich die Tötungsanstalten, in denen auf Geheiß von Hitler selbst »lebensunwertes Leben« ausgelöscht wurde. So wurden geistig und körperlich behinderte Menschen diffamiert, ebenso psychisch Erkrankte. Bereits 1934 war das »Gesetz zur Verhütung erbkranken Nachwuchses« in Kraft getreten, die rechtliche Grundlage für die Zwangssterilisierung von 300.000 bis 400.000 Menschen bis Kriegsende. Ihre öffentliche Entwertung begann Ende der 1930er Jahre, als Plakate aufgehängt wurden, auf denen die angeblichen Pflegekosten für Behinderte beziffert waren: »60.000 RM [Reichsmark] kostet dieser Erbkranke die Volksgemeinschaft auf Lebenszeit«, ergänzt um den Hinweis »Volksgenosse, das ist auch Dein Geld«. Mit dem Beginn des Krieges begann die systematische Tötung nach Aktenlage, als Teil einer vielfach getarnten Aktion unter dem Kürzel »T4«. Die Getöteten wurden sofort eingeäschert, um Untersuchungen durch Angehörige zu unterbinden. Diese erhielten Schreiben mit fingierten Todesursachen und Sterbeorten. Trotz der Tarnung wurden immer mehr Menschen misstrauisch, bis der Bischof von Münster, Clemens August Graf von Galen, die Tötungsaktionen am 3. August 1941 in einer Predigt öffentlich anprangerte. Kurz darauf ließ Hitler die massenhaften Vergasungen in den Anstalten einstellen. Viele Menschen starben anschließend noch in geheim weitergeführten Tötungsaktionen. Insgesamt wird die Zahl der Opfer auf 200.000 bis 300.000 geschätzt.[10]

Für unseren Zusammenhang ist die Geschichte der sogenannten Euthanasie auf zweierlei Weise bedeutsam: weil sie eine Ursache für die tiefe Angst sein kann, die ältere Menschen davon abhält, sich in psychotherapeutische oder psychiatrische Behandlung zu begeben. Sie mag auch dafür sorgen, dass diese Älteren psychische Erkrankungen oder Behinderungen von Angehörigen ignorieren, bagatellisieren oder schamhaft verschweigen. Und weil sie ein weiteres Beispiel dafür ist, wie das NS-Regime eine Mauer des Schweigens um seine Verbrechen errichtete. Dies bedeutete, so der Sozialwissenschaftler Stephan Marks, »dass die Beteiligten über bestimmte Themen nicht sprachen und auch nicht nachfragten; [das] bedeutet keineswegs, dass die Menschen damals nichts von den Verbrechen wussten, nichts ahnten oder nichts hätten wissen können« (Marks, 2011, S. 16). Objektiv habe es durchaus Möglichkeiten der Information gegeben, sie wurden aber nicht genutzt, weil »darüber« zu reden, nachzufragen oder an »die Sache« zu denken außerhalb ihres subjektiven Bewusstseins gelegen habe. »Mit anderen Worten«, so Marks, »es war tabu. Dieses Tabu ist bis in die Gegenwart wirksam und blockiert noch heute die klare Benennung der Nazi-Verbrechen« (Marks, 2011, S. 16).

So entstand »die zweite Schuld«, unser dunkles Erbe.

Wären sie doch Karl Jaspers gefolgt, der so früh die eigentliche Aufgabe der Zeitgenoss:innen formulierte: »Im Ganzen bleibt bestehen, dass wir Deutschen, so sehr wir jetzt in die größte Not unter

10 Vgl. https://www.dhm.de/lemo/kapitel/der-zweite-weltkrieg/voelkermord/euthanasie.html.

den Völkern geraten sind, auch für den Gang der Dinge bis 1945 die größte Verantwortung tragen. Daher gilt für uns, für den einzelnen: Wir wollen nicht so leicht uns unschuldig fühlen, uns nicht bemitleiden als Opfer eines Verhängnisses, wollen nicht Belobigung erwarten für Leiden, sondern uns selbst fragen, uns unerbittlich durchleuchten: Wo habe ich falsch gefühlt, falsch gedacht, falsch gehandelt? – wollen die Schuld möglichst weitgehend bei uns suchen und nicht in den Dingen und nicht bei den anderen, wollen nicht ausweichen in die Not. Das folgt aus dem Entschluss zur Umkehr« (Jaspers, 2020, S. 86). Als ich diese Zeilen las, tief bewegt, wünschte ich mir sehr, meine Eltern hätten sie ebenfalls gelesen.

Spaltung und Aufbau

Nachkriegszeit in BRD und DDR

Die Fähigkeit des Menschen, selbst furchtbarste Situationen zu überleben, ist beeindruckend. Welche Widerstandskräfte Körper, Geist und Seele zur Verfügung stellen können, wenn es darauf ankommt, erfüllt mich immer wieder mit Ehrfurcht. Es gibt ein Buch, in dem Kriegskinder von ihren Erlebnissen berichten. Es trägt den Titel »Alles schaukelt, der ganze Bunker schaukelt« (Halstenberg, 2022), und die Erzählungen, ungeschönt, unkommentiert und aufgeschrieben, wie das Mikrofon sie aufnahm, sind entsetzlich. Dass die Überwindung solcher Schrecken ihren Preis fordert, dass sie unmittelbar oder Jahrzehnte später körperliche und psychische Erkrankungen auslösen kann und dass dies millionenfach geschehen ist: Das sollte meiner tiefen Überzeugung nach nicht verdecken, welche Intelligenz der Natur in der Abspaltung traumatischer Erfahrungen sichtbar wird. Sie ermöglicht uns das Überleben.

Überleben: Das war die Aufgabe nach dem Inferno des Zweiten Weltkriegs. Für Ausgebombte und Flüchtlinge noch bedrängender als für den Rest der Bevölkerung. Den Hunger überstehen, die Kälte, das Leben in erbärmlichen Lagern, die Feindseligkeit der neuen Umgebung. Auch den emotionalen Zusammenbruch nach der maximalen narzisstischen Aufladung des Herrenvolks, das sich Europa untertan macht, zum gedemütigten Tätervolk, dem nun die Besatzungstruppen ihre Vorstellungen von Entnazifizierung und Staatlichkeit aufdrückten. Trauern um die Verluste geliebter Menschen? Keine Zeit und keine Kraft. Es gibt ein Foto meines Vaters aus jener Zeit, der an der Ostfront nicht nur seinen linken Unterarm, sondern vor allem seinen Zwillingsbruder verloren hatte. Er steht auf dem Schwarzmarkt und versucht, mit einem Bauchladen Kurzwaren zu verkaufen, sein Blick leer und verloren. Irgendwie musste es ja weitergehen.[11]

Aufbauen statt aufarbeiten

Bekanntlich ging es weiter. Man hielt durch, organisierte, räumte mit den Händen die Trümmer beiseite, schaute dabei nicht nach links und nach rechts, rang um Stabilität. Und man baute das Land wieder auf. Kurz nach der Gründung der beiden deutschen Staaten im Jahr 1949 begann das sogenannte Wirtschaftswunder. Der Boom des Wiederaufbaus war zwar kein rein deutsches, sondern ein europäisches Phänomen, dennoch erreichte das Wirtschaftswachstum in der BRD fast doppelt so große Zuwächse wie der europäische Durchschnitt. Das empfanden die Westdeutschen als Bestätigung ihrer Stärke und entsprechend als Kompensation des verlorenen Krieges. Ein Exportboom sondergleichen stützte den Selbstwert. Mentalitätsgeschichtlich knüpfte man dabei an die Werte von Nazideutschland an, war hart wie Kruppstahl, zäh wie Leder, erlaubte sich keine Schwäche – und hatte Erfolg. Ein Spruch wie »Das hat uns damals auch nicht geschadet«, wie er in Kriegsenkel-Foren immer wieder als Elternspruch zitiert wird, hat hier nicht nur seinen Ursprung, sondern auch seine Legitimität.

Natürlich half die volle Konzentration auf den Wiederaufbau auch dabei, die erlittenen Traumata nicht spüren zu müssen, die Gedanken an eine eigene Verantwortung für begangene Verbrechen oder auch nur die Teilnahmslosigkeit gegenüber den Opfern aus der Wahrnehmung verbannen zu können. Ein Tagebucheintrag von Hannah Arendt aus dem Jahr 1950 lässt uns den Geist jener Jahre

11 Er ging mit dem Bauchladen pleite, bekam von seinem Vater Geld zur Begleichung der Schulden, die er pünktlichst zurückzahlte. Er war später sehr stolz darauf, dass sein Vater ihn seinen zuverlässigsten Schuldner nannte. Soweit zur Familiendynamik der Rohdes nach dem Krieg.

sinnlich erfahren: »Inmitten der Ruinen schreiben die Deutschen einander Ansichtskarten von Kirchen und Marktplätzen, die es nicht mehr gibt. Und die Gleichgültigkeit, mit der sie sich durch die Trümmer begeben, findet ihre Entsprechung darin, dass niemand um die Toten trauert [...] Dieser allgemeine Gefühlsmangel, auf jeden Fall aber die offensichtliche Herzlosigkeit, die manchmal mit billiger Rührseligkeit kaschiert wird, ist jedoch nur das auffälligste Symptom einer tief verwurzelten hartnäckigen und gelegentlich brutalen Weigerung, sich dem tatsächlich Geschehenen zu stellen« (zit. nach Baer u. Frick-Baer, 2018, S. 34). Wahrscheinlich ermöglichte erst die Abspaltung jene enorme Anstrengung, die für die Beseitigung der Trümmer und den Neuaufbau nötig war. In ihrer berühmten Auseinandersetzung mit der deutschen »Unfähigkeit zu trauern« erklären Alexander und Margarete Mitscherlich den Zusammenhang: »Mit dieser Abwendung der inneren Anteilnahme für das eigene Verhalten im Dritten Reich wurde ein in ungezählten Fällen kaum zu bewältigender Verlust des Selbstwerts und damit der Ausbruch einer Melancholie [d. i. der ältere Begriff für Depression, S. R.] vermieden« (Mitscherlich u. Mitscherlich, 2020, S. 38).

Deswegen war es für die allermeisten Deutschen in der BRD auch kein Problem, dass der weitaus größte Teil der Funktionsträger, die schon das NS-Regime gestützt hatten, wieder in Amt und Würden gekommen waren. So war etwa Hans Globke, Kommentator der Nürnberger Rassengesetze von 1935, 14 Jahre lang Leiter des Bundeskanzleramts von Konrad Adenauer. Ralph Giordano nennt ihn »das Denkmal negativer Traditionskontinuität und unverwüstlicher Dienstbereitschaft unter wechselnden Staats- und Gesellschaftsformen, sei es Diktatur, sei es Demokratie« (Giordano, 2020, S. 119). Kanzler Adenauer störte das offenkundig nicht. Von ihm ist der Satz überliefert: »Man schüttet kein dreckiges Wasser aus, wenn man kein reines hat.« Das kann man pragmatisch nennen. Oder zynisch.

»Vergangenheitspolitik« in der DDR

Das Beispiel Globke zeigt auch den, zumindest an der Oberfläche, höchst unterschiedlichen Umgang der beiden deutschen Staaten mit ehemaligen Nazifunktionären. In der DDR war Globke im Juli 1963 in Abwesenheit der Prozess gemacht worden, der mit dem Urteil zu lebenslangem Zuchthaus endete (das natürlich nie vollstreckt werden konnte). Das passte zum Selbstbild der DDR als dezidiert antifaschistischer Staatsgründung. Die daraufhin etablierte Rhetorik behauptete die Kriegsverbrecher und Nazitäter ausschließlich in der BRD. Skandale um ehemalige NS-Funktionäre und -Verbrecher im Westen wurden von den DDR-Medien genüsslich präsentiert. Auf der Ebene der Eliten setzte die SED tatsächlich auf neue Kräfte, vor allem kommunistische Widerstandskämpfer, die aus dem Moskauer Exil zurückkehrten. Auch im Ministerium für Staatssicherheit (MfS) achtete man auf ideologisch unbelastete Mitarbeitende. In anderen Bereichen aber konnten ehemalige NS-Kader, Wehrmachtsoffiziere oder einfache Mitglieder der NSDAP durchaus Karriere machen. Das geschah freilich im Geheimen unter der Oberfläche eines demonstrativen Antifaschismus (vgl. Gieseke, 2010, S. 82). Und das MfS wusste die Vorbelastung von aus der Haft Entlassenen für sich zu nutzen. Gerade vorzeitige Entlassungen waren eine gute Gelegenheit, inoffizielle Mitarbeiter zu akquirieren. Sobald sie einwilligten, mit der Stasi zu kooperieren, konnten sie sich deutliche Vorteile verschaffen (vgl. Gieseke, 2010, S. 82). Zudem nutzte das MfS überführte, aber nicht angeklagte NS- und Kriegsverbrecher als Informanten und Agenten. Historiker:innen sprechen von einer »geheimen Vergangenheitspolitik«. So wurden Ermittlungen gegen NS-Verbrecher gestoppt, wenn der Ruf angesehener Persönlichkeiten oder des Staates in Gefahr schien.

Rollenmuster in beiden deutschen Staaten

Eine ähnliche Diskrepanz zeigt sich in der Rolle der Frauen, die in den beiden deutschen Staaten sichtbar wurde: öffentlich stark voneinander unterschieden, unter der Oberfläche durchaus ähnlich. Rollenmuster sind eben stabiler, als politische Willensbekundungen das behaupten. Es war das Jahr 1949, als die Gleichberechtigung von Frauen und Männern Verfassungsrang bekam, in der BRD wie in der DDR. Allerdings behielt der Ehemann in der Bundesrepublik noch das sogenannte Letztentscheidungsrecht in der Ehe. Das bedeutet: Wenn das Ehepaar uneins war, durfte er bestimmen, ob ein Haus gebaut oder eine Waschmaschine auf Raten gekauft wurde, ob die Familie den Wohnort wechselte und auf welche Schule die Kinder gehen sollten. Die Frau hatte sich zu fügen. Zumindest rechtlich gesehen. Der Ehemann hatte sogar das Recht, das Arbeitsverhältnis seiner Frau fristlos zu kündigen oder sie zu einer außerhäuslichen Arbeit zu zwingen. Damit war dann 1958 mit dem Gleichberechtigungsgesetz Schluss. Von da an durften Frauen auch ein eigenes Konto haben. Allerdings gab es bis zur Familienrechtsreform der sozialliberalen Koalition im Jahr 1977 weiterhin die klare Aufgabenteilung, nach der die Frau den Haushalt zu führen habe. Stand ihre Berufstätigkeit dem entgegen, konnte der Ehemann sie verbieten.

In der DDR war die Gesetzgebung fortschrittlicher. Hier wurden nach 1949 relativ zügig alle Gesetze und Bestimmungen aufgehoben, die dem Gleichheitsgebot der Verfassung widersprachen. Aber das bedeutete nicht, dass tatsächlich Gleichberechtigung einkehrte. Ein Zitat der DDR-Justizministerin aus dem Jahr 1958: »Männer führen sich in ihren vier Wänden häufig noch als die Haustyrannen auf, die keine Unbequemlichkeit in Kauf nehmen wollen, die mit der Berufsarbeit der Frau verbunden wäre« (Hillauer, 2018). Der Forschung zufolge ging die deutlich höhere Beschäftigungsquote der Frauen in der DDR einher mit einer Doppelbelastung durch Beruf und Familienarbeit, bei ebenfalls niedrigerem Verdienst. Die Historikerin Miriam Gebhardt beschreibt die schwierige Situation der Frauen: »Von den Müttern […] wurde erwartet, dass sie nach vorne blickten, dass sie halfen, das Land wieder aufzubauen, und die Männer, wenn sie denn heimkehrten, mit offenen Armen empfingen und deren Wunden linderten. […] Dann aber sollten die Männer, so versehrt sie auch waren, so schnell wie möglich auf ihre angestammten Posten als Familienoberhäupter zurückkehren. Diese leicht schizophrene Rollenerwartung warf ihren Schatten in die nächste Generation« (Gebhardt, 2022, S. 116).

Hass und Entwertung in den Familien

In der Kindererziehung freilich ging es häufig gerade so weiter, wie es zu NS-Zeiten gelaufen war. Dank des wirtschaftlichen und sozialen Aufschwungs infolge des sogenannten Wirtschaftswunders wurde die materielle und gesundheitliche Versorgung vieler Kinder zwar sukzessive besser, nicht aber ihre emotionale Situation. Nach Kriegsende und dem Zusammenbruch des Naziregimes war mit dem bösartigen Narzissmus als Staatsräson, der die NS-Zeit geprägt hatte, zwar in der Öffentlichkeit Schluss – im Privaten aber nicht. Der Psychoanalytiker Werner Bohleber beschreibt, wie sich diese Dynamik in den Familien fortsetzte: »Vielfach wurden die Kinder als Selbstobjekte funktionalisiert, um den verunsicherten Eltern zu ermöglichen, ihre Selbstachtung und Identität aufrechtzuerhalten. An ihren Kindern versicherten sich solche Eltern der Gültigkeit von Wertvorstellungen, die nach 1945 öffentlich außer Kraft gesetzt waren« (Bohleber, 2009, S. 115). So seien den Kindern Erziehungsideale eingetrichtert worden, aus denen nur an der Oberfläche die NS-Ideologie getilgt war. Nicht zuletzt an den Schulen, an denen häufig noch nationalsozialistisch geprägte Lehrer unterrichteten. Auf diese Weise wurden »die Nachkommen zum Container für das unverarbeitete Leid und die Traumatisierungen, für abgewiesene Schuld und Verantwortung ihrer Eltern sowie für nicht aufgegebene Bestandteile der NS-Ideologie« (Bohleber, 2009, S. 107). Die Dynamik von Hass und Entwertung tobte sich innerhalb der Familien aus. Die Eltern funktionalisierten ihre Kinder als Selbstobjekte zum Erhalt ihres narzisstischen Gleichgewichts: »Eigene Schwäche und Versagen, nagender Zweifel und Schuldgefühle wurden projektiv in das Kind transportiert, dort deponiert und verachtet« (S. 115).

Für die Mehrheit der Deutschen war Anfang der 1950er Jahre das, was sie die »Bewältigung der Vergangenheit« nannten, erledigt. Selbst Bundeskanzler Adenauer forderte eine Amnestie für die Strafen, die von alliierten Militärgerichten verhängt worden waren. Aber aus der Perspektive von heute gab es bedeutende Einschnitte, die dafür sorgten, dass die nahezu kollektive Abwehr der deutschen Verantwortung für die Verbrechen in NS-Zeit und Weltkrieg dennoch Risse bekam: die Auschwitz-Prozesse, die 1963 begannen; die Studentenbewegung mit ihrem Höhepunkt im Jahr 1968; die TV-Serie »Holocaust«, die 1979 ausgestrahlt wurde; die Rede von Bundespräsident Richard von Weizsäcker zum 40. Jahrestag der deutschen Kapitulation; die Wehrmachtsausstellung des Hamburger Instituts für Sozialforschung, vor allem in ihrer ersten Version des Jahres 1995.

Der erste Auschwitz-Prozess

Vorausgegangen war den Auschwitz-Prozessen die Gründung der »Zentralen Stelle der Landesjustizverwaltungen zur Aufklärung nationalsozialistischer Verbrechen« in Ludwigsburg, eine Gemeinschaftseinrichtung der Bundesländer, die von 1958 an wichtige Vorarbeiten für den Prozess leistete. Aber es war vor allem zwei Männern zu verdanken, dass diese Prozesse zustande kamen: Hermann Langbein, Generalsekretär des Internationalen Auschwitz-Komitees in Wien, und Fritz Bauer, Generalstaatsanwalt des Landes Hessen. Das erste dieser Verfahren war ein Mammutprozess. 700 Seiten umfasste die Anklage vor dem Schwurgericht, als der Prozess am 16. April 1963 begann, 359 Zeug:innen aus 19 Ländern wurden gehört, 211 von ihnen ehemalige Häftlinge, darunter 100 aus Osteuropa, vor allem aus Polen und der Tschechoslowakei, aber auch aus Rumänien, der Sowjetunion und der DDR. Eine Delegation des Gerichts durfte 1964 für einen Ortstermin sogar das Lager in Auschwitz besichtigen. Inmitten des Kalten Krieges war das eine Sensation, weil es damals nicht einmal diplomatische Beziehungen zwischen Polen und der BRD gab (vgl. Winters, 2015). Was aber auf die Öffentlichkeit vor allem nachhaltig wirkte, waren die Medienberichte über den Alltag im »Zentrum der Endlösung der Judenfrage« – und die sture Reaktion der Angeklagten, die sich von den Zeugenaussagen wenig beeindruckt zeigten und jede Form von Einsicht oder Reue ablehnten. Sie seien Soldaten gewesen, hätten Befehle ausführen und bei Verweigerung massive Konsequenzen fürchten müssen. Bei dieser Weigerung blieb es bis zu den Urteilen am 20. August 1965. Sechs Angeklagte wurden zu lebenslangen Zuchthausstrafen verurteilt, die anderen zu unterschiedlich langen Freiheitsstrafen, drei aus Mangel an Beweisen freigesprochen. Gerhard Wiese, damals jüngster Staatsanwalt, bedauerte noch 50 Jahre später das Ausbleiben von Reue: »Wir hatten immer gehofft, dass einer wenigstens den Mut hat, da was zu sagen. Aber es ging nicht.«[12] Was er auch ein halbes Jahrhundert noch zufrieden betont: dass viele Schulklassen bei dem Prozess zugegen waren. Wir müssen uns das als eine Staatsbürgerkunde besonderer Art vorstellen.

---

12 https://justizministerium.hessen.de/audio/folge-21-2-frankfurter-auschwitz-prozess-ein-gespraech-mit-gerhard-wiese.

Der Kampf der 68er

Mit den Auschwitz-Prozessen hatte es eine Öffnung gegeben, die ihren Nachklang auch in der Auseinandersetzung der Studentenbewegung der kommenden Jahre erlebte. Im Umfeld des Jahres 1968 wurde die Bundesrepublik zum ersten Mal »von innen her gezwungen, sich politisch, moralisch und theoretisch mit ihrer Herkunft aus dem nationalsozialistischen Deutschland auseinanderzusetzen«, so der Historiker Lothar Baier, zum ersten Mal hätten sich die »Täter nicht ›vom Ausland‹, sondern von ihren Kindern, ihren Studenten, ihren Untergebenen ihrer Taten wegen zur Rede gestellt« gesehen (zit. nach Hammerstein, 2008). Einen wuchtigen Auftakt und frühen Höhepunkt erlebte diese Auseinandersetzung mit der berühmten Ohrfeige, die Bundeskanzler Kurt Georg Kiesinger von der Journalistin Beate Klarsfeld beim Bundesparteitag der CDU am 7. November 1967 bekam. Kiesinger stand aufgrund seiner NSDAP-Mitgliedschaft und seiner Tätigkeit als Ministerialdirigent der »Rundfunkpolitischen Abteilung« im Reichsaußenministerium in der Kritik. Wie Globke in der Ära Adenauer, galt Kiesinger als Symbol für die ungebrochene Tradition der NS-Eliten in der Bundesrepublik und zog die Polemik der Studierenden auf sich.

»Wir haben sogar einen ehemaligen Nazipropagandisten als Bundeskanzler!« hieß es empört in einem Flugblatt des Sozialistischen Deutschen Studentenbundes (SDS) von 1968. »Machen wir Schluß damit, daß nazistische Rassenhetzer, daß die Juden-Mörder, die Slawen-Killer, die Sozialisten-Schlächter, daß die ganze Nazi-Scheiße von gestern weiterhin ihren Gestank über unsere Generation bringt. Holen wir nach, was 1945 versäumt wurde: Treiben wir die Nazi-Pest zur Stadt hinaus. [...] Damit legen wir den gesamten Apparat dieser miesen Gesellschaft lahm, denn er besteht – bezeichnenderweise! zu einem lebenswichtigen Teil aus den alten Nazis« (Hammerstein, 2008). Die Kampfrhetorik ist unüberhörbar, und natürlich spiegelt sich hierin zu einem Teil auch die Erziehung in autoritär, wenn nicht gewalttätig geprägten Familien, aus denen die 68er stammten. In einem Interview gab der Politologe, Historiker und Journalist Götz Aly Einblick in die Seelenlage seiner Generation: »Wissen Sie, als '68er haben Sie eine 95 %ige Wahrscheinlichkeit, dass der Vater bei der Wehrmacht war und da schreckliche Dinge mitgemacht und erlebt hat. Sie haben eine mehr als 30 %ige Wahrscheinlichkeit, dass er Mitglied der NSDAP war und Sie haben eine weit über 60 %ige Wahrscheinlichkeit, dass er das Nazi-Regime toll fand, vielleicht nicht am Ende, aber zwischendrin. Dass sich etwas von diesem alten Gift, was unsere Eltern, was unsere Lehrer prägte, auf uns übertragen hat, das harte Freund-Feind-Denken, das ja auch im Kalten Krieg noch verstärkt worden ist bzw. fortgeführt wurde, das ist doch völlig klar« (Heckmann, 2018). Im weiteren Verlauf des Gesprächs stellt Aly einen wichtigen Bezug her, nämlich zum Ersten Weltkrieg, der sich über die Väter und Großväter ebenso ins Gefühlserbe der Familien eingeprägt hatte. Er nennt die Gewaltverherrlichung, den Autoritarismus und den »Revolutionarismus« seiner Generation als Spiegelung. Und von dort sei es, so Aly, dann tatsächlich nicht mehr allzu weit zu den politischen Morden der RAF (vgl. Heckmann, 2018).

Die TV-Serie »Holocaust«

Ganz anderer Gestalt, womöglich aber mit noch größerer Wirkung auf die gesamtgesellschaftliche Wahrnehmung der Naziverbrechen, war die Ausstrahlung der TV-Serie »Holocaust«. In vier Folgen, insgesamt etwa sieben Stunden lang, erzählte sie die Geschichte der Berliner Familie Weiss, die durch das NS-Regime ermordet wird. Vom amerikanischen TV-Network NBC produziert, war die Serie mit Schauspieler:innen wie Meryl Streep und James Woods prominent besetzt und wurde nach der Premiere in den USA im Frühjahr 1978 in mehr als 30 weiteren Ländern gesendet. In der Bundesrepublik hatte der WDR die Rechte gekauft und wollte sie eigentlich im ersten Programm der ARD ausstrahlen. Bei einer Abstimmung sprachen sich aber nur fünf von neun Fernsehdirektoren dafür aus, vier waren dagegen. Es drohte, dass einzelne Sender sich zurückziehen könnten, was eine wohl international wahrgenommene Blamage gewesen wäre. Stattdessen entschied man, »Holocaust« in den dritten Fernsehprogrammen zu zeigen und dafür, ein Novum, alle Dritten zusammenzuschalten. Im Januar 1979 war es so weit – und das Echo gewaltig. Die Sehbeteiligung lag zwischen 43 und 48 Prozent, unter den 14- bis 29-Jährigen sogar bei 68 Prozent. Nach Angaben der

Sender meldeten sich während der Ausstrahlung etwa 30.000 Zuschauer:innen telefonisch. Auch wenn es natürlich antisemitische Reaktionen gab, zeigten sich vor allem die Jüngeren bewegt. Ein WDR-Redakteur: »Mein persönlicher Eindruck: etwa 80 Prozent der Anrufe waren positiv. Gerade die Altersgruppe von 18 bis 35 war ernst, erschüttert und verstand nicht, dass keiner gegen das Naziregime eingeschritten ist« (Langels, 2019). Der Überlebende Simon Wiesenthal sah in dieser Betroffenheit gerade der jüngeren Generation eine »Ehrenrettung der deutschen Jugend« (Müller-Bauseneik, 2005, S. 131).

Bemerkenswert war die erregt bis polemisch geführte Debatte, ob eine personalisierte Geschichte, die nach den Regeln des TV-Dramas gedreht worden war, dem Thema gerecht werden konnte oder ob die Ausstrahlung dieses »fahrlässig gemachten Schunds« zur Ablösung von TV-Verantwortlichen führen müsste. Um Kompromisse bemüht, setzten die Programmmacher zusätzlich auf eine journalistische Auseinandersetzung mit dem Thema. So sendete die ARD eine Woche vor dem Start von »Holocaust« die Dokumentation »Endlösung. Judenverfolgung in Deutschland 1933–1945«. Zudem stellten die Bundeszentrale für politische Bildung und die Landeszentrale Nordrhein-Westfalen umfangreiches Begleitmaterial her und erlebten den größten Ansturm seit Bestehen. Insgesamt gingen 450.000 Anfragen ein, vor allem von Schulen, aber auch von Privatleuten. Zum Thema der Serie fanden Seminare von Volkshochschulen und anderen Bildungsträgern statt, und in den überregionalen Zeitungen und Zeitschriften kam eine »wahre publizistische Lawine« (Müller-Bauseneik, 2005, S. 129) ins Rollen. Die Gesellschaft für deutsche Sprache wählte »Holocaust« denn auch zum Wort des Jahres 1979. Seither ist das unser Begriff für den millionenfachen Mord an jüdischen Menschen.

»Die Rede« des Bundespräsidenten am 8. Mai 1985

Tatsächlich verwendete auch Bundespräsident Richard von Weizsäcker das Wort »Holocaust«, als er sechs Jahre später zum 40. Jahrestag des Kriegsendes am 8. Mai 1985 im Bundestag jene Rede hielt, die einen Einschnitt in der Wahrnehmung des Holocausts in Deutschland bedeutete. Nicht nur nannte er den 8. Mai einen »Tag der Befreiung«. Er habe »uns alle befreit von dem menschenverachtenden System der nationalsozialistischen Gewaltherrschaft«. Sondern er bekannte auch, dass der Völkermord an den Juden »beispiellos in der Geschichte« sei. Und hier jene Passage der Rede, in der der Bundespräsident mit dem angeblichen Unwissen der Deutschen aufräumte: »Jeder Deutsche konnte miterleben, was jüdische Mitbürger erleiden mussten, von kalter Gleichgültigkeit über versteckte Intoleranz bis zu offenem Hass. Wer konnte arglos bleiben nach den Bränden der Synagogen, den Plünderungen, der Stigmatisierung mit dem Judenstern, dem Rechtsentzug, der unaufhörlichen Schändung der menschlichen Würde? Wer seine Ohren und Augen aufmachte, wer sich informieren wollte, dem konnte nicht entgehen, dass Deportationszüge rollten. Die Phantasie der Menschen mochte für Art und Ausmaß der Vernichtung nicht ausreichen. Aber in Wirklichkeit trat zu den Verbrechen selbst der Versuch allzu vieler, auch in meiner Generation, die wir jung und an der Planung und Ausführung der Ereignisse unbeteiligt waren, nicht zur Kenntnis zu nehmen, was geschah. Es gab viele Formen, das Gewissen ablenken zu lassen, nicht zuständig zu sein, wegzuschauen, zu schweigen. Als dann am Ende des Krieges die ganze unsagbare Wahrheit des Holocaust herauskam, beriefen sich allzu viele von uns darauf, nichts gewusst oder auch nur geahnt zu haben« (von Weizsäcker, 1985).

Das Echo auf die Rede (anschließend als »Die Rede« sogar auf Schallplatte gepresst): gewaltig. Die Presse berichtete tags darauf auf den Titelseiten, nicht nur die bundesrepublikanische, auch die internationale. »Aus der inzwischen nahezu verdoppelten zeitlichen Distanz zum Kriegsende 1945 lässt sich konstatieren«, schreibt der Historiker Norbert Frei, »dass keiner anderen politischen Rede, die seitdem in Deutschland gehalten wurde – auch nicht in den geschichtsträchtigen Jahren 1989/90 – ein ähnliches Maß an Beachtung und internationaler Anerkennung zuteilgeworden ist wie jener Weizsäckers am 8. Mai 1985« (Frei, 2023, S. 271). Für viele Verfolgte war sie eine späte Anerkennung ihrer Leiden. Das zeigt auch das Dankesschreiben von Ralph Giordano an von Weizsäcker: Er bedanke sich dafür, auch im Namen seiner toten jüdischen Mutter, schrieb er. »Ich habe Ihren Worten in einer Art innerer Verzauberung gelauscht« (zit. nach Frei, 2023, S. 272).

Dass es nicht nur positive Reaktionen gab, liegt nahe. Franz Josef Strauß ließ dem Bundespräsidenten ausrichten, es sei geboten, die Vergangenheit, »in der Versenkung oder Versunkenheit« verschwinden zu lassen: »Die ewige Vergangenheitsbewältigung als gesellschaftliche Dauerbüßeraufgabe lähmt ein Volk!«[13] Aber mit dieser Auffassung befand sich der damalige bayerische Ministerpräsident in der Minderheit.

Die Wehrmachtsausstellungen

Welches enorme Erregungspotenzial gesamtgesellschaftlich in der Auseinandersetzung mit der deutschen Geschichte weiterhin steckt, zeigte dann zehn Jahre später die Wehrmachtsausstellung des Hamburger Instituts für Sozialforschung. Tatsächlich waren es zwei Wanderausstellungen, die erste von 1995, die zweite von 2001, die sich vor allem auf den Krieg in der Sowjetunion fokussierten. Die zweite war aus Sicht der Initiatoren nötig geworden, weil es offenbar Mängel in der historischen Aufarbeitung und Darstellung der ersten gegeben hatte – Anlass für heftige Polemik von Historikern, Medien und Veteranen. Verwunderlich war das nicht, denn die Ausstellungen brachen ein Tabu: Sie entlarvten die Legende vom ehrbaren deutschen Soldaten, der mit den Nazigräueln rein gar nichts zu tun gehabt hatte, als Abwehrstrategie, als Verleugnung. Tatsächlich, so belegten die Tafeln auf 400 Quadratmetern, waren die Kriegsverbrechen keine Zufälle aufgrund individueller Fehlhandlungen, sondern sie gehörten »integral zur Konzeption dieses Kriegs« (Reemtsma, 2004, S. 67). Was die Empörung in der Öffentlichkeit so eskalieren ließ, dass es bei Ausstellungseröffnungen immer wieder zu Demonstrationen von Veteranen (und Neonazis) kam, begründet Jan Philipp Reemtsma, Gründer und Mäzen des Instituts für Sozialforschung, so: »Die Verbrechen der Wehrmacht waren die Verbrechen des potentiellen Jedermann, die Wehrmacht bildete die größte Berührungsfläche zwischen Volksgemeinschaft und Regime, und wenn man von Verbrechen der Wehrmacht sprach, sprach man eben möglicherweise über die Nähe der eigenen Familie zu Massen- und Völkermord. Der Zivilisations-

---

13 Zit. nach: https://www.welt.de/geschichte/article238595059/Richard-von-Weizsaecker-Der-Streit-ueber-seine-Rede-zum-Kriegsende.html.

bruch war kein Abstraktum hinter Stacheldraht, weit draußen dort, wo keiner hinsehen konnte, sondern fand eben auch statt in Gräben, auf Feldern, in Waldstücken – und vielleicht war der eigene Vater, Onkel, Großvater dabei.« Tatsächlich seien viele in die Ausstellung gegangen, um ihre Väter zu suchen, so Reemtsma, »verrückt bei 1.400 Fotos und Millionen von Soldaten – aber einige haben ihre Väter gefunden, dahingestellt ob wirklich, ob in der Phantasie« (Reemtsma, 2004, S. 59).

Die Resonanz war enorm. Zur ersten Ausstellung, von 1995 bis 1999 präsentiert, kamen 900.000 Besucher, zur zweiten von 2001 bis 2004 etwa die Hälfte. Sie mussten oft lange Wartezeiten in Kauf nehmen. Mit spürbarer Zufriedenheit resümiert Jan Philipp Reemtsma zum Abschluss der zweiten Ausstellung: »Das Thema ›Verbrechen der Wehrmacht‹ ist in der bundesrepublikanischen Öffentlichkeit etabliert. Es wird nie wieder so über die Wehrmacht im Nationalsozialismus gesprochen werden wie vor 1995, wie vor den beiden Ausstellungen des Hamburger Instituts für Sozialforschung« (Reemtsma, 2004, S. 69).

Innerdeutsche Migration nach 1989

Die Wehrmachtsausstellung wurde natürlich auch bereits in den östlichen, zu jener Zeit noch »neuen« Bundesländern gezeigt. Die deutsche Spaltung, ein Ergebnis dieses Vernichtungskrieges, war mit der Wiedervereinigung am 3. Oktober 1990 de jure überwunden. De facto ist sie es bis heute nicht. Das Gefühlserbe gerade aus den ersten Jahren nach der Wende zu beschreiben, sprengt den Rahmen dieses Buches. Was ich aus der Perspektive der Abwehr destabilisierender Emotionen dennoch herausgreifen möchte, ist die millionenfache Marginalisierung von Lebensläufen. Sie verbindet sich mit einem Grundgefühl der DDR-Bürger:innen, das die enormen Reparationen an die Sowjetunion hervorgerufen hatten: »dass die gesamtdeutsche Kriegsschuld im Wesentlichen durch sie abbezahlt werden musste [...] und dass sie somit mehr ›erlitten‹ haben als ›die Brüder und Schwestern‹ im Westen« (Mitzscherlich, 2012, S. 161). Geschehnisse fühlen sich seltsam vertraut an: der Abbau von Industrieanlagen nach dem Krieg und die Abwicklung von Kombinaten nach der Wende;

die Heimatlosigkeit nach der Übersiedlung in den Westen, wo es Arbeit gab, wie das Ankommen in der Sowjetischen Besatzungszone (SBZ) nach der Flucht aus Schlesien. In einem berührenden Vortrag berichtete die Journalistin Sabine Rennefanz einmal davon, wie sie sich für ihr Studium in Berlin und Hamburg eine Familie aus Bremen erfand, um nicht preisgeben zu müssen, dass sie aus Eisenhüttenstadt kommt.

Welche Spuren die innerdeutsche Migration hinterlassen kann, erlebte ich in der Arbeit mit einer 1980 in der DDR geborenen Frau. Ihre Mutter hatte im Sommer 1989 die Familie verlassen und war zu ihrer Schwester in den Westen geflohen. Nach den Sommerferien mussten alle Schülerinnen und Schüler zum üblichen Fahnenappell auf dem Schulhof antreten, und dort erlebte das Mädchen, wie die Direktorin die Geflüchteten als »Verräter unserer Republik« diskreditierte. »Ich fühlte mich wie am Pranger. Während der Sommerferien hatte ich diese Sache, dass meine Mutter weg war, als individuelles Schicksal wahrgenommen. Mit dem Fahnenappell änderte sich das. Er machte offiziell, was vorher privat war.« Aber der Antrag der Restfamilie auf Ausreise wurde offiziell genehmigt und fiel in jene Zeit, in der die DDR auf ihr Ende zusteuerte. Die Ausreise fand fast zeitgleich mit dem Mauerfall statt, aber weil sie nach DDR-Recht geschah, musste der Vater seine Firma veräußern und den Hausstand verkaufen, verschenken oder wegschmeißen – ein ganzes Leben abwickeln. »Wir durften nur mitnehmen, was in ein Auto passte.« Die Analogien zur Vertreibung der Deutschen aus der Tschechoslowakei sind überdeutlich, auch die Ankunft im Westen erinnert an Erfahrungen aus der Nachkriegszeit. Die Familie landete in einer erzkatholischen Enklave in Niedersachsen, wo die Tante wohnte, die auch schon die Mutter aufgenommen hatte. Bei der Ankunft im Dorf war schnell klar, dass niemand auf die neuen Bürger gewartet hatte. »Wir waren Leute, die man komisch anguckt, Einwanderer«, erinnerte sich meine Klientin. »Ich fühlte mich wie in einem Umerziehungsprojekt und musste zum Beispiel eine andere Schrift lernen. Die DDR-Schrift war den Lehrern in der niedersächsischen Provinz nicht schnörkelig genug.« Es begann eine Zeit des Mobbings in der neuen Schule und der transzendentalen Heimatlosigkeit: im Westen die Ossis, im Osten die Wessis. Der Ausweg aus dem deutsch-deutschen Kontext: Frankreich, nach einem Studium der Romanistik. Hier arbeitet die Klientin heute für das Deutsch-Französische Jugendwerk und lebt in Paris. Sie sagt: »Ich bin ein bisschen neidisch auf Menschen, die an einem Ort verwurzelt sind, fühle mich aber anderen, die wie ich Erfahrungen von Fremdheit gemacht haben, stärker verbunden.«

Schmerz und Ressource, zwei Seiten der Migration, liegen nah beieinander.

Das laute Schweigen

Abspaltung in drei Generationen

»Was in der Geschichte unbewältigt bleibt, findet seinen Weg in die Gegenwart als eine traumatische Heimsuchung, die in ihrem Kern zutiefst sozial ist, aber in den entlegensten Nischen des individuellen Lebens ausgelebt wird« (Frosh, zit. nach Frie, 2021, S. 45). Dieser Satz des englischen Psychoanalyseforschers Stephen Frosh fasst zusammen, worum es bei den Gefühlserbschaften geht. Er enthält einen interessanten Hinweis: dass wir sie nicht unbedingt in den großen Linien unserer Existenz suchen müssen (das gibt es sicher auch), sondern dass sie sich gleichsam tarnen. Als Marotte, diffuse Angst, als Schuldgefühl, obwohl man doch gar nichts verbrochen hat, als Symptom, das Ärzt:innen nicht erklären können. In der Summe, das wissen wir, bestimmen sie unser Lebensgefühl weit mehr, als uns lieb ist, und definieren letztlich unsere Biografie.

Aber was ist es genau, das am Beginn dieser Kausalkette steht? Das zu erforschen, ist für uns Biodeutsche im dritten Jahrzehnt des dritten Jahrtausends schwierig geworden.[14] Die Menschen, die während der NS-Zeit Täter, Unterstützer, Mitläufer, Zuschauer, Verfolgte oder im Widerstand waren, sind bis auf wenige Hochbetagte gestorben. Wir können sie nicht mehr fragen, was sie erlebt haben, und ich kenne viele Menschen, die dieser verpassten Chance nachtrauern. Umso wertvoller sind Studien wie die, die ein Team um die Sozial-

14 Bei den Betroffenen anderer Konflikte, wie etwa der Kriege auf dem Balkan, ist das natürlich weiterhin möglich.

psychologin Gabriele Rosenthal in den 1990er Jahren erarbeitet hat: »Der Holocaust im Leben von drei Generationen« (Rosenthal, 1999b). Sie beruht auf Interviews mit Familien von Überlebenden der Shoah und von Nazitätern, also sowohl mit denen, die Verbrechen und Verfolgung verübt oder erlitten haben, als auch mit ihren Kindern und Enkel:innen.

Was zunächst auffällt, ist eine verblüffende Ähnlichkeit in der Dynamik der Familien. Die Forschenden erlebten in beiden Gruppen ein Schweigen über die Vergangenheit, die immense Wirkung von Familiengeheimnissen und Familienmythen, die Konflikte verdecken sollen. Die Kinder und Enkel:innen wehrten Informationen über die Familiengeschichte dezidiert ab, vor allem aber litten sie unter Schuldgefühlen, Vernichtungs- und Trennungsängsten. Sie hatten Schwierigkeiten, sich aus der Familie zu lösen, um für sich ein selbstbestimmtes Leben gestalten zu können (Rosenthal, 1999b, S. 18 f.). Zudem waren sie geplagt von Fantasien über die Vergangenheit und von psychosomatischen Reaktionen. Welche Dramatik hinter dem Schweigen lauern kann, zeigt eine Geschichte, die das Team um Gabriele Rosenthal während der Interviews erlebte: Der Enkel eines Nazitäters, der seinen Großvater doch ins Gespräch über seine Taten ziehen konnte, verriegelte in der Nacht darauf sein Zimmer. Er wurde gequält von der Fantasie, sein Großvater könne ihn erschießen, weil er dessen Vergangenheit auf der Spur war und sich womöglich die Loyalität zu ihm zu lösen begann (Rosenthal, 1999b, S. 20). Diese Vernichtungsängste bei Nachkommen von Tätern begegneten den Forscher:innen mehrfach. Sie zeigen auf schockierende Weise, welche Macht und Aktualität Jahrzehnte zurückliegende Taten entwickeln können. Das gibt es nicht nur in Psychothrillern mit einer Altersfreigabe ab 16, wie wir sie aus dem TV oder Kino kennen. Jürgen Müller-Hohagen, Psychotherapeut in Dachau, formulierte den Zusammenhang bereits 1988: »Dieses Buch [»Verleugnet, verdrängt, verschwiegen«] handelt davon, wie die verleugnete und verdrängte Nazivergangenheit auf seelischer Ebene weiterwirkt – und dies ›bis ins dritte oder vierte Glied‹. Wir sind heute in der Situation, diese alte biblische Erfahrung erschreckend konkret an uns selbst kennenlernen zu können« (Müller-Hohagen, 1988, S. 9).

Es ist gerade das Schweigen, das diese Weitergabe auslöst. Es ist ein lautes Schweigen. Auch wenn niemand darüber spricht, sucht sich das Verschwiegene seinen Weg: in Schlafstörungen, Albträume, Ängste und Somatisierungen. Wenn ich in Workshops danach frage, in wessen Familie dieses Schweigen herrschte, dann betrifft es etwa die Hälfte der Teilnehmenden. Die anderen berichten von einem gleichsam ritualisierten Erzählen der immer gleichen Geschichten. Sie haben vor allem ein Ziel: zu verdecken und die Familienmitglieder als Opfer dastehen zu lassen. Dieses Narrativ der Deutschen als Opfer kennen wir bereits, und es kann durchaus seine Berechtigung haben – solange das Bewusstsein für die Verantwortung für das Inferno und seine Folgen nicht verdrängt, die Beschreibung des Leids nicht zur Abwehr oder Bagatellisierung von Schuld missbraucht wird.[15] Interessant an der Kommunikation über die Erlebnisse der Vorfahren in Täterfamilien ist die Art, *wie* erzählt wird. Das Team um Harald Welzer, dessen hier schon erwähnte Studie zum Familiengedächtnis der Deutschen unter dem Titel »Opa war kein Nazi« einige Popularität bekam (vgl. Welzer et al., 2002), hat dafür den Begriff »leeres Sprechen« geprägt. Nichts ist konkret, weder die Handelnden, die Orte, der genaue Zeitpunkt noch das, was wirklich geschehen ist. Die nebulösen Benennungen, so die Autor:innen, machten es den Zuhörenden möglich, die Leerstelle genau mit jenem Sinn aufzufüllen, der ihrem eigenen Bedürfnis entspreche. Im Sinne der Familie also: die Biografie der Großeltern eben *nicht* in den Zusammenhang mit Verbrechen gegen die Menschlichkeit zu bringen.

---

15 Ein Hinweis zum Begriff »deutsches Leid«. Allein die Formulierung sei hochproblematisch, schreibt der deutsch-kanadische Psychologe und Historiker Roger Frie: »Weil sie an ein Verständnis von ›Deutschsein‹ oder ›Deutschtum‹ anknüpft, das die Erfahrungen all jener Deutscher ausschließt, gegen die im Namen der deutschen Nation eine völkermörderische Politik ins Werk gesetzt wurde – die Erfahrungen von Juden, Roma, Sinti, Schwulen, Lesben, psychisch und physisch Behinderten und anderen ›unerwünschten Personen‹« (Frie, 2021, S. 132).

Mythen und Heroisierungen

Teil dieser Strategie sind, was Welzer »Heroisierungen« nennt: kleine Geschichten, die Oma und Opa als gute Menschen in einer bösen Zeit dastehen lassen. Sie gingen weiterhin zu jüdischen Ärzten, obwohl es schon verboten war, zahlten Emigrierenden einen angemessenen Preis für Dinge, die jene zurücklassen mussten, gewährten später Juden oder Deserteuren eine Weile Unterschlupf oder entwickelten Freundschaften mit Zwangsarbeitenden. Widerstand unterhalb des Radars der Gestapo. Es hat diese Handlungen gegeben, und ich will sie nicht herabmindern. In einer menschenfeindlichen Umwelt menschlich zu handeln, ist ein hoher Wert. Die große Zahl der Geschichten entlarvt viele aber eben doch als das, was sie eigentlich sind: Mythen. Es sind Versuche, die Biografie geliebter Menschen an das positive Bild von ihnen in der eigenen Erinnerung anzupassen (wie aggressiv Angehörige reagieren können, wenn dieses Bild Risse bekommt, wird uns wieder begegnen, wenn es um die Recherche der Familiengeschichte geht). Diese Mythen gibt es millionenfach. Wenn im Jahr 2022 in einer repräsentativen Umfrage 28,7 Prozent der Befragten sagen, ihre Vorfahren hätten Verfolgten des Regimes geholfen, dann erleben wir ihren nachhaltigen Erfolg. Sie sind »Teil einer kollektiven Sehnsucht vieler Deutscher, Angehöriger einer Nation, die an dem Gewicht der Schuldgefühle und der Scham über den Holocaust schwer trägt« (Frie, 2021, S. 67).

Harald Welzer sieht darin »eine paradoxe Folge der gelungenen Aufklärung über die nationalsozialistische Vergangenheit: Je umfassender das Wissen über Kriegsverbrechen, Verfolgung und Vernichtung ist, desto stärker fordern die familialen Loyalitätsverpflichtungen, Geschichten zu entwickeln, die beides zu vereinbaren erlauben – die Verbrechen ›der Nazis‹ oder ›der Deutschen‹ und die moralische Integrität der Eltern oder Großeltern« (Welzer et al., 2002, S. 53). Es sei gerade das Wissen um das verbrecherische System des Nationalsozialismus, das bei den Nachfahren das dringende Bedürfnis erzeuge, »eine Vergangenheit zu konstruieren, in der die eigenen Verwandten in Rollen auftreten, die mit den Verbrechen nichts zu tun haben« (S. 207).

Wir sollten das auf keinen Fall abwerten, andere nicht dafür verurteilen, sie nicht beschämen oder mit Macht vom Gegenteil zu überzeugen versuchen. Es würde nur erneut Abwehr provozieren. Aber es wäre auch nicht angemessen. Wir haben kein Recht, so in die Psyche anderer einzugreifen. Nicht jeder Mensch ist so stabil, auch so individuiert – im klaren Bewusstsein des eigenen Selbst angekommen –, um sich einzugestehen, was Roger Frie in der Lage ist zu schreiben: »Ich erinnerte mich an die Situationen in meiner Kindheit, in denen ich mir wünschte, wenigstens einen Verwandten zu haben, der die Nazis bekämpft hatte. Dann, so meine Vorstellung, hätte ich mich nicht mit der Seite der Täter identifizieren müssen. Aber eine solche Heldengeschichte konnte ich nicht erzählen« (Frie, 2021, S. 100).

Das späte Leid der Überlebenden

Aber wie ging oder geht es den Opfern und ihren Nachfahren? »Während die nicht-verfolgten Deutschen versuchen, mit ihrem Sprechen zu verhüllen«, schreibt Gabriele Rosenthal, »versuchen die Überlebenden der Shoah zu enthüllen. Sie wollen Zeugnis ablegen, mit ihren persönlichen Erfahrungen belegen, welche fast unaussprechlichen Grausamkeiten in Europa von den Nazis und ihren Helfern begangen wurden. Damit stehen sie vor dem Problem, gerade das aufzudecken, was für sie so traumatisierend war, gerade darüber zu sprechen, was zu erzählen so schwerfällt, was nur unter erneuten Qualen in Geschichten gebracht werden kann« (Rosenthal, 1999a, S. 38). Wenn ich diese Zeilen lese, kann ich nur umso mehr Hochachtung empfinden für die letztlich doch zahlreichen Überlebenden, die sich diesen Qualen ausgesetzt haben und ihre Aufgabe darin sehen oder sahen, junge Menschen von ihrer unmittelbaren Erfahrung des Naziterrors zu berichten, um sie gegen menschenfeindliche Ideologien zu immunisieren.[16] Wie bedeutend das ist, bestätigte mir Wolf Ritscher in einem Gespräch über seine Bildungsarbeit mit Schüler:innen und Studierenden in der Gedenkstätte Auschwitz-

16 Ich erinnere mich, wie tief beeindruckt ich von einem Besuch des Publizisten Axel Eggebrecht in unserer Schule war. Er berichtete von seiner Inhaftierung im KZ und welchen Werten er sich als Journalist seither verpflichtet fühlte. Er hat meine Entscheidung, Journalist zu werden, maßgeblich beeinflusst.

Birkenau. Letztlich, so Gabriele Rosenthal, schütze es aber auch die Betroffenen selbst: »Unseres Erachtens führt das Nicht-Erzählen-Können von traumatisierenden Erlebnissen und Lebensphasen zu einer zweiten Traumatisierung nach der Leidenszeit. Wenn es nicht gelingt, Erfahrungen in Geschichten zu bringen, werden die in den erlebten Situationen entstandenen Traumatisierungen weiter verstärkt« (Rosenthal, 1999a, S. 39). Und die Nachfahren bleiben wie unter dem Bann der unverarbeiteten Erlebnisse.

Migration als Gefühlserbe

Diesen Mechanismus zu verstehen, hilft uns auch in der Begegnung mit Menschen aus Familien von Migrant:innen. »Die Migrationsgeschichte eines Menschen kann weiter zurückreichen als das eigene Leben«, sagte die Psychotherapeutin und Expertin für Trauma im interkulturellen Kontext Sibylle Rothkegel (2011) in einem Vortrag. »Auch im Kontakt mit Kindern und Jugendlichen aus Flüchtlingsfamilien heute zeigen sich häufig die Gespenster der Verfolger aus der Vergangenheit früherer Generationen.« Es handele sich dabei um unterschiedliche Gespenster, »denen aus der nicht-erinnerten Vergangenheit der Eltern, die unbewusste Zuschreibungen und Delegationen beinhalten, und denen, die ihre traumatischen Erfahrungen betreffen«. Kinder hätten oft den Wunsch, das an den Eltern begangene Unrecht wiedergutzumachen, und hätten, wie bereits zitiert, sehr häufig Schwierigkeiten im Separations- und Individuationsprozess. »Jegliche Form von Loslösung und Trennung ist für die Eltern psychisch so sehr mit der Gefahr der Endgültigkeit verknüpft, dass den Kindern auch als jungen Erwachsenen der Ablösungsprozess sehr schwerfällt« (Rothkegel, 2011). Und auch hier kann sich wieder die schädliche Wirkung des Schweigens zeigen. In einem weiteren Vortrag berichtete Sibylle Rothkegel vom Sohn eines gefolterten Kosovaren, der träumte, dass ein Monster alle verschlingt. Aus nur zu verständlichen Gründen hatte der Vater die Erlebnisse vor seinem Sohn verborgen gehalten. Mitgeteilt hatten sie sich ihm trotzdem. Hier gilt es, in einer sehr sensiblen Begleitung durch Therapeut:innen Wege des Sprechens zwischen den Generationen zu entwickeln und eine Verarbeitung zu ermöglichen.

Die Kraft der Ahnen

Traditionen und Ressourcen

Aus der Tiefe des Leids, der Traumata und ihrer Abspaltung wieder ins Freie zu kommen, ist eine Herausforderung. Eingangs hatte ich geschildert, wie befremdet Workshopteilnehmende immer wieder sind, wenn ich sie zu der Übung einlade, sich bewusst zu machen, was wir können, *weil* unser Leben genau diesen Verlauf genommen hat. Es hat ja Kraft gekostet, bei der Beschäftigung mit den Familiendramen und den daraus erwachsenen Traumata stabil zu bleiben. Zudem ziehen uns diese Geschichten zurück in eine Atmosphäre, die viele von uns nur zu gut kennen. In ihr haben unbeschwerte Freude und Optimismus keinen Platz, nur Pflichterfüllung und das sture Beharren darauf, dass man sich auf keinen Fall zu früh freuen dürfe. Wir sind eingezwängt in ein Korsett negativer Erwartungen, das unsere Familien geschnürt haben, gepaart mit einer nicht selten aggressiven Abwehr von Lebendigkeit (sie löst sich dann z. B. unter Einfluss von Alkohol, was andere Gefahren heraufbeschwören kann). »Wie kann ich ein glückliches Leben führen, wenn meine Familie so viel Leid erfahren musste?« Die Loyalität mit ihr kann bis in den Ahedonismus führen, das Gefühl, kein Anrecht auf ein gutes Leben zu haben, auf eine Liebesbeziehung oder eine eigene Familie (Moré, 2018, S. 235).

Wie können wir uns trotzdem öffnen für Ressourcen, positive Erfahrungen, Lebendigkeit, Freude und Optimismus? In Workshops lade ich dazu ein, aufzustehen und sich kräftig zu schütteln, abzuklopfen, laut zu seufzen. Das hilft schon mal. Und: Wir können uns dazu entscheiden. »Wir sollen es gut mit uns meinen«, sagt der Familientherapeut Wolf Ritscher. »Es macht keinen Sinn, wenn wir stellvertretend für die Opfer leiden. Das hilft den Opfern auch nicht mehr« (Rohde, 2022b). Wenn wir uns dem öffnen, was die Gesundheitswissenschaftlerin Christina Bethell den »Willen zum Wohlbefinden« (vgl. Hübl, 2021) nennt, dann können wichtige Dinge passieren: dass wir nach der Würdigung des Leids der Familie auf einmal ihr positives Erbe wahrnehmen können, jenen Teil der Familiengeschichte, der ihre Ressourcen darstellt. Dazu später mehr.

Ergebnisse der Übung, die ich am Beginn des Buches zitiert habe (S. 18), sind zum Beispiel, dass die Teilnehmenden aufgrund ihrer Sozialisation besonders feinfühlig für Stimmungen sind, empathisch, verlässlich, verantwortungsbewusst, leistungsbereit, pragmatisch, nicht so schnell unterzukriegen, früh selbstständig; sie können planen, organisieren und durchhalten, orientieren sich an lebenszugewandten Werten und sind sehr darum bemüht, ihren Kindern eine sicherere Bindung zu ermöglichen, als sie selbst sie bei ihren Eltern erlebt haben. Speziell DDR-Geborene sind zudem oft flexibel und erfindungsreich, sozial und solidarisch. Es sind die Tugenden der Boomer, die hier aufscheinen. Und dann gibt es noch individuelle Ressourcen, Talente, die in Familien vererbt werden. Abseits des angespannten Verhältnisses vieler zu ihren Eltern erlebe ich eine große Achtung vor deren Lebensleistung und dem Bemühen, den Kindern eine gute Ausbildung und einen wirtschaftlich abgesicherten Start ins Leben zu ermöglichen.

Um trotz des Haderns mit dem eigenen Leben, das viele kennzeichnet, zu den eigenen Ressourcen und der ganzen Fülle des Gefühlserbes durchzudringen, braucht es eine wichtige Fähigkeit. Sie wird durch den (zugegeben etwas sperrigen) Begriff »Ambiguitätstoleranz« bezeichnet. Damit ist die innere Möglichkeit gemeint, mit Vieldeutigkeit und Widersprüchen umgehen zu können, zu ertragen, wenn Dinge einfach nicht auf einen Nenner zu bringen sind, und sie trotzdem nebeneinander stehen zu lassen. Dazu gehört anzunehmen, dass wir in sehr belastenden Situationen Kompetenzen erworben haben, die uns heute helfen.

Resilienz als Erbe der Kriegskinder

Das mag durchaus ein Erbe aus der Kriegsgeneration sein. Geradezu idealtypisch formulierte dies die damals 91-jährige Künstlerin Ruth Rupp, als ich sie für ihre Biografie interviewte. »Ich habe im Krieg und in der Nachkriegszeit gelernt, Situationen, in die ich völlig unvorbereitet kam, zu meistern. Das lernte man oder ging unter. Das wirkt bis heute nach. Wenn ich heute irgendwelche Schwierigkeiten erlebe, dann beruhige ich mich ganz schnell wieder und sage mir: Rupp, du schaffst das schon. Das funktioniert eigentlich immer. Ich habe mir diese Schule des Lebens wirklich nicht gewünscht, aber von ihren Lektionen habe ich mein Leben lang profitiert. Ich weiß, so schnell bringt mich nichts um. Dieses Vertrauen ist in jener Zeit begründet worden. Diese Erfahrungen, die ich da machen musste – nichts davon war ja freiwillig! –, haben sich in meinem ganzen Leben ausgezahlt. Ich erschrecke über vieles gar nicht, wo Jüngere denken, oh Gott, jetzt geht die Welt unter.« Dann folgte ein nachdenklicher Blick. »Aber es ist, ich will ehrlich sein, auch das einzig Positive an jener Zeit« (Rohde, 2018a, S. 79 f.).

Wenn ich in die männliche Linie meiner eigenen Familie schaue, dann sehe ich dort den Mut zur Selbstständigkeit und beruflichen Neuorientierung. Das habe ich geerbt. In der weiblichen Linie gibt es abseits der Neigung, sich sehr viele Sorgen zu machen und alle Probleme schon prophylaktisch durchdacht zu haben, die Fähigkeit, Krisen fokussiert und tatkräftig anzugehen. Wenn es wirklich schwierig wurde, sortierte meine Mutter ganz ruhig und kompetent, was als Nächstes zu tun war. Und als Nächstes. Und als Nächstes. So navigierte sie durch die Probleme. Auch das sicher eine Fähigkeit, die sie als junge Frau, bei Kriegsbeginn 17 Jahre alt, entwickelt hatte. Wie Ruth Rupp war sie emanzipiert und mit meinem Vater ganz selbstverständlich auf Augenhöhe, bevor in den 1970er Jahren die große Zeit der Frauenbewegung begann. Dass mein Vater beim Arbeitgeber meiner Mutter anrufen und ihren Job kündigen könnte, wie es bis 1977 rechtlich möglich war? Eine lächerliche Vorstellung.

Die Familie als Quelle von Werten

Es sind diese Traditionen, an die wir anknüpfen. Die Familie als Quelle von Werten und Orientierung. Birgit Neumann-Becker, von 2013 bis 2024 Beauftragte des Landes Sachsen-Anhalt zur Aufarbeitung der SED-Diktatur, erlebte in ihrer Kindheit und Jugend Eltern, die sich nicht gegen den Staat auflehnten, aber immer ihre eigene Haltung bewahrten. Sie erzählt: »Bei Familienfesten gab es immer einen geschichtlichen Exkurs, bei denen Themen besprochen wurden, die in der Öffentlichkeit keinen Platz hatten. Dazu gehörte Katyn [das Massaker des sowjetischen Inlandsgeheimdienstes an polnischen Offizieren im Jahr 1940, S. R.], dazu gehörten die sowjetischen Speziallager, der 17. Juni und die Inhaftierung von DDR-Bürgern. Das durfte auf keinen Fall nach außen getragen werden. Es war völlig klar, dass das tabu ist.« Als Jugendliche bekam sie Rückhalt aus der Familie, als sie selbst ins Visier der Polizei geriet: mit ihrem Aufnäher »Schwerter zu Pflugscharen«. »Für mich war es ein unglaubliches Erlebnis: von der Polizei vorgeladen zu werden, zwei Polizisten gegenüberzusitzen, die mich in die Mangel nahmen und mir drohten, dass ich mein Abitur vergessen könnte, wenn ich diesen Aufnäher nicht entferne. Ich wusste, dass die Drohung ernst gemeint war, und entschied mich, den Aufnäher abzumachen. Es war eine unglaublich verletzende, beschämende Situation. Und ich sagte zu mir: ›Okay, Leute, ich mach das jetzt, aber das vergesse ich euch nicht‹« (Rohde, 2023, S. 47). Dieses Versprechen sich selbst gegenüber hat Birgit Neumann-Becker eingehalten und kümmerte sich bis April 2024 um die Aufarbeitung der SED-Diktatur.

»Wir sollten nach Möglichkeit erforschen, wie die Menschen, die im Dritten Reich mitgemacht haben, aufgewachsen sind, und wie diejenigen, die Widerstand geleistet haben«, schreibt Luise Reddemann und berichtet: »Meine Freundin Anneliese Knoop-Graf war die Schwester von Willi Graf, Mitglied der ›Weißen Rose‹. Ich habe sie gefragt, wie seid ihr aufgewachsen. Sie erzählte von einem liebevollen Elternhaus ohne Gewalt« (Reddemann, 2015, S. 150).

Es ist dieses Erbe, aus dem wir schöpfen. Sowohl im Privaten wie im Kollektiv. Kulturinitiativen, Geschichtswerkstätten, Hospizvereine und viele andere Organisationen leben von einem zivilgesellschaftlichen, weit überwiegend ehrenamtlichen Engagement. Eine reiche und bunte Landschaft ist da entstanden, mit immer neuen Trends und Impulsen, an der sehr viele Menschen Anteil haben. Es ist ihnen ein tiefes inneres Bedürfnis. Wenn wir uns in einem strukturierten Prozess, den ich später vorstellen werde, durch unser Leben bewegen und unsere Aufmerksamkeit gezielt auf dieses Engagement richten, geschieht Bedeutsames: Wir stärken unser Selbstwertgefühl und erleben Selbstwirksamkeit.

Aus negativen Erfahrungen Kraft schöpfen

Mit Freude erinnere ich mich an ein Interview mit Thomas Schock, beim Volksbund Deutsche Kriegsgräberfürsorge zuständig für die Umbettung von neu entdeckten Kriegstoten auf offizielle Kriegsgräberstätten in ganz Europa. Keine schöne Arbeit, so stellte ich mir vor, aber Schock brauchte im persönlichen Gespräch nur wenige Minuten, mich vom Gegenteil zu überzeugen. Voller Begeisterung erzählte er von seinen Reisen zu Kriegsgräberstätten in ganz Europa, von der kulturellen Vielfalt, den Begegnungen dort und davon, wie sich Menschen über den Gräbern der verfeindeten Vorfahren versöhnen. »Eine Kriegsgräberstätte ist ein Mahnmal, ein Monument gegen den Krieg«, sagte er. »Unsere Arbeit betrifft natürlich den einzelnen Toten, wir wollen Schicksale klären und Angehörigen die Möglichkeit geben, einen Ort für ihre Trauer zu finden. Vor allem aber wollen wir mit diesen Friedhöfen Frieden schaffen. Das klingt paradox, aber es funktioniert. Das zeigen auch die internationalen Jugendbegegnungen, die wir organisieren.«

Auch aus negativen Erfahrungen lässt sich Kraft schöpfen. Die bereits erwähnte Nadine Burke Harris, Ärztin und Expertin für belastende Kindheitserfahrungen, weist darauf hin, dass diese Belastungen das Durchsetzungsvermögen stärken könnten, die Empathie vertiefen, die Entschlossenheit, andere zu schützen und zu fördern. Eine Geschichte aus der Studie von Gabriele Rosenthal und Kolleg:innen ist ein Beleg dafür. Sie berichten von einer geradezu klassischen Abfolge der transgenerationalen Weitergabe von Schuld: Der Großvater war ein Täter des Naziregimes, über dessen Taten in seiner Familie geschwiegen wurde. Dafür sorgte vor allem die Großmutter. Den Sohn quälten Gedanken, wie er wohl selbst in jener Zeit gehandelt hätte. Durch diese Wendung der Täterfrage auf die eigene Person machte er sich gleichsam zum Schutzschild für seinen Vater und übernahm zumindest emotional einen Teil der Schuld (Ritscher, 2017, S. 57). Der Enkel wiederum, 1970 geboren, schloss sich der »Aktion Sühnezeichen Friedensdienste« an und ging zum Zivildienst nach Frankreich, wo der Großvater während des Krieges im Einsatz war (vgl. Rosenthal, 1999b). Eine Wiedergutmachung im Sinne der Gerechtigkeitsbilanz der Familie. Und jetzt ist die spannende Frage: Erleidet der Enkel dies als Buße – oder hat er in der Überwindung der großväterlichen Schuld ein neues, friedensstiftendes Moment im Familiensystem etabliert? Vielleicht ist es beides, und genau dieser Ambivalenz begegnen wir oft.

Friedensarbeit im Ausland

Vor einer Weile hatte ich die Gelegenheit, mit einer Gruppe junger Leute zu sprechen, die ein Freiwilliges Soziales Jahr für Aktion Sühnezeichen Friedensdienste (ASF) in Norwegen absolvierten.[17] Sie arbeiteten in einem Dokumentationszentrum, das in einem ehemaligen SS-Strafgefangenenlager eingerichtet worden ist, in einem jüdischen Wohn- und Seniorenzentrum, in dem auch Holocaustüberlebende wohnen, sowie in mehreren Einrichtungen für Behinderte. Es war spannend zu hören, was die jungen Frauen und Männer, alle um die 20 Jahre alt, zu diesem Engagement veranlasst hatte. Einige folgten dem Vorbild älterer Geschwister, bei anderen waren es die Eltern, die das Interesse für Geschichte geweckt hatten. Sie berichteten von ihrem Engagement im politischen Bereich, von ihrem Willen, Verantwortung zu übernehmen und ihren Teil zu einer lebendigen Erinnerungskultur beizutragen. ASF leitet die Teilnehmenden an, sich vor Beginn des Auslandsjahres über die eigene Familiengeschichte zu informieren, und so konnten sie von einer intensiven Auseinandersetzung damit berichten. Ein junger Mann erzählte von seinem Urgroßvater, der, aus Schlesien vertrieben, am hinteren Gartenzaun seines Reihenhausgrundstücks Stacheldraht montiert hatte, um Diebe vom Ausbuddeln seiner Kartoffeln abzuschrecken. Der Grusel anderer über Besteck mit Hakenkreuzprägung im Keller kam in dem inspirierenden Austausch ebenso zur Sprache wie das befremdliche Hamstern von Großeltern, eskalierend während der Pandemie. Eine junge Frau teilte das Erschrecken über ihre Großeltern, das sie immer wieder ereile: »Was, die waren wirklich Nazis und Teil des Volkes, das Juden umgebracht hat? Das ist so unvorstellbar!« Hier hatten Vater und Onkel Recherchen über die Familiengeschichte angestellt und die Ergebnisse mit den Kindern besprochen. Vieles klang so, wie es auch in den Workshops mit Boomern klingt. Es kam das ganze Spektrum der deut-

---

17 Norwegen war neben den Niederlanden das erste Land, in dem die von einem ehemaligen Mitglied der Bekennenden Kirche gegründete Organisation von Freiwilligen mit ihrer Arbeit begann. In Norwegen, ab 1940 von der Wehrmacht besetzt, hatten die deutschen Besatzer Ende 1944 die komplette Infrastruktur und Bebauung des Nordens zerstört und die Bevölkerung vertrieben, um das Vorrücken der Roten Armee zu behindern.

schen Erfahrungen zum Vorschein, wie sie im Familiengedächtnis gespeichert sind, und genauso ihre Abwehr durch die Vorfahren. Was aber einen wichtigen Unterschied macht: Welch positive Resonanz die Freiwilligen von den Norweger:innen auf ihr Engagement bekamen – nicht nur, dass sich auch junge Menschen für das Schicksal des einst besetzten Landes interessieren, sie wollen sogar aktiv Friedensarbeit leisten.

Seit 1958 gibt es diese Tradition des Friedensdienstes. Die Teilnehmenden, mit denen ich sprach, gehören zur vierten Generation Freiwilliger. Es war beeindruckend zu erleben, wie reflektiert und engagiert diese jungen Menschen mit ihrer Verantwortung für die Rolle der Deutschen in der Geschichte umgehen. Und: ermutigend.

Ein anderer Blick auf Migration

Aus der Perspektive auf die Ressourcen heraus öffnet sich auch ein anderer Blick auf Migration, liege sie nun mehrere Jahrzehnte, wenige Jahre oder auch nur ein paar Monate zurück, kamen die Migrant:innen nun aus Pommern und Schlesien, Südeuropa, der Türkei, Ex-Jugoslawien, Vietnam, Afrika, Nahost oder anderen Weltregionen, aus denen sich Menschen aufgrund von Krisen, Krieg oder der Hoffnung auf eine bessere Zukunft zu uns auf den Weg machten. Der fast ausschließliche Tenor unserer Wahrnehmung: Probleme, große Probleme. Und die Verpflichtung der Migrant:innen, sich gefälligst schnell zu integrieren. Der luxemburgische TV-Journalist Ranga Yogeshwar hat dafür wunderbare Worte gefunden: »Manche scheinen zu glauben, Integration heiße, einem Kenianer so lange Deutsch beizubringen, bis er blond und weißhäutig ist.« Stattdessen, fordert er, müssten wir die Hochnäsigkeit in Bezug auf die eigene Kultur fallen lassen. »Es geht um ein gemeinsam vereinbartes Betriebssystem, eine Form der Freiheit, der Toleranz, der Regeln, alles, was im Grundgesetz festgehalten ist. Und wer sich daran hält, den akzeptiere ich auch in seiner Eigenheit.«[18] Was viele Menschen unserer Mehrheitsgesellschaft tatsächlich ausblenden, ist der ungeheure kulturelle Reichtum, den die mittlerweile mehr als 20 Millionen Menschen mit Migrations-

18 yogeshwar.de/?p=1998.

geschichte in der Familie nach Deutschland gebracht haben. Dass wir den Wohlstand dieses Landes auch ihrer Arbeitskraft, Leistungsbereitschaft und Kreativität verdanken. Und wie viel Mut, Energie, Überlebenswillen, Problemlösungskompetenz und Flexibilität sich allein darin ausdrückt, sich in einem anderen Land eine Existenz aufbauen zu wollen. Das verdient Anerkennung und Respekt.

Dass es bei der Integration Probleme gibt, steht außer Zweifel. »Ein neues ›Wir‹ wird ausgehandelt«, sagt der Soziologe Aladin El-Mafaalani, in Deutschland geborener Sohn syrischer Einwanderer (zit. nach Reifegerste, 2019). Natürlich werde es dabei ungemütlich, eine geschlossene Gesellschaft sei eben bequemer, eine offene stressreicher. Den Rechtspopulismus findet der Soziologe deswegen hochplausibel, er sei ein Schließungsmechanismus gegen eine zunehmende Öffnung der Gesellschaft. »Wir müssen versuchen, die Offenheit zu halten. Die allermeisten Menschen wollen die Offenheit und würden es nicht aushalten, im Deutschland der 60er Jahre zu leben« (Funk, 2018). Für mich kann ich sagen: auf keinen Fall!

Triggerpunkte

Die bedrängende Aktualität der Geschichte

»Willst du etwa, dass demnächst Syrer bei dir zu Hause einquartiert werden?« Der unangenehme Höhepunkt einer Party des Jahres 2024. Das Gespräch der Gäste hatte sich irgendwann der Problematik des Zustroms von Geflüchteten nach Deutschland zugewendet, und die Meinungen prallten zunehmend heftiger aufeinander. »Das Boot ist voll«-Rhetorik kam in heftigen Widerspruch zu Prinzipien von humanitärer Verpflichtung für Not leidende Menschen, Behauptungen von Migration in Sozialsysteme standen gegen Verweise auf deutschen Wohlstand. Bis eben dieser Satz fiel: dass die Zwangseinquartierung der Geflüchteten drohe, würde ihrem Zustrom nicht Einhalt geboten.

Um es mit einem Begriff der Soziologen Mau, Lux und Westheuser zu formulieren: Die Diskussion über Geflüchtete hatte einen »Triggerpunkt« erwischt. Der Begriff stammt aus der Physiotherapie und beschreibt verhärtete oder verkrampfte Zonen des Körpers, deren Berührung Schmerzen in anderen Körperregionen auslösen kann. Auf die Gesellschaft übertragen seien Triggerpunkte »jene neuralgischen Stellen, an denen Meinungsverschiedenheiten hochschießen, an denen Konsens, Hinnahmebereitschaft und Indifferenz in deutlich artikulierten Dissens, ja sogar Gegnerschaft umschlagen«. Und weiter: »Werden Triggerpunkte berührt, so unser Verständnis, überwiegt die affektive gegenüber der kognitiven Komponente von Einstellungen. Es wird schneller und stärker aus dem Bauch heraus geurteilt – man springt auf etwas an« (Mau, Lux u. Westheuser, 2023, S. 247).

Neuralgische Stellen, Affekte statt Kognition, Handeln aus dem Bauch heraus: Wir können hier ein Gefühlserbe vermuten. Im beschriebenen Fall der Geburtstagsparty war es wohl eine nicht verarbeitete Fluchtgeschichte von Eltern aus Schlesien. Ob sie und die Großeltern tatsächlich zwangseinquartiert werden mussten, um endlich Aufnahme zu finden – die Stimmung an jenem Abend lud eher nicht dazu ein, das Gespräch darauf zu bringen. So spiegelte die heftige Abwehr dieser Aufnahme wider, was die Vertriebenen nach dem Zweiten Weltkrieg erleben mussten: als Heimatlose vor dem Nichts zu stehen, inmitten einer feindlich gesinnten Umwelt, die ihre Besitzstände zu wahren trachtete.

Für eine Gesellschaft, die sich der Humanität und der Demokratie verbunden fühlt, wäre die Aufgabe offenkundig: historische Lasten ins Bewusstsein zu holen, individuell, familiär und kollektiv, um nicht aus den abgespaltenen Gefühlen der Vergangenheit heraus an den Herausforderungen der Gegenwart zu scheitern. Denn jeder Krieg oder Bürgerkrieg, jede Hungers- oder wirtschaftliche Not, jede politisch, religiös oder ethnisch motivierte Verfolgung schafft für unser Thema neue Aktualität. In einem Bericht aus dem April 2022 listete der UN-Generalsekretär António Guterres 49 staatliche und nichtstaatliche Akteure auf, die zu jenem Zeitpunkt sexualisierte Kriegsgewalt ausübten. All diese bedrängenden, potenziell tödlichen Gefahren bringen Menschen dazu, ihre Heimat zu verlassen, um irgendwo sonst auf der Welt ein anderes, ein besseres Leben für sich und ihre Kinder zu beginnen.

Was das individuell bedeuten mag, beschreibe ich in den folgenden Kapiteln, woran es kollektiv immer wieder scheitert, können wir im Grunde Tag für Tag den Medien entnehmen. In einer Zuspitzung von Krisen, die wir erleben, gibt es einen »starken Rückgriff auf das vermeintlich Traditionelle, den Nationalstaat, das Althergebrachte und eine Abwehr jeder Art von Veränderungszumutungen«, konstatiert Steffen Mau (Rabe, 2024). Wenn AfD-Funktionäre wie Björn Höcke die Inklusion nach UN-Behindertenrechtskonvention als »Ideologieprojekt« und das Holocaustmahnmal in Berlin als »Denkmal der Schande« diskreditieren und trotzdem auf zweistellige Wahlergebnisse zusteuern – dann sehen wir daran, wie das dunkle Erbe der deutschen Geschichte mittlerweile wieder aktivierbar ist.

Seine Anzeichen zeigen eine verstörende Aktualität. Als die Hamas am 7. Oktober 2023 einen unfassbar brutalen Terroranschlag auf Israel verübte, bei dem 1.200 Menschen ermordet und 240 Geiseln verschleppt wurden, hielten sich in Deutschland die Solidaritätsadressen an jüdische Mitbürger:innen in Grenzen. Tatsächlich inspirierte dieser Terrorakt eher antisemitische Aktionen, weltweit, aber eben auch hierzulande. Der Schriftsteller Durs Grünbein zeigte sich daraufhin schockiert. »Daß sich der nackte Judenhaß, die Fratze des Antisemitismus, einmal wieder so unverstellt zeigen würde, dies in Deutschland, in Westeuropa, an amerikanischen Universitäten und anderswo, dies ist eine Erfahrung, die alles, was mir als verbürgt und gesichert galt, in Frage stellt« (Grünbein, 2023). Was vier Wochen zuvor an einem strahlenden Oktobertag in Israel geschehen sei, gehe ihn persönlich an, es sei der Mangel an Empathie für die jüdische Sache, der ihm zu schaffen mache. Freilich sahen das längst nicht alle Deutschen so. Zumal an deutschen Unis waren es eher Pro-Palästina-Demos, die für Aufmerksamkeit sorgten. Was die »taz« ebenso gallig wie zutreffend kommentierte: So müsse man sich nicht mit den Verbrechern im eigenen Stammbaum auseinandersetzen. »Die deutschen Kinder, die heute ›Free Palestine from German guilt‹ rufen, verkörpern und performen selbst die nicht verarbeitete deutsche Schuld« (Gutmair, 2023). Eine bizarre Diskussion begann, eine Art Leidenskonkurrenz des Schreckens. Ich möchte mich vorbehaltlos dieser Aussage von Stefan Jakob Wimmer[19] anschließen: »Wir alle dürfen nicht zulassen, dass menschliches Leid der einen Seite weniger wahrgenommen oder geringer ge-

19 Professor für Ägyptologie und Vorsitzender des Vereins »Freunde Abrahams«, der sich dem Miteinander der drei monotheistischen Weltreligionen Christentum, Judentum, Islam verschrieben hat.

wertet wird als das der anderen Seite. Und wir dürfen niemals mehr zulassen, dass sich jüdische Menschen in München, in Deutschland von Antisemitismus bedroht fühlen müssen« (Wimmer, 2024, S. 9).

Ist etwas ins Rutschen gekommen? Wir sind an einem kritischen Punkt der Erinnerungskultur. So sieht es auch der Historiker Norbert Frei. »Die Psychodynamik der Generationenfolge will es, dass sich für die Kinder des Krieges mit dem Verschwinden der letzten aus den Jahrgängen der Eltern die Perspektiven auf die Vergangenheit noch einmal deutlich verändern – bis hin zur Chance, sich selbst und die eigene Kohorte als Opfer zu erkennen: des Bombenkriegs, der Vertreibung, der ererbten Schuldgefühle. Die Identifikation mit den Opfern des Holocaust, einstmals Ausdruck einer bewussten Distanzierung von der Elterngeneration, tritt darüber offenbar in den Hintergrund.« Damit stünden »den wenigen noch lebenden Opfern des Holocaust und anderer nationalsozialistischer Verbrechen sowie deren Kindern und Kindeskindern inzwischen immer mehr Deutsche gegenüber, die sich ihrerseits als Opfer begreifen« (Frei, 2009, S. 30 f.).

Aber dann begannen die Demonstrationen eben doch. »Nie wieder ist jetzt!« lautete auf einmal das Motto, das in den Monaten der Jahreswende 2023/24 fast eine Million Menschen in Deutschland auf die Straße zog. Ohne Zweifel eine beeindruckende Bekundung für Freiheit, Menschlichkeit und Demokratie. Interessant war, wie diese Bewegung ausgelöst wurde. Eben nicht vom Antisemitismus, der nach dem Terrorüberfall der Hamas auf deutschen Straßen losgebrochen war. Auslöser der Massendemos war stattdessen ein Bericht des Recherchenetzwerks »Correctiv« über eine Konferenz in Potsdam, bei der AfD-Mitglieder und andere Rechtsextreme über die massenhafte Ausbürgerung von Deutschen mit Migrationshintergrund getagt hatten. »Remigration« hieß ihre Parole. Die Idee des österreichischen Rechtsextremen Martin Sellner, der auf der Konferenz sprach, erinnere an die Deportationspläne der Nationalsozialisten, schrieb »Correctiv«. »Potsdam«, »Konferenz«, »Rechtsextreme«, »Ausbürgerung« – die Analogien reichten aus, um die Verbindung zur Wannseekonferenz im Januar 1942 herzustellen, bei der hohe NS-Funktionäre über die systematische Ermordung von bis zu elf Millionen Juden Europas berieten. Und schon war der Topos »Wannseekonferenz 2.0« in der Welt. Niemand kann im Ernst die Angemessenheit dieses Begriffs behaupten. Bemerkenswert ist er trotzdem: ein Triggerpunkt. Denn wir erlebten, wie Parallelen gezogen wurden, die sich nur gleichsam assoziativ auf historische Fakten bezogen, sich aber seltsam vertraut *anfühlten.* Josef Schuster, Präsident des Zentralrats der Juden, beschrieb das zutreffend: Der industrielle Massenmord an den europäischen Juden sei in seiner Kaltblütigkeit und Wahnhaftigkeit singulär in der Geschichte. »Das Treffen in Potsdam von AfD-Funktionären mit der Identitären Bewegung zeugt aber ohne Frage von einer Brutalität im Denken, das sich gegen die Grundfesten unserer demokratischen Gesellschaft richtet« (Tagesspiegel, 2024).

Dass wir diese Menschen nicht erreichen werden, ist klar. Es geht um die anderen, die zu sensibilisieren sind. Sie zu stützen, zu informieren, Foren zu schaffen, in denen wir sprechen können – das ist wichtig. Und diese Aufgabe wird uns bleiben.

Einladung zur Reflexion

Fragen und Übungen

Wie haben historische Ereignisse das Leben und die Geschichte Ihrer Familie beeinflusst? Gab es womöglich massive Einschnitte, deren Wirkung Sie heute noch wahrnehmen können?

Geschichte und Politik

- Welche Geschichten und Ereignisse in diesem Kapitel haben mich am meisten berührt?
- Sind diese Themen in der Schule besprochen worden? Wenn ja, wie?
- Wie erlebe ich mein eigenes Interesse an diesen Themen?

Familiengeschichte

- Von welchen Ereignissen weiß ich, dass sie meine Familie nachhaltig beeinflusst haben?
- Welche Fragen dazu drängen sich mir jetzt auf?
- Was kann ich tun, um sie zu beantworten?

Migration

- Gibt es eine Migrationsgeschichte in meiner Familie?
- Wie klingen die Gespräche über die ehemalige Heimat?
- Wie geht es mir, wenn ich diese Geschichten höre?

Triggerpunkte

- Welche Themen in der aktuellen Diskussion berühren mich besonders emotional?
- Gibt es ein Gefühlserbe, das sich darin zeigen könnte?
- Wie stellen sich Familienmitglieder, Freund:innen oder Kolleg:innen dazu?

Übung

Fotoalbum – Ein emotionaler Ausflug in die Geschichte

1. Schritt: Holen Sie die Fotoalben hervor, die Sie haben, und schauen Sie sie mit frischem Blick wieder an. Auf welchen Seiten, auf welchen Fotos spiegelt sich der Einfluss von historischen oder politischen Ereignissen darin? Ein paar Hinweise: das Zuhause der Familie, bevor es im Krieg zerstört wurde; die Oma, die immer noch von Hitler schwärmte; Verwandtenbesuch aus DDR oder BRD; Besuch in der alten Heimat der Familie.

2. Schritt: Notieren Sie, welche Empfindungen die Fotos bei Ihnen auslösen. Alternativ können Sie auch einen Brief an das Fotoalbum schreiben.

▸ Weitere Materialien zur Selbsterforschung finden Sie online auf www.vandenhoeck-ruprecht-verlage.com bei der Anzeige dieses Buches unter der Rubrik »Downloads«.

Expedition ins Gefühlserbe

Licht in das Dunkel bringen

Struktur für die Recherche

»Hier stimmt doch etwas nicht …!« Dieser Satz stand am Beginn des Kapitels über die Historie und jene Geschichten, die im Familiengedächtnis daraus entstanden sind. Er bringt zum Ausdruck, was wir als Zweifel, als Unbehagen in uns tragen, wenn es um die Erlebnisse unserer Vorfahren in früheren Zeiten geht. Wir spüren die Brüche hinter dem Schweigen, hinter den Deckgeschichten und Heroisierungen und wollen endlich Aufklärung. Wie belastend ist die Unklarheit, und wie viel Entlastung könnte es bringen, endlich zu wissen, was wirklich war. Sehr eindringlich steht mir die Geschichte einer Teilnehmerin meines allerersten Kriegsenkel-Workshops vor Augen. Sie erzählte von der Weigerung ihrer Großmutter, dem Verbleib ihres im Krieg verschollenen Mannes nachzuforschen, jenes Mannes, der als großes Ölgemälde im Wohnzimmer über der Familie thronte. Als die Großmutter gestorben war, war auch dieser Bann gebrochen, und die Enkelin machte sich unmittelbar an die Recherche nach dem Großvater. In für sie erschütternd kurzer Zeit konnte sie klären, wo er gestorben war und wann – fast 50 Jahre zuvor. Als sie davon erzählte, brach noch einmal die Wut auf die Großmutter aus ihr hervor und auf die Last der ungeklärten Vergangenheit, die sich wie eine schwere Decke auf die Familie gelegt hatte. »Wie viel freier hätte ich mich die ganzen Jahre fühlen können!«

»Mit mir stimmt doch etwas nicht …!« Auch dieser Satz kann zur Erkenntnis über die Familiengeschichte leiten. Eingangs hatte ich typische Symptome eines verdrängten Gefühlserbes aufgelistet, rätselhafte Marotten oder charakteristische *Special Effects*, die wir an uns erleben, zumeist erleiden, aber uns nicht erklären können. Das Frösteln im Winter, auch bei hohen Raumtemperaturen, der Kampf mit dem Gepäck vor jedem Urlaub wieder, die Unfähigkeit, Dinge loszulassen oder Essen wegzuschmeißen, selbst wenn es verdorben ist. In der Literatur habe ich verblüffende Beispiele gelesen, etwa ein bedrängendes Engegefühl im Hals, unter dem der Enkel eines Vertriebenen litt – bis er erfuhr, dass sein Großvater kurz nach Kriegsende von einem tschechischen Plünderer gewürgt worden war (Mitzscherlich, 2012, S. 167).

Wollen wir uns befreien von diesen transgenerationalen Lasten und ihrer schicksalhaften Qualität, müssen wir Licht ins Dunkel der Familiengeschichte bringen. Ich möchte niemanden abschrecken, wenn ich sage: Das ist keine kleine Sache. Zunächst kostet es Mühe und Zeit, die Wege von mindestens zwei Herkunftsfamilien, der mütterlichen und der väterlichen, durch Krieg, Staatsterror, Flucht oder Vertreibung nachzuzeichnen. Wie das ganz praktisch gelingen kann, werde ich in diesem Kapitel skizzieren. Vor allem aber ist es eine emotionale Herausforderung – für uns selbst wie für die Familie. Auch darum wird es in diesem Kapitel gehen: Wie wir zu einer inneren Klärung kommen, die uns diese Recherche ermöglicht; und welche Auswirkungen das auf unsere Familie und unser Verhältnis zu ihr haben kann.

Bevor wir damit einsteigen, möchte ich eine Struktur für die Recherche vorstellen, die sich als hilfreich erwiesen hat: das »psychoarchäologische Schichtenmodell« der Therapeutin Ulrike Pohl (2021). »Psychoarchäologisch« bedeutet: Es werden Erlebnisse und Wahrnehmungen, die in uns vergraben sein können, gleichsam freigelegt. Eine wichtige Rolle darin spielen »Fundstücke«, Münzen oder Tonscherben einer Ausgrabung gleich, die wichtige Hinweise geben. Das können Fotos, Urkunden, Tagebücher sein. Ulrike Pohl bezeichnet drei Dimensionen, die uns zu einem tieferen Verständnis unserer und der Geschichte unserer Familie verhelfen können.

Die historischen Ereignisse: Sie beziehen sich auf den Hintergrund von Nationalsozialismus, Verfolgung und Holocaust, Krieg, Flucht und Vertreibung sowie Nachkriegszeit. Analog dazu können Menschen anderer Kulturkreise, deren Familie nach Deutschland migriert ist, die historische Situation des Herkunftslandes erforschen. Vor diesem Hintergrund, der in Büchern und Filmen umfangreich dokumentiert ist, verstehen wir, was passierte.

Die Positionierung der Handelnden: Welche Rolle hatten die Mitglieder unserer Familien? Waren sie Täter, Mitläufer, Zuschauer, Verfolgte, Opfer oder Mitglieder des Widerstands? Dabei konnte es durchaus Überschneidungen geben, zum Beispiel Täter, die Opfer wurden, oder Opfer, die sich in ihrer Rache zu Tätern wandelten. Das ist wichtig für das Verständnis derer, die handelten.

Die psychischen Auswirkungen: Hier finden wir das ganze Spektrum der Gefühlserbschaften, die ich im Kapitel »Das Gefühlserbe in unserem Leben« ausführlich beschrieben habe: Traumata, abgewehrte Schuld oder Trauer, Ängste, psychosomatische Symptome, Bindungsstörungen. Sie sind das, was in besonderer Weise auf uns Nachgeborene übertragen wurde.

Ergänzend zu den drei Dimensionen aus dem Modell von Ulrike Pohl möchte ich eine vierte vorschlagen: *konkrete Erfahrungen und Erlebnisse.* Denn gerade sie können uns den Weg zum Verständnis jener rätselhaften Verhaltensweisen und Symptome weisen, die wir an uns selbst wahrnehmen.

Diese Dimensionen sind Hilfsmittel, um die mitunter unübersichtliche Recherche der Familiengeschichte zu strukturieren. Diese Dimensionen wirken, wie wir uns vorstellen können, auf sehr individuelle und vielfältige Weise aufeinander ein. Wie hilft uns das beim Verständnis unserer eigenen Geschichte und Lebenssituation? Ein Beispiel, das Bettina Alberti aus ihrer Praxis beschreibt:

»Ich habe mich immer gefragt, warum meine Mutter so hart zu uns Kindern war. Wenn ich weinte, wurde ich in eine Kammer gesperrt. Bei Krankheit musste ich trotzdem zur Schule, sogar mit einer beginnenden Lungenentzündung. Dann fand ich ein Tagebuch meiner Großmutter von der Flucht 1945, meine Mutter war damals zwölf Jahre alt. Die Großmutter schrieb: ›Die Kindheit meiner Tochter ist mit dem heutigen Tag beendet. Ich muss sie jetzt zwingen, erwachsen zu sein, jede Gefühlsduselei gefährdet unser Leben. Wenn wir durchkommen wollen, dürfen wir nicht mehr weinen.‹ Das hat mir das Verhalten meiner Mutter verständlich gemacht. Gefühle zeigen, Gefühle haben – das ging nicht. Und die Gefühle ihres Kindes, meine, wurden zur Gefahr für ihre traumatisierte und verschlossene Seele. Mein Weinen, meine Angst, meine Schwäche – das bedrohte sie« (Alberti, 2014, S. 17).

Welche Dimensionen zeigen sich hier?

Das historische Ereignis: die Flucht aus Ostpreußen vor der vorrückenden Roten Armee.

Die Positionierung der Handelnden: eine Familie in Lebensgefahr, also in der Rolle der Opfer, zumal das zwölfjährige Mädchen.

Die psychischen Folgen: eine Traumatisierung dieses Mädchens, das als spätere Mutter Schwäche und Weinen bei der eigenen Tochter bestraft.

Aus dieser Zusammenschau versteht die Frau als Klientin in einer Therapie, warum sie selbst von ihrer Mutter mit solcher Härte behandelt wurde. Das öffnet die Möglichkeit zu Verständnis und vielleicht sogar Dialog. Den Weg zum Verständnis bereitet, wie bei einer archäologischen Ausgrabung, ein Fundstück: das Tagebuch der Großmutter.

In diesem Beispiel ist die Rolle des zwölfjährigen Mädchens vollkommen klar: Sie ist das Opfer. Beziehen wir mit ein, wie sie sich später ihrer Tochter gegenüber verhält, verwischen die Grenzen. Wird sie nicht zur Täterin, wenn sie ein weinendes Mädchen in eine Kammer sperrt? Diese Bewertung ist ein kritischer Punkt, vor allem bei abgewehrter Schuld. Denn erst einmal neigen wir aus Loyalität zur Familie dazu, die Verantwortung der Vorfahren zu bagatellisieren oder gar zu verleugnen. Natürlich habe ich meinen Vater zunächst als Opfer des Krieges gesehen, hatte er doch seinen Unterarm in einem Feldlazarett verloren. Wie er die Amputation erlebte, gehörte zu den wenigen Geschichten, die er aus seiner Zeit an der Front in Russland erzählte. Was er nicht erzählte, was ich auch nicht erfragte, erfuhr ich erst 15 Jahre nach seinem Tod (dazu mehr im Epilog). Der Übergang zwischen Opfern, Tätern, Zuschauern, Kollaborateuren und Mitläufern ist nicht selten fließend. Wie sollen wir das bewerten? Erst einmal gar nicht, ist meine Einladung. Zunächst reicht es zu erforschen, was geschah und was die Vorfahren taten. Schnelle Bewertungen erschweren den Prozess. Sie engen uns ein.

Dass es in totalitären Systemen, unter Staatsterror und im Krieg unendlich schwer sein kann, ethischen Grundsätzen zu folgen, steht außer Zweifel. Trotzdem sollten wir sie nicht aufgeben. Anlässlich der Wehrmachtsausstellung hielt Jan Philipp Reemtsma eine bemerkenswerte Rede über die Handlungsspielräume der Soldaten und formulierte in schlichten Worten einen Grundsatz, der allgemeingültig ist: »Das tatsächliche Verhalten von Menschen reicht vom Verbrecher bis zum Helden. Den Helden bewundern wir, aber wir verlangen von niemandem, ein Held zu sein. Umgekehrt verlangen wir von jedem, dass er kein Verbrecher werde« (Reemtsma, 2002, S. 22). Die Übergänge dazwischen sollen wir sorgsam prüfen. Wächst in uns der Verdacht, dass Vorfahren diesen Grundsatz verraten haben könnten, wird es unangenehm. Erst recht, wenn er sich bestätigt. Schon die Beschäftigung mit dieser Frage und den Dimensionen der Psychoarchäologie kann sehr bedrängend sein. Aber wie auch nicht? Wir befassen uns mit Geschichten, die Gefühle auslösen, die unsere Vorfahren abgewehrt haben: Angst, Scham, Entsetzen etwa. Diese Gefühle müssen wir nun an uns heranlassen, wenn wir wahre Aufklärung erreichen wollen. Wenn ich mich auf einen solchen Prozess vorbereite, ist ein Satz von Luise Reddemann mir eine wichtige Leitlinie. Im Gespräch sagte sie mir: »Man muss sich gut nähren, wenn man sich diesen Themen zuwendet. Sich immer wieder mit heilsamen Dingen umgeben und befassen – sonst geht man unter! Es ist nicht hilfreich, darin zu versinken.«

»Darf ich das wissen wollen?«
Innere Klärung

Das Telefonat dauerte etwa eine Dreiviertelstunde, als mein Gesprächspartner seine Unruhe nicht mehr bezähmen konnte: »Wir müssen aufhören, ich kann jetzt nicht mehr über dieses Thema sprechen.« Das Thema: der Großvater, der bei der SS gewesen war. Ein Opa, den er als liebevoll und unterstützend erlebt hatte. Die wochenlangen Depressionen, unter denen er nach einem Besuch in der Berliner Ausstellung »Topografie des Terrors« gelitten hatte. Seine insgesamt gedämpfte Lebensfreude trotz guter Lebensumstände. Die Sorge um seine Töchter als Nächste in der transgenerationalen Kette. Die Frage, ob er seine Familienrecherche von einem Coaching begleiten lassen wolle. Zu diesem Zeitpunkt waren bereits zwei Jahre vergangenen, in denen der Mann, ein Architekt, sich mehrfach zu meinen Workshops angemeldet hatte, um die Teilnahme dann jedes Mal wieder zu stornieren. An einem nahm er schließlich teil und bat im Anschluss um das Telefonat, dessen Termin er zweimal verschob. Am Ende des Gesprächs, das schließlich stattfand, verabredeten wir einen ersten Coachingtermin. Eine Woche vorher sagte er ab. Einen weiteren Kontakt gab es nicht.

Dieses Ringen um die Frage, ob sie nun wirklich den Scheinwerfer der Aufmerksamkeit ins Dunkel der Familiengeschichte halten wollen, habe ich bei vielen Menschen erlebt. Am Beginn jedes Workshops, der sich diesen Themen zuwendet, ist die Erregung der Teilnehmenden mit Händen zu greifen. Manche bekennen, dass sie kurz davor waren, ihre Teilnahme abzusagen. Es ist die Angst, sich einem Familiengeheimnis zu nähern und damit ein Tabu zu brechen, die sich erst noch lösen muss (wie stärkend dabei die Erfahrung der Gruppe ist, sei hier schon erwähnt; ich komme später darauf zurück). Und nur natürlich ist es, dass in diesem Ringen genau jene Abwehrmechanismen aktiviert werden, die bedrängende Themen schon Jahrzehnte vom Familiengedächtnis ferngehalten haben – auch der Abwehrmechanismus ist ja ein Gefühlserbe.

Die Angst, die wir in dieser Situation spüren, hat verschiedene Facetten. Sie äußert sich in einer Frage wie dieser: »Darf ich das überhaupt wissen wollen?« Die Antwort des Familiensystems lautet in der Regel: »Nein!« Ein Geheimnis soll selbstverständlich geheim bleiben, und jeder, der daran rührt, verletzt die Loyalität der Familie. Allerdings braucht es noch nicht einmal ein laut ausgesprochenes Verbot. Mindestens genauso wirksam kann das Tabu in einem verbietenden Elternintrojekt gespeichert sein, das wir in uns tragen. Wenn unsere Gedanken nur in die Nähe einer aufklärerischen Frage kommen, steigt das Stresslevel, spüren wir eine Angst, die uns intuitiv zurückschrecken lässt.

Darin kann sich eine Angst vor Strafe, vor der Verbannung aus dem Familienverbund ausdrücken, es kann aber auch die Angst sein, die Eltern zu verletzen oder emotional zu destabilisieren. In ihrem Buch »Der lange Schatten der Täter« beschreibt Alexandra Senfft, warum sie zunächst die Fragen nach ihrem Großvater Hanns Ludin, Hitlers Stellvertreter in der Slowakei, vermieden hatte: »Ich war zwar damit aufgewachsen, dass der Vater meiner Mutter ein Nazi war, und hatte dazu stets eine klare ablehnende Haltung. Doch auch ich hatte bis ins Erwachsenenalter nie genauer gefragt oder gar recherchiert, was seine Funktion als SA-Mann in Süddeutschland und dann als Gesandter in der Slowakei praktisch bedeutet hatte. Ich bin in das

Leugnen und Schweigen hineingeboren worden und habe das verklärende Familiennarrativ lange unbewusst mitgetragen oder jedenfalls nicht hinterfragt. Früh stellte ich fest, dass ich meine Mutter mit jeder Frage nach meinem Großvater verletzte, und so tat ich, was Kinder in solcher Situation eben tun: Ich schonte sie durch Nichtfragen« (Senfft, 2016, S. 20). Diese Schonung hat eine systemische und eine kollektive Seite, wie die Psychoanalytikerin Erika Krejci erläutert: Viele aus der Elterngeneration hätten keineswegs befragt werden wollen, und die Kinder ihrerseits hätten nicht gewusst, wonach und wie sie fragen sollten, »und hatten auch nie gelernt, darauf zu vertrauen, dass es heilsame Anteilnahme gibt. Vielmehr gab es in vielen Familien eine Art Pakt des Schweigens, so als wäre Schweigen die verständnisvolle Schonung des anderen« (Krejci, 2005, S. 105 f.).

Nun gestaltet sich jede Recherche sehr individuell. Bei einem hohen Funktionär eines Regimes oder einer Partei wird es schwerer sein, den Fakten auszuweichen, als bei einem Soldaten der unteren oder mittleren Ränge oder bei Menschen, die einfach mitgeschwommen sind im Strom eines Unrechtsstaats. Für das, was es emotional bei uns auslöst, scheint mir diese Einordnung wenig bedeutsam. Schließlich sitzen wir nicht zu Gericht, um das Ausmaß einer Schuld zu bewerten, sondern erleben als Kinder, Enkel:innen, Neffen oder Nichten, wie eine Qualität von Unrecht, Gewalt, Verrat oder Unmenschlichkeit in unsere ganz individuellen Beziehungen hereinbricht. Erinnern wir uns an die Fälle, die öffentlich wurden nach dem Zugänglichmachen der Stasiunterlagen, mit denen Ehepartner, Familienangehörige und beste Freunde als Spitzel enttarnt wurden. Eine emotionale Katastrophe für die Opfer der Spitzel. Deswegen wendet sich eine wichtige Frage dem konkreten Inhalt unserer Recherche zu: »Will ich wirklich wissen, was ich da erfahren könnte?« Es ist sicher kein Zufall, dass viele Jahrzehnte vergehen mussten, bis die Kriegskinder sich ihrer Geschichte annahmen, bis die Kriegsenkel mit der Aufklärung der Familienhistorie begannen. Nicht zuletzt lag es auch daran, dass diejenigen, die wirklich noch Täter gewesen sein konnten, bereits gestorben sind. Die Vorstellung, sie mit einem Verdacht direkt konfrontieren zu müssen, war für die meisten einfach zu schrecklich.

Die nächste Frage schließlich lautet: »Was bedeutet das, was ich erfahre, für *mich?*« Wenn wir uns der Tatsache aussetzen müssen, dass ein Mensch, dessen Gene und Gefühlserbschaften wir in uns tragen, ein Verbrecher gewesen ist, kann das eine Identitätskrise auslösen. Vor einigen Jahren wurde die erschütternde Geschichte der Schriftstellerin Jennifer Teege veröffentlicht. Die Tochter eines Nigerianers und einer Deutschen, die im Alter von vier Jahren zur Adoption freigegeben worden war, musste durch den Fund eines Buches in einer Buchhandlung feststellen, dass sie die Enkelin von Amon Göth ist, jenes KZ-Kommandanten, der im Film »Schindlers Liste« mit seinem Gewehr vom Balkon der Lagervilla wahllos auf Häftlinge schießt. Ein Schock für die Frau mit dunkler Hautfarbe. »Mein Großvater hätte mich erschossen«[20], erkannte sie. Nach der Entdeckung brach sie erst einmal zusammen, fiel in eine Depression, suchte nach Ähnlichkeiten zum Großvater in ihrem Gesicht und verfolgte ängstlich, ob sie oder ihre Kinder einen ähnlichen Jähzorn zeigen wie er. Ein therapeutischer Prozess und eine intensive Recherche mündeten schließlich im Schreiben des Buches, das sie bekannt machte. Im Interview sagte sie dazu: »Was zu Beginn ein großer Schock war, hat sich als sehr positiv für mich und mein Leben herausgestellt« (Fischer, 2013).

Das Buch, das einem beim Stöbern in die Hände fällt, oder das Tagebuch aus dem Nachlass; das Foto in einem Album, das wir längst kannten, aber jetzt das erste Mal wirklich genau anschauen; der wie nebenbei gesprochene Satz der Großmutter, deren beginnende Demenz die Mauern des Schweigens bröckeln lässt. All das kann den Prozess in Gang setzen. Es sind jene Fundstücke, die uns in die Hände fallen und ein Ausweichen vor dem, was wir ja lange schon gespürt haben, nicht mehr zulassen. Oder es drängen die Symptome, die sich als Gefühlserbschaften in der Psyche, im Körper, in Beziehungen oder im Lebensweg zeigen. Wir wollen sie nicht mehr einfach so hinnehmen. Eine Workshopteilnehmerin berichtete von ihrer Tochter, die sich geradezu obsessiv mit Kriegsthemen befasse und schon mit 14 Jahren begonnen habe, ein düsteres Buch zu schreiben: die Geschichte eines jungen Mädchens, das in einem Kerker sitzt, aber nicht weiß, wie es dorthin gekommen ist und von wem es dort festgehalten wird. Die Mutter: »Während ich ihr Buch las, war es für mich kaum

20 Untertitel des Buches »Amon«, das Jennifer Teege gemeinsam mit Nikola Sellmair geschrieben hat.

fassbar, welche Not und welchen Schrecken sie in ihren jungen Jahren zu beschreiben vermag – eine Schilderung in Todesnähe, von der sie aus eigener Erfahrung nichts wissen konnte.« In der Beschreibung des Buches spiegelt sich die Ohnmacht der Opfer, die ohne eigenes Zutun, gar Verschulden in eine ausweglose Situation gekommen sind. Das bringt auf den Punkt, was Verfolgte totalitärer Systeme erleiden mussten und müssen. Und ein 14-jähriges Mädchen schreibt es auf. Ist dies die emotionale Buße für Verbrechen, die Vorfahren begangen haben, oder eine transgenerationale Weitergabe der Erfahrung als Opfer? In diesem Fall weiß ich es nicht, aber es kann auch beides sein. In vielen Familien gibt es durchaus eine spannungsreiche Gleichzeitigkeit von Täter- und Opferaspekten in früheren Generationen.

Schauen wir auf diese andere Seite der Opfer, dann sind es nicht weniger unangenehme Gefühle und Symptome, die den Anlass zu einer Familienrecherche geben: überbordende Trauer, Scham, Wut, Rache und wiederum Angst. Nämlich davor, erneut ein Opfer werden zu können, was eine tiefe Unsicherheit ins Leben bringt. Diese Angst erleiden seit dem Erstarken antisemitischer Kräfte in Deutschland unsere jüdischen Mitmenschen. Ein Essay der jüdischen Autorin Nele Pollatschek in der Süddeutschen Zeitung hat mich sehr beeindruckt. Sie schreibt: »Der Preis, den man dafür zahlt, als Jude in Deutschland zu leben, ist, dass man sich nie sicher ist, ob man gerade einen riesigen Fehler begeht. Dass man manchmal anfängt, Wohnungen in einem Land zu suchen, in dem man nicht mal Urlaub machen will. […] Und dann fragt man sich, ob man völlig paranoid ist, weil man manchmal plötzlich gehen möchte, oder heillos naiv, weil man bleibt. Dieses Dilemma lässt sich nicht mehr auflösen. Damit müssen wir leben, und es ist peinlich zuzugeben, dass es nicht immer leichtfällt. Vielleicht ist das alles, was es jetzt zu sagen gibt: Macht es bitte nicht schwerer« (Pollatschek, 2022). Als nichtjüdischer Deutscher Adressat dieser Bitte zu sein, hat mich einerseits beschämt, andererseits motiviert, ein umso wacheres Bewusstsein für Antisemitismus in meiner Umgebung zu behalten.

Wie ich im Abschnitt »Triggerpunkte« (S. 135 ff.) geschrieben habe, kann auch das Mitgefühl mit einer Not wie jener, der Nele Pollatschek Ausdruck verleiht, der Impuls sein, die eigene Position in einer sich verschärfenden gesellschaftlichen Krise zu klären. Meiner Überzeugung nach gelingt das besser, wenn damit die Klärung des eigenen Gefühlserbes einhergeht. Denn es spielt ja immer mit, ob wir wollen oder nicht, ob wir davon wissen oder nicht. Wissen wir davon, können wir uns konkret auseinandersetzen, transgenerationale Traumata bearbeiten, uns von Altlasten befreien und uns um eine Integration dieser Themen kümmern – nicht zuletzt im Sinne unserer Kinder. Ich habe auch die Erfahrung gemacht, die von Kolleg:innen geteilt wird: Wir kümmern uns um diese Themen, wenn sie dran sind (und jetzt lesen Sie, liebe Leserin, lieber Leser, ja bereits ein Buch darüber). Die Seele kennt so etwas wie ein Timing und weiß, wann wir diesen Dingen gewachsen sind.

Was wir nicht wissen, sondern nur ahnen können: wie andere Familienmitglieder auf unsere Recherchen reagieren werden.

Zwischen Loyalität und Autonomie

Im Spannungsfeld der Familie

»›Gib acht auf den Namen der Familie‹, sagte ein Onkel zu mir, der den ganzen Abend still gewesen war, ›du darfst ihn nicht in den Schmutz ziehen.‹ Fast zärtlich fasste er mich ans Kinn und legte seine Hand an meine Wange, wie es mein Vater immer tut. Später im Auto fühlte ich mich erbärmlich« (Batthyany, 2017, S. 76).

Diese kleine Szene aus der autobiografischen Geschichte des Schweizer Journalisten Sacha Batthyany lässt uns auf subtile Art spüren, wie machtvoll dieses System ist, das die Bezeichnung »Familie« trägt. Und mit welcher Selbstverständlichkeit andere Mitglieder für sich beanspruchen zu entscheiden, was wir über diese Familie und ihre Geschichte wissen, erst recht natürlich veröffentlichen dürfen. Sacha Batthyany hat das Erlebnis mit seinem Onkel nicht davon abgehalten, die Beteiligung seiner Vorfahren an einem schockierenden Verbrechen aufzuklären und ein beeindruckendes Buch darüber zu schreiben (Batthyany, 2017).[21] Auch Alexandra

21 Das Geschehen, das Sacha Batthyany aufzuklären versucht: Wenige Wochen vor Kriegsende hatte die Gräfin Margit Thyssen-Batthyány im österreichischen Rechnitz ein Fest gegeben. Nachdem die Gäste das Schloss verlassen hatten, erschossen sie am Bahnhof 180 Juden, die dort auf den Weitertransport warteten.

Senfft ist diesen Weg gegangen, als sie die Familiengeschichte und die NS-Vergangenheit ihrer Großeltern aufschrieb und veröffentlichte. Ihrer Beziehung zur Familie hat das nicht gutgetan: »Manche halten mich für eine Nestbeschmutzerin, weil ich mich nicht loyal an das Familiendiktat halte. Es gibt Angehörige, die mich wegen meiner kritischen und öffentlich geäußerten Haltung gegenüber der NS-Vergangenheit meiner Großeltern wahlweise als geltungssüchtig, unwissend, inkompetent oder von billigem Gewinnstreben motiviert angegriffen haben« (Senfft, 2016, S. 20). Als Leser dieser beiden Bücher kann ich den Autor:innen nur für ihren Mut und ihre Konsequenz danken.

Nun ist es das eine, die Geschichte der Familie zu recherchieren, das andere, diese Geschichte auch zu veröffentlichen. Aber es gibt darin einen gemeinsamen Kern, der andere Familienmitglieder dazu bringen kann, die Beschäftigung damit rundweg abzulehnen, nach Möglichkeit zu verhindern oder sogar zu verbieten. Weil damit eine Mauer des Schweigens eingerissen wird und ins Bewusstsein der Familie kommt, was auf keinen Fall ins Bewusstsein kommen durfte. Das ist ja der Sinn von Abwehrmechanismen: all das unterm Deckel zu halten, was uns destabilisieren könnte. Wenn es aber gewusst wird, müssen wir uns dazu verhalten und einen Umgang damit finden. An dieser Stelle wird deutlich, warum die Entscheidung, die Abgründe der Familiengeschichte auszuloten, nicht nur eine individuelle Komponente hat, die mit der inneren Klärung abgeschlossen ist. Sie hat natürlich auch eine systemische Komponente. Wir wirken damit in das Familiensystem hinein und fordern gleichsam jede und jeden auf, sich ebenfalls dieser Klärung zu stellen. Und wieder greifen die Abwehrmechanismen. Manche vermeiden das Thema und nehmen es einfach nicht zur Kenntnis, andere verleugnen die Relevanz, wieder andere werden aggressiv und werten diejenigen ab, die das Tabu brechen. Sie wehren alles ab, was sie fürchten spüren zu müssen, Entsetzen, Angst, Scham oder Trauer. Und wenden diese Bedrängnis vielleicht in Vermeidung, Verleugnung, Abwertung und Verachtung. Hier liegt der tiefere Grund, warum Angehörige denjenigen, die sich der Geschichte der Familie zuwenden wollen, den Zugang zum Familienarchiv verweigern: jenen Kisten mit Fotos,

Urkunden, Tagebüchern und anderen Erinnerungsstücken, die in alten Koffern auf verstaubten Dachböden lagern und die die Geister der Vergangenheit in die Gegenwart entlassen, sobald wir sie öffnen.

Diese Weigerung kann skurrile Formen annehmen. Eine Szene ist mir in besonderer Erinnerung geblieben. Sie wurde nicht nur erzählt, sondern gleichsam vorgeführt von einer Frau, die an mehreren Workshops teilgenommen hatte. Aus dem ersten kam für sie der Impuls, ihre Mutter wieder mal nach der Familiengeschichte zu fragen. Sie wurde aufs Neue brüsk zurückgewiesen. Mit Sätzen, die wir klassisch nennen können: »Jetzt lass doch die Vergangenheit ruhen!«, »Was interessiert dich das überhaupt?«, »Immer musst *du* Ärger machen!« Zur Verabschiedung standen beide, Mutter und Tochter, im Flur, einem länglichen Raum, wie wir ihn aus vielen Mietwohnungen kennen. Die Mutter stand in der Tür zum Wohnzimmer, noch erregt und ärgerlich, und dabei lehnte sie mit ihrer Hand auf einer Truhe, die dort wohl schon seit Jahrzehnten ihren Platz hatte. Genau in diesem Moment erkannte die Tochter: »In dieser Truhe, tausendfach gesehen, aber nie wirklich wahrgenommen, sind die Unterlagen, die ich brauche.« Aber sie wurden ihr verwehrt, auch im Weiteren. Ein Onkel, Bruder der Mutter, half schließlich. Zu ihm hatte die Mutter lange zuvor den Kontakt abgebrochen.

Der Onkel unterstützt, was seine Schwester zu verhindern sucht. Wir können davon ausgehen, dass sich hierin typische Muster der Familiendynamik zeigen. In meiner Arbeit habe ich oft erlebt, dass es die »anderen« Mitglieder der Familie waren, die sich aufgemacht haben, nicht wirklich zugehörig, nicht so stark in die Loyalität eingebunden oder gar als »schwarze Schafe« diskreditiert (ich habe das in meinen Workshops scherzhaft eine »hohe Schwarze-Schafe-Dichte« genannt). Ich möchte das Leid, das damit oft verbunden war oder noch ist, gewiss nicht kleinreden. Aber die innere Distanz zum System, ob erwünscht oder durch Ausgrenzung erzwungen, ermöglicht eben auch eine größere Freiheit, die »Geschichtsverschlossenheit« (ein Bonmot des Soziologen Heinz Bude) der Familie zu durchbrechen. Wie rigide die Beteiligten aber um Kontrolle ringen und auch versuchen, sie wiederzugewinnen, berichtete mir eine Historikerin, die jahrelang Archivrecherchen übernommen hatte.[22] Sie erzählte, wie sie nach einem geradezu euphorischen Start immer wieder mitten in der Arbeit von ihren Auftraggeber:innen gestoppt wurde. Sie solle ihren bisherigen Aufwand in Rechnung stellen, aber bitte keine weiteren Recherchen vornehmen. »Das war frustrierend. Zu Beginn waren die Leute voller Neugier und Tatendrang, aber beim nächsten Telefonat klangen sie völlig anders.« Als sich die Fälle häuften, forschte die Frau nach und verstand, was dahintersteckte: Andere Familienmitglieder hatten Wind von der Recherche bekommen und die Auftraggeber:innen emotional unter Druck gesetzt.

Wie sollen wir mit dieser Abwehr umgehen? Ich schlage vor, sie erst einmal zu respektieren. Es sind Versuche, die eigene Identität und Position im Leben zu sichern. Wir alle sind Teil unserer Familien, unsere Großeltern sind Teil von uns, und wenn wir unsere Großeltern infrage stellen, ist das auch eine Infragestellung unserer selbst. Wenn ein Verwandter also sagt (oder auch nur signalisiert): »Ich will das nicht wissen!«, soll diese Abwehr vielleicht sein psychisches Überleben sichern. Der Respekt vor dieser Haltung beinhaltet allerdings nicht das Recht, anderen die Aufklärung der Rätsel zu verbieten. Natürlich kann es uns in ein Gefühl der Ohnmacht werfen, wenn genau diese Person wie eine Art Zerberus den Zugang zum »Familienarchiv« bewacht (was sich, zugegeben, sehr unangenehm anfühlt). Es gibt freilich andere Möglichkeiten der Recherche, die ich im nächsten Abschnitt vorstellen werde, sodass wir uns nicht gar so ausgeliefert fühlen müssen. Wie die Geschichte mit dem Onkel, der seiner Nichte geholfen hat, zeigt, öffnen sich bei genauerer Betrachtung Wege der Informationsbeschaffung, an die wir oft zunächst gar nicht denken. Auch das liegt in der Logik von Familiensystemen begründet. Hatten die Großeltern oder Eltern Geschwister, kann sich die Familie weit verzweigt haben, gibt es eine gewisse Wahrscheinlichkeit, dass es auf weiteren Dachböden Kisten mit aufschlussreichen Fotos und Unterlagen gibt, dass auch dort Cousins oder Cousinen nach Antworten auf die ungelösten Rätsel suchen. Was mir immer wieder erzählt wird: wie vertraut sich dieser Kontakt anfühlen kann, obwohl die letzte Begegnung Jahrzehnte zurückliegt – es vielleicht noch nie eine Be-

22 Sie übernimmt diese Aufträge nicht mehr, deswegen fehlt hier ihr Name.

gegnung gab. »Ich habe dort neue Wurzeln gefunden«, sagte mir eine Klientin, nachdem sie tatsächlich das erste Mal ihre Cousins aus der männlichen Linie ihrer Familie besucht hatte.

Es sei nicht verschwiegen, dass in manchen Familien geradezu ein Regiment der Familienloyalität herrscht. Aus diesem Geist der Hierarchie und Unterordnung wird das Tabu bewacht. Ich erinnere mehrere Gespräche mit Menschen, die sich vorsichtig ihrer Familiengeschichte annähern wollten, in denen meine Frage nach Verwandten unmittelbar Angst und Unsicherheit auslöste. Wie damit umgehen? Sich dem Schweigegebot zu beugen, ja daraus ein Rechercheverbot abzuleiten, hätte einen hohen Preis. Wir würden uns verleugnen, uns untreu werden und der Familie einen Teil unseres Selbst opfern. Es entstünde eine große Spannung, begleitet womöglich von psychischen und körperlichen Symptomen, die ich bereits beschrieben habe. Haben Familienmitglieder das Recht, das von uns zu fordern? Ich finde nicht. Aber es gibt auch die andere Seite der Medaille: Folgen wir unserer eigenen Wahrheit und brechen das Tabu, kann das gravierende Konsequenzen haben. Es wäre eine klassische Täter-Opfer-Umkehr. Hier entsteht eine ähnliche Härte wie bei den Taten, die es zu decken gilt. Das Unrecht kann sich wiederholen.

Mir ist bewusst, dass die ausführliche Schilderung sowohl der inneren Hürden als auch der negativen Interventionen durch Verwandte nicht unbedingt zu einer Aufarbeitung der Familiengeschichte ermutigt. Dennoch möchte ich dazu motivieren. Weil ich nicht nur persönlich, sondern auch im Kontakt mit vielen Workshopteilnehmenden erlebt habe, wie befreiend diese Aufarbeitung letztlich ist. Hier eine Rückmeldung, stellvertretend für viele: »Seit ich mich mit dieser Thematik beschäftige, schwindet meine Fixierung auf die Vergangenheit von Tag zu Tag mehr. Ich lebe so bewusst im Hier und Heute wie noch nie in meinem Leben.« Schauen wir uns also an, wie ein solcher Prozess gelingen kann.

Daten, Fakten, Emotionen

Wege der Erforschung

Feldpostbriefe. Tagebücher. Fotoalben. Ahnentafeln. Stammbäume. Geburtsurkunden. Taufscheine. Heiratsurkunden. Sterbeurkunden. Orden. Zeugnisse. Testamente. Zeitungsausschnitte. Souvenirs. Postkarten.

In all diesen und noch weiteren Dingen wird ein Leben greifbar, erlebbar. Erst einmal spüren wir mehr, als dass wir es intellektuell erfassen könnten, welche Energie hier geborgen ist. Über die Jahrzehnte hinweg bekommen wir Kontakt zu jenen, deren Geschichte wir erforschen wollen. Weil es eben auch unsere Geschichte ist. Mehr als 100 Jahre später die Menüfolge des Hochzeitsessens meiner Großeltern in den Händen zu halten, ließ für einen Moment die Atmosphäre einer feinen Hamburger Gesellschaft wieder aufleben. Noch eindrucksvoller freilich war die Erzählung meiner 1945 geborenen Cousine, dass sie ihre ersten drei Jahre im Kinderheim zubringen musste, weil unser Großvater sie als uneheliches Kind seiner jüngsten Tochter auf gar keinen Fall im Haus haben wollte. Diese Geschichte hatte mein Vater mir nie erzählt. Dabei war es das Kind seiner kleinen Schwester, das da im Heim versteckt wurde.

Natürlich sind solche Unterlagen und, noch weitaus mehr, solche Erzählungen bedeutende Informationen für die Erforschung einer Familiengeschichte. Sie helfen damit zum Verständnis des familiären Gefühlserbes. Es sind wichtige Fundstücke, auch im Sinne des psychoarchäologischen Schichtenmodells. Deswegen sollten wir nicht so schnell aufgeben, wenn sich der Zugang zum Familienarchiv und dem Familiengedächtnis nicht sofort öffnet, weil Angehörige sich verweigern. Was wir schon mal wissen: Mit Druck gelingt eine Öffnung eher nicht. Der würde eher ihre Abwehr verstärken. Im Bewusstsein, dass die Recherche einer bisher verdeckten, vielleicht sogar geheim gehaltenen Geschichte die Identität aller Mitglieder der Familie berühren kann, sind es eher Vorsicht, Geduld und Mitgefühl, die Erfolg versprechen. Aber nicht als Strategie, sondern als tatsächlich empfundene Haltung. Ich finde den Hinweis der Psychoanalytikern Erika Krejci hilfreich: Es brauche »das anteilnehmende Wissenwollen der Kinder, um die Sprachlosigkeit der Eltern zu lindern, die in Abwehr- und Verteidigungshaltungen gefangen sind« (Krejci, 2005, S. 105 f.). Viele alte Menschen möchten ja aus ihrem Leben erzählen. Sie möchten, dass es nicht in Vergessenheit gerät. Und vielleicht sind es auch eher die Enkel:innen, die Zugang finden.

Die Recherche in Archiven

Ob wir nun aus dem Vollen schöpfen können, weil uns all die Fotos, Urkunden und Stammbäume der Familie zur Verfügung stehen, oder mit ein paar wenigen Fundstücken in unsere Recherche starten: Die Informationen, die in vielen, vielen Archiven gespeichert sind, machen das Bild reicher, klarer und verständlicher. Auf den ersten Blick kann die Vielfalt der Archive und ihrer Zuständigkeiten überfordern. Ob es der Weg eines Vorfahren durch den Zweiten Weltkrieg, eine Verwicklung in Kriegsverbrechen, die Verstrickung ins NS-Regime, die Leiden der Opfer der Verfolgung, der Verlust von Eigentum durch Flucht aus ehemaligen deutschen Ostgebieten oder ein Prozess durch die Richter der alliierten Besatzungsmächte in der Nachkriegszeit ist: Jedes Mal gibt es eine andere Zuständigkeit. Aber gerade, wenn sich die Familie verweigert, öffnet sich hier ein weites Feld an Möglichkeiten, trotzdem zu den relevanten Informationen zu kommen. An dieser Stelle ist nicht der Platz, um sie alle zu nennen, ebenso wenig, eine sinnvolle Struktur für die Recherche zu erklären. Ich möchte stattdessen auf zwei ausgesprochen hilfreiche Quellen verweisen, die auch den Weg zum zuständigen Archiv weisen: das ausführliche PDF »Woher stammt meine Familie? Anleitung zur Recherche« des Berliner Dokumentationszentrums Flucht, Vertreibung, Versöhnung (Mechelhoff, Schantz u. Schlösser, 2022) und die Broschüre »Ein Täter, Mitläufer, Zuschauer, Opfer in der Familie?« der Hamburger KZ-Gedenkstätte Neuengamme (Stiftung Hamburger Gedenkstätten, 2023). In beiden gibt es Anleitungen und Tipps für den Start in den Prozess, wichtige Infos zur rechtlichen Situation (»Wer darf welche persönlichen Daten erfragen?«) und die Zuständigkeit der unterschiedlichsten Institutionen. Zudem viele Links, um dem Weg zu den für die eigene Familie wichtigen Quellen folgen zu können. In der Gedenkstätte Neuengamme finden zudem Seminare statt, in denen es sowohl um die Wege der Recherche als auch um den emotionalen Umgang damit geht, wenn es Täter in der Familie gegeben hat. Darin sprechen Nachkommen über ihren Umgang mit dem familiären Erbe nach 1945, über Loyalität und Illoyalität gegenüber der Familie und darüber, wie deren Geschichte das eigene Leben prägt und was Nachforschungen in der Familie auslösen. Aus eigenem Erleben kann ich die Teilnahme empfehlen.

In der Regel findet der erste Kontakt zu Archiven, Standesämtern und Gedenkstätten zunächst online statt. Und tatsächlich sind die Bestandsübersichten und Findbücher zumeist übers Internet einsehbar. Es werden auch immer mehr Unterlagen digitalisiert, können direkt abgerufen oder per Fernabfrage zur Verfügung gestellt werden.[23] Es ist sinnvoll, Archivanfragen schriftlich zu stellen, kurz, präzise und mit den wichtigsten Informationen, die recherchiert werden sollen. Ich empfehle allerdings auch, einfach mal anzurufen. Ich habe mehrfach sehr unterstützende Mitarbeitende erlebt, die aufgrund ihrer Erfahrungen Tipps geben konnten, die mir eine Menge Zeit erspart haben. Das wurde mir in Workshops oft bestätigt. Stellvertretend die Mail einer Teilnehmerin: »Obwohl ich aus einer Täterfamilie stamme, hat mich die unglaubliche Freundlichkeit und Hilfsbereitschaft der Archive, Gedenkstätten, Bibliotheken zu meiner Recherche umgehauen und sehr beeindruckt.« Die Befürchtung, dass moralische Kategorien (»Täterfamilie«) für die Unterstützung eine Rolle spielen könnten, sind dabei unbegründet.

Auch wenn mittlerweile sehr viele Informationen online verfügbar sind oder schriftlich von Archiven zur Verfügung gestellt werden können – einen Besuch vor Ort kann das nicht ersetzen. Aus vielerlei Gründen. Müssen wir bei einer Onlineabfrage genau wissen, wonach wir suchen, ermöglicht der Aufenthalt im Archiv zudem einen assoziativen Zugang zu den Quellen, werden wir durch die Anschauung auf neue Ideen gebracht. Diesen Impulsen können wir unmittelbar vor Ort folgen, vielleicht sogar in entsprechenden Dokumenten, die

23 Auf diese Weise konnte ich eine Information validieren, die zunächst nur eine Familiensage war: dass einer unserer Vorfahren zu Beginn des 19. Jahrhunderts zum jüdischen Glauben konvertiert war und eine Jüdin geheiratet hatte. Die Information war auch in einer tatsächlich 360 Seiten umfassenden Worddatei des Center for Jewish History über Juden in Hamburg nachgewiesen.

dort verfügbar sind. Auch der direkte persönliche Kontakt mit den Mitarbeitenden ist eine große Hilfe und, ja, auch eine emotionale Unterstützung. Zu erleben, dass Menschen ihren Beruf, vielleicht sogar ihre Berufung darin sehen, anderen bei der Erforschung ihrer Geschichte zu helfen, habe ich als sehr wohltuend empfunden. Nicht zu vergessen das Detailwissen und die Einordnung in historische Zusammenhänge, die sich Laien erst noch erschließen müssen.

Expert:innen mit der Recherche beauftragen

Das ist auch ein Argument, Profis in die Recherche mit einzubeziehen. Es gibt Historiker:innen und Recherchedienste, die nach einer gewissen Vorarbeit der Auftraggeber:innen weitere Nachforschungen übernehmen. Wie viel diese Beauftragung kostet, ist im Einzelfall zu erfragen, sinnvollerweise anhand eines Kostenvoranschlags. Ob das Geld gut investiert ist, kann nur jede und jeder für sich selbst entscheiden. Schneller geht die Recherche allemal. Und sie ebnet Hürden ein, die für Nichtfachleute schwer zu überwinden sein können. Historische Dokumente sind oft schwer zu lesen und zu verstehen. Sie deuten und in den historischen Kontext einordnen zu können, erfordert natürlich Fachwissen. Vor allem die Recherche in Dokumenten der ehemaligen deutschen Siedlungsgebiete in Ost- und Mitteleuropa verlangt zudem gute geografische und historische Kenntnisse.

Die emotionale Kraft von Ausstellungen

Was mich immer wieder tief beeindruckt hat, ist die Kraft gut aufbereiteter Ausstellungen, wie ich sie in KZ-Gedenkstätten, im Dokumentationszentrum für Flucht, Vertreibung, Versöhnung, im Berliner Jüdischen Museum oder auch in der Ausstellung »Topografie des Terrors« in Berlin erlebt habe. Für das Verständnis der Gefühlslage unserer Vorfahren in früheren Zeiten sind Besuche dort, auch von Führungen, meiner Überzeugung nach unverzichtbar. Wofür sonst die Lektüre vieler Bücher nötig ist, erschließt sich hier womöglich in wenigen Stunden. Zusammenhänge werden sichtbar und natürlich öffnen Fotos, Originalunterlagen und auch aufgezeichnete Interviews mit Zeitzeugen eine andere Ebene des Verständnisses. Wie allgegenwärtig Ausgrenzung, Abwertung, Verachtung, Demütigung und schließlich Gewalt waren – das ist sinnlich zu erfahren. Es sind Einblicke in dystopische Zustände. Wir sollten allerdings die emotionale Wucht der Exponate nicht unterschätzen. Im Dokumentationszentrum etwa erschütterte mich eine Zeitungsseite, auf der der Suchdienst des Deutschen Roten Kreuzes die Namen von Kindern veröffentlicht hatte, die nach ihren Eltern suchten. Was an diesem erst 2021 eröffneten Lernort ebenfalls beeindruckte: die Perspektive auf die Zwangsmigration in aller Welt, so zum Beispiel der Boatpeople, die Ende der 1970er Jahre nach ihrer Flucht vor dem kommunistischen Regime aus Vietnam nach Deutschland gekommen waren. Im Berliner Jüdischen Museum wurde die bürokratisch orchestrierte Entrechtung der jüdischen Deutschen sinnlich erfahrbar anhand der unfassbar umfangreichen Sammlung von Gesetzen und Verordnungen, fast 2.000 an der Zahl, die eine ganze Halle füllten. Deutlich schockierender war noch, was KZ-Gedenkstätten präsentieren. Wie sagte Luise Reddemann: »Man muss sich gut nähren, wenn man sich diesen Dingen zuwendet.«

Unterstützung durch eine Gruppe

Wir sollten uns unterstützen und begleiten lassen. Es kann ein Schock sein, wenn durch Unterlagen belegt wird, was wir intuitiv gespürt haben: dass Vorfahren sich schuldig gemacht haben, oder wenn wir vom Ausmaß des Unrechts erfahren, dem sie zum Opfer gefallen sind. Was wir vom Bewusstsein fernhalten wollten, bricht auf einmal herein und kann uns destabilisieren. Vielleicht ist dann therapeutische Hilfe nötig. Aber auch Gruppen können viel auffangen. Ich erinnere einen Workshop an einem trüben Novembertag, an dem der Blumenstrauß in der Mitte des Raums der einzige Farbtupfer war. Die Spannung war mit Händen zu greifen und der Grund dafür wurde gleich zu Beginn deutlich. Vier Teilnehmerinnen berichteten davon, dass ihre Großväter oder Väter Mitglieder der SS gewesen waren. Als die Reihe an die vierte von ihnen kam, brach sie in Tränen aus und erzählt von einer Haussuchung des SEK bei ihrem 93-jährigen Vater vier Wochen zuvor. Verzweifelt war sie, hin- und hergerissen zwischen der Sorge um den hinfälligen Mann und der Abscheu über seine Vergangenheit als Wachmann im KZ. Ob sie überhaupt in das Seminar kommen solle, hatte mich eine andere Teilnehmerin Tage zuvor am Telefon gefragt. Ihr Leben sei aus den Fugen geraten, seit sie im Nachlass des Vaters Unterlagen über seine SS-Täterschaft gefunden habe. Wie darüber sprechen – und das auch noch im Kreis von völlig Unbekannten? Ob ein solches Treffen überhaupt der geeignete Rahmen sei? Ich habe viele Workshops angeleitet, dieser war besonders intensiv und bewegend. Der Mut der Töchter und Enkelinnen der SS-Männer, sich zu offenbaren, schuf eine Atmosphäre der Nähe, wie sie zwischen Menschen, die sich zum ersten Mal begegnen, selten ist. Wir erlebten Mitgefühl, Resonanz und den Wunsch, zuzuhören, statt zu urteilen. Es war eine heilsame Erfahrung.

Die Unterstützung einer Gruppe wirkt auf mehreren Ebenen. Gerade wenn wir in der Familie auf Abwehr oder gar Ausgrenzung stoßen ist hier ein Ort, an dem sie zu erleben ist. Eine Teilnehmerin schrieb mir: »Das Seminar hat mich ermutigt, in meiner Familiengeschichte weiter zu forschen und mich durch Widerstände nicht abhalten zu lassen. Es hat mir sehr geholfen, dass andere Teilnehmende von ihren persönlichen Erfahrungen erzählt haben. Ich fühlte mich mit meinen Gefühlen angenommen und nicht mehr ›verkehrt‹. Durch die Beschäftigung mit der Thematik bin ich hellhöriger geworden für die Berichte der Menschen aus meinem Umfeld. Ich frage gezielter nach und konnte dadurch Hilfestellung bzw. wegweisende Anstöße geben.« Hier wird spürbar, wie Gleichgesinnte ein Gegengewicht zur Familie bilden können, vor allem emotional. Diese Momente von Anerkennung der eigenen Nöte und Bedürfnisse sind bedeutsam. Nicht selten werden die Kontakte, die im Workshop entstanden, danach aufrechterhalten. Zugleich sind Gruppen natürliche Quellen der Kompetenz. Wenn Teilnehmende schon Jahre mit Ahnenforschung zugebracht haben, können sie wertvolle Hinweise für den Prozess geben, können wiederum andere ihre Erfahrungen mit Reisen in die ehemalige Heimat der Vorfahren teilen.

Aufstellungsarbeit

Wenn ich an dieser Stelle Familien- oder Systemaufstellungen als einen Weg der Erforschung vorstelle, mögen manche die Stirn krausen. Ist das wirklich seriös und nicht womöglich esoterisch? Dass wir in Aufstellungen Vorfahren erspüren, die wir persönlich nie kennengelernt haben, ja für die wir von anderen Teilnehmenden der Gruppe sogar nur *stellvertretend* im Feld des Familiensystems platziert wurden, ist tatsächlich verblüffend, befremdlich – und faszinierend. Ich habe an einer ganzen Reihe von Aufstellungen teilgenommen, als Aufstellender wie als Stellvertreter, und dabei Gefühle und Energien wahrgenommen, die mit vielem übereinstimmten, was über die tatsächlichen Personen, ihre Situation und Handlungen bekannt war. Einmal die Skepsis des Wissenschaftsjournalisten, als der ich lange gearbeitet habe, beiseitegeschoben, waren es bemerkenswerte Erfahrungen mit hohem Erkenntnispotenzial.

Was geschieht bei einer Familienaufstellung? Es gibt unterschiedliche Modelle, die im Wesentlichen einen Kern haben: dass für die Mitglieder eines Familiensystems, das die aufstellende Person erforschen möchte, Stellvertreter:innen ausgewählt und im Raum platziert werden. Durch ihr Erleben des Systems ist es möglich, neue Erkenntnisse zu gewinnen. Dabei gründen diese Aufstellungen auf dem Phänomen der repräsentierenden Wahrnehmung. »Diese erstaunliche Fähigkeit von Menschen fußt auf drei miteinander verbundenen Medien«, schreibt der Sozialwissenschaftler Heiko Kleve, »den Medien des Raums, der Empathie und des Sinns.« Damit ließen sich »Bedeutungskreationen im Raum« schaffen, die »eine gegenwärtige Situation eines Menschen in ihren systemischen Kontexten nicht nur versinnbildlichen, sondern auch kognitiv, emotional und aktional erlebbar machen« (Kleve, 2019, S. 115). Dies ermöglichen uns Spiegelneuronen, so die Vermutung, Nervenzellen im Gehirn, die die Basis von Empathie sein könnten. Eine entscheidende Kategorie in diesem Zusammenhang ist dabei offenbar die Platzierung der Stellvertreter:innen im Raum.[24]

Wozu kann eine Familienaufstellung in unserem Zusammenhang dienen? Sie macht die emotionale Qualität des Systems sichtbar. Die

24 In einem empirischen Forschungsprojekt mit »ca. 4.000 Einzelversuchen und 250 Personen wurde die Wahrnehmung der Stellvertreter in angeordneten Figurenkonstellationen untersucht. Ein hoch signifikanter Anteil der Stellvertreter nahm am gleichen Platz Ähnliches wahr. Festgestellt wurde, dass die Wahrnehmung vom Standort des Stellvertreters abhängt« (Nazarkiewicz u. Bourquin, 2019, S. 92).

Spannung in einem Familiensystem wird sinnlich erfahrbar, die Beziehungen der Mitglieder bilden sich im Raum ab. Eine Aufstellung ist also geradezu dazu prädestiniert, die Erforschung eines Gefühlserbes zu unterstützen. Naturgemäß ist es besonders faszinierend, die determinierende Kraft früherer Generationen für das heutige Erleben wahrzunehmen. Gelingt die Aufstellung, weil alle Teilnehmenden, vor allem aber die Aufstellerin oder der Aufsteller, sich einem achtsamen Gewahrsein hingeben, passiert Erstaunliches: »Wie von einer unsichtbaren Choreografie geführt, werden die Stellvertreter erfasst, und die Aufstellung bildet ein prozesshaftes Geschehen ab« (Homberger, 2019, S. 90 f.). Aus eigener Erfahrung kann ich das bestätigen. Lange bevor ich davon erfuhr, dass meine Cousine auf Anweisung unseres Großvaters ins Kinderheim verbracht werden musste, hatte ich seine emotionale Kälte in einer Aufstellung erlebt. Vom Schicksal zweier Söhne im Zweiten Weltkrieg, der eine tot, der andere versehrt, zeigte sich sein Stellvertreter vollkommen unberührt. Das hat mir das Verhalten meines Vaters in vielen Situationen plausibel gemacht.

Dass bei Aufstellungen große Gefühle wach werden und Tränen fließen, ist die Regel, nicht die Ausnahme. Das kann kathartisch wirken, ist aber nicht ohne Risiko. Bei Aufstellungen besteht durchaus die Möglichkeit einer Retraumatisierung, wenn die emotionale Wucht des Erlebens traumatische Erfahrungen wachruft. Menschen, die sich in Therapie befinden, sollten also unbedingt klären, ob der Zeitpunkt und die Methode für sie richtig sind. Ohnehin scheint es mir bedeutsam, die zutage geförderten Erkenntnisse über die Familie in eine Therapie oder ein Coaching einzubinden. Oft verbindet sich bei den Teilnehmenden mit einer Aufstellung die Hoffnung, ein Problem im wahren Wortsinn gelöst zu haben, und schon die Wucht des Erlebens kann diese Hoffnung stützen. Die Erfahrung zeigt freilich, dass wir dabei leicht die Macht alter Muster unterschätzen, in die wir einige Tage nach der Aufstellung wieder zurückfallen. Deswegen sollte sie besser in eine Therapie oder ein Coaching eingebunden sein. Die Erfahrung allein mag zwar sehr beeindruckend sein, einen strukturierten Prozess kann sie nicht ersetzen.

Genogrammarbeit

Ebenfalls als Methode etabliert, vor allem in der systemischen Familientherapie, ebenfalls wissenschaftlich aber noch nicht plausibel erklärbar, ist die Genogrammarbeit. Ein Genogramm ist ein Familienstammbaum, der um biografische, emotionale und medizinische Daten ergänzt wird. Mindestens drei Generationen werden in ihren gegenwärtigen Strukturen und Konflikten erfasst, und die Parallelen zwischen ihnen können uns verblüffen.

- Eine Tochter entwickelt Ängste und Panik vor schwerer Krankheit und Tod genau in jenem Alter, in dem ihre Mutter oder Großmutter erkrankt und gestorben ist.
- Eine Depression zeigt sich im selben Alter, in dem ein Vorfahr durch Krieg, Verlust oder Trennung in eine Lebenskrise geraten war.

Es kommt immer wieder vor, dass Kinder verstorbene oder emotional abwesende Personen im Familiensystem ersetzen wollen. Sie sehen sich gleichsam als Beistand für diejenigen, die unter diesem Verlust leiden, ihn aber nicht verarbeitet haben. In einer für uns geradezu unheimlichen Verstrickung, die wissenschaftlich noch nicht erklärbar ist, entstehen dabei eigentümliche Phänomene. In ihrem Buch »Oh, meine Ahnen« beschreibt die Psychotherapeutin Anne Ancelin Schützenberger (2018) eine Vielzahl von Entsprechungen dieser Art. Zum Beispiel Unfälle oder das Auftreten von Krankheiten am selben Datum, an dem sich der Tod einer nahestehenden oder verwandten Person jährte, oder eben genau in dem Alter, in dem die andere Person starb. Hier sprechen wir vom »Jahrestag-Syndrom«. Manche Menschen werden jedes Jahr zur gleichen Zeit ängstlich oder deprimiert, ohne zu wissen, warum. Die Symptome bessern sich meist unmittelbar, wenn die Person erkennt oder erfährt, dass es sich um ein Jahrestag-Syndrom handelt. In meiner Praxis war dies die Wahrnehmung einer Klientin, deren älterer Bruder vor ihrer eigenen Geburt auf der Flucht aus Pommern erfroren war. Ihr Satz, der uns auf die Spur brachte: »Im Januar geht es mir sowieso immer nicht so gut.« In der Würdigung des Leids konnte die emotionale Belastung abfließen.

Auch emotionale Verwicklungen sind möglich, etwa wenn die Stellvertreterrolle zu einem Überschreiten der natürlichen Generationengrenze geführt hat.

- Wenn ein Elternteil ein Geschwister im Krieg verloren hat, kann das dazu führen, dass ein Kind unbewusst die Rolle der verstorbenen Person einnimmt und von diesem Elternteil wie ein Geschwister behandelt wird.
- Bei einer ungelebten Partnerschaft in der Elterngeneration kann es zu Eifersucht von einem Elternteil auf ein Kind kommen.
- Nicht selten übernehmen Kinder Elternfunktion für ihre eigenen Eltern, weil sie die Großeltern vertreten. Dann fühlen sich die Kinder emotional für das Glück und die Zufriedenheit eines Elternteils oder sogar beider Eltern verantwortlich. Hier kann man besonders häufig beobachten, dass sich die Krisen des vertretenen Großelternteils wiederholen.

Um ein Genogramm zu erstellen, werden folgende Daten gebraucht (Cierpka, 2008, S. 285):
- demografische Informationen wie Alter, Geburts- und Sterbedaten, Wohnorte, Berufstätigkeit und Bildungsniveau,
- Informationen über körperliche und seelische Erkrankungen, Verhaltensauffälligkeiten, Behinderungen, Klinikaufenthalte und Arbeitsunfähigkeit,
- Informationen über kritische Familienereignisse: Heiraten, Trennungen, Scheidungen, Umzüge, Flucht, Verluste, besondere Erfolge.

Ein Genogramm kann also das natürliche Ergebnis einer Familienrecherche darstellen und der Erarbeitung des psychoarchäologischen Schichtenmodells. Hier erkennen wir nicht nur die Zusammenhänge unserer Herkunft, sondern wir verstehen auch, welche besonderen Ereignisse der Historie und speziellen Prägungen der Familie auf uns eingewirkt haben. Die Erfahrungen mit dieser Arbeit zeigen, *wie* stark die familiären Muster in uns sind, wie dramatische Ereignisse sich ins Familiengedächtnis eingebrannt haben und gleichsam an unserem Bewusstsein vorbei die Regie für unser eigenes Leben übernehmen. Warum das so ist, wissen wir noch nicht. Aber wir erleben es, immer wieder.

Das ganze Erbe würdigen

Zwischen Leid, Wut und Mitgefühl

»Büchsen der Pandora« nennt der Historiker Florian Huber jene Umzugskartons, Pappschachteln, Blechdosen, Zigarrenkisten, in denen sich »auf tausendfältige Weise abgelagert [hat], worüber unsere Eltern und Großeltern und wir nicht miteinander sprechen konnten« (zit. nach Schoepp, 2018, S. 199). Es ist interessant, diesem Bild ein wenig zu folgen. Denn der griechischen Mythologie zufolge waren in dieser Büchse alle Übel der Welt verborgen, und von Pandora wurde sie zu den Menschen gebracht. Obwohl von Prometheus eindringlich gewarnt, heiratete dessen Bruder Epimetheus die wunderschöne Frau, und sie öffnete die Büchse. So kam der Sage zufolge das Schlechte in die Welt, auch der Tod. Bringt also das Öffnen einer Pappschachtel, in der sich zum Beispiel ein Beleg für die Vergangenheit eines Familienmitglieds in einer Terrorgruppe befindet, das Schlechte in die Welt einer Familie? So kann es sich tatsächlich anfühlen. Auf einmal können wir uns nicht mehr davor verschließen, dass einer unserer Vorfahren mutmaßlich an Verbrechen gegen die Menschlichkeit beteiligt war. Das kann ein Schock sein. Es kann auch, wie in den vorherigen Abschnitten beschrieben, einen Keil in die aktuelle Familie treiben, weil Angehörige uns dafür verurteilen, dass wir diese Jahrzehnte verborgene Wahrheit ans Tageslicht geholt haben.

Trotzdem führt das Bild in die Irre. Denn das Verbrechen war ja zuerst da, nur bisher erfolgreich verdeckt, verschwiegen, vertuscht. Und es war auch nie wirklich weg, mindestens unbewusst war da dieses Dunkle, Geheimnisvolle, Unbehagliche präsent, das sich in Symptomen auf psychischer, physischer und systemischer Ebene Ausdruck verschafft hatte. Dass es jetzt ans Licht geholt wurde, öffnet die Chance eines heilsamen, vielleicht heilenden Umgangs damit. Die Wahrheit stellt uns allerdings vor große Herausforderungen. Nicht nur, weil das Grauen, das wir vorher nur aus der Schule, aus Büchern oder Filmen kannten, ganz nah an uns herangerückt ist und ein womöglich sehr vertrautes Gesicht bekommen hat. Ich spreche hier nicht nur von den Täter:innen, sondern auch von den Opfern. Das Ausmaß ihres Leidens zu kennen, Details zu erfahren, die sie aus Scham oder Selbstschutz verborgen hatten, kann uns ebenso mit Entsetzen überspülen.

So erging es einer Teilnehmerin, die im Anschluss an den Workshop die Geschichte ihres Großonkels recherchierte und erfuhr, unter welchen Bedingungen dieser in seiner Heimatstadt prominente Mann in Nazihaft zu Tode gekommen war. Das eine sind die Daten und Fakten unserer Recherche, die wir zusammengetragen haben, das andere ist ihre emotionale Bedeutung. Die Frau entschied sich für eine Aufarbeitung in einer Traumatherapie.

Schauen wir zunächst auf diese Seite der Opfer. In der Wahrnehmung ihrer Geschichte kann eine enorme Spannung entstehen. Zum einen wissen wir nun um Geschichten und Hintergründe, die uns großes Mitgefühl erleben lassen. Zum anderen steht dieses Wissen womöglich in einem scharfen Kontrast zu unseren eigenen Erlebnissen mit Eltern oder Großeltern, mit ihrer Härte, manchmal Unbarmherzigkeit. Infolge ihrer Leidensgeschichte mag sie uns plausibel, ja geradezu zwangsläufig erscheinen – aber ist deswegen unser eigenes Leid als ihre Kinder oder Enkel weniger bedeutsam? Ich finde nicht, erlebe diese Diskussionen aber immer wieder, in Workshops, vor allem aber auch in Facebook-Gruppen zum Thema. Wenn einige Diskutierende den Mangel an Wärme und Empathie und das Erleben von Abwertung und Gewalt in den Mittelpunkt stellen, kritisieren andere, man müsse die Vorfahren doch verstehen. Von hier aus ist es nicht mehr weit zu einer Leidenskonkurrenz, bei der die Nachfahren naturgemäß den Kürzeren ziehen. Sie haben schließlich weder den Krieg noch die Not danach erlebt. So pendeln ihre Emotionen zwischen der Wut auf die Vorfahren und dem Mitgefühl mit ihnen hin und her. Integriert werden kann das Thema aber erst, wenn beides da sein kann, die Wut *und* das Mitgefühl. Hier ist also wieder diese Fähigkeit mit der sperrigen Bezeichnung gefragt: Ambiguitätstoleranz.

Deutlich schwieriger ist es naturgemäß, mit der Täterschaft von Vorfahren umzugehen. Bei Jennifer Teege, der Enkelin des KZ-Kommandanten Amon Göth, klang bereits an, wie sie sich auf einmal in die Suche nach den Wurzeln ihres Großvaters in sich selbst geworfen fühlte und in eine Identitätskrise geriet. Diesen Mut finde ich beeindruckend. Naheliegender wäre es gewesen, jede Ahnung von Identifikation brüsk und konsequent abzuwehren. Der Deutsch-Kanadier Roger Frie, Ehemann einer Jüdin und zugleich Enkel eines Nazigroßvaters, beschreibt das Problem: »Es ist zweifellos einfacher, wütend zu sein, als zu versuchen, sich einzufühlen; es ist einfacher, Schuld zuzuweisen, als zu verstehen [...] Solange ich meinen Großvater mit den Verbrechen des Naziregimes assoziiere, ist es mir möglich, ihn auf Distanz zu halten. Doch was, wenn er sich von mir selbst gar nicht so sehr unterscheidet? [...] Was könnte ich womöglich erfahren, wenn ich mich in meinen Großvater einzufühlen versuche?« (Frie, 2021, S. 240 f.). Hier können uns die Taten unserer Vorfahren noch ein bisschen unangenehmer auf die Pelle rücken. Wie weit wollen wir bei dieser Selbsterfahrung gehen?

Der Familientherapeut Wolf Ritscher erzählte mir von einem wahrhaft grenzwertigen Erlebnis. Er war Mitglied einer Gruppe, die Kinder und Enkel sowohl der Opfer als auch der Täter miteinander in Kontakt brachte. »Das waren sehr ergreifende und bewegende Begegnungen, die mich intensiv zum Nachdenken über mich selbst angeregt haben. Etwa über die Frage, die viele politisch bewusste Menschen umtreibt: Was hätte ich in der Zeit des Nationalsozialismus als Jugendlicher oder junger Erwachsener gemacht?« (Rohde, 2022b). Diese Frage führte zu einem besonderen Setting, nämlich einem Rollenspiel mit SS-Bewachern und Häftlingen im Konzentrationslager. Wolf Ritscher: »Ich hatte die Rolle eines SS-Mannes. Auf eigenen Wunsch. Gerade unter der Fragestellung, was dann mit mir passiert. Und es war für mich erschreckend, wie ich in dieser Rolle ein Gefühl von Allmacht und Gewaltbereitschaft den Häftlingen gegenüber entwickelte. Ich erlag ein Stück weit der Faszination der Gewalt – und als ich aus der Rolle ausstieg, packte mich ein großes Entsetzen. Gerade weil ich aus einer Familie komme, in der es Opfer der Nazis und ihres Terrors gegeben hat.« Sein Resümee: »Es ist wichtig, die eigenen destruktiven Anteile zu erkennen und einen Umgang damit zu finden« (Rohde, 2022b).

Eine spannende Perspektive. Sie fordert uns auf, das *gesamte* Gefühlserbe unserer Familie wahrzunehmen. Und zwar nicht relativierend, um aus der Loyalität für die Familie heraus deren Verantwortung zu bagatellisieren: »Wir wissen ja gar nicht, wie wir uns damals verhalten hätten.« (Norbert Frei gibt darauf die passende Antwort: »In der Tat, das können wir nicht wissen, doch heißt das ja nicht, dass wir nicht wüssten, wie wir uns hätten verhalten sollen«; Frei, 2009, S. 25.) Sondern um zu erfassen, welche Anteile heute in uns wach werden können, wenn die emotionalen Herausforderungen über einen gewissen Punkt der Belastbarkeit hinausgehen. Was bricht dann aus uns hervor? Lassen sich diese destruktiven Anteile, wie Wolf Ritscher sie nennt, wandeln?

Und was bedeutet diese Perspektive für unsere Ressourcen? Hier meine ich zweierlei. Zunächst die Erfahrungen, die wir aus der Überwindung all jener belastenden Gefühlserbschaften gewonnen haben und die uns für kommende Herausforderungen zur Verfügung stehen. Wie bereits beschrieben, haben viele Klient:innen und Workshopteilnehmende dazu ein schwieriges Verhältnis: Die negative Erfahrung, aus der die Ressource erwuchs, schmälert die Wertschätzung dafür. Das äußert sich, wenn diese Ressource, zumeist auf meinen Impuls hin, Thema wird, in einem fast zwanghaft angehängten »Aber«, um wiederum die negative Seite hervorzuheben. Ja, es gibt den Punkt, an dem etwa das Durchhaltenkönnen ins Aushalten kippt und Empathie dazu führt, dass wir uns selbst verlieren. Das ändert aber nichts daran, dass Durchhaltevermögen und Empathie hilfreiche Tugenden sind.

Als Zweites gibt es die unstreitig positiven Dinge, die wir einfach können, weil sie uns von den Eltern oder Großeltern vorgelebt wurden. Hier ist es das emotional massiv belastete Verhältnis zu ihnen, das die Würdigung verhindert. Dann erleiden wir mehr, als dass wir uns freuen, positive Eigenschaften oder Fähigkeiten als von den Vorfahren geerbt zu akzeptieren. Das kann viel Energie und Kompetenz blockieren. Wie es anders geht, zeigt diese Sentenz einer Klientin: »Mit wenig auszukommen, hat mir mein Vater beigebracht. Dafür bin ich ihm dankbar.« Und sie erzählte keine Geschichten von Armut oder Geiz, die die Wertschätzung ihrer Sparsamkeit hätten eintrüben können.

Die Aufgabe ist, das Ganze zu würdigen. Das Gefühlserbe unserer Vorfahren ist vielfältig, und vieles davon tragen wir in uns, das Positive wie das Negative, die Gestaltungskraft wie unsere destruktiven Anteile. Wir sollen nichts verleugnen, nichts bagatellisieren, uns nicht zu Held:innen, aber auch nicht zu Opfern stilisieren. Das ist vor allem bedeutsam in der Perspektive auf die nächsten Generationen. Aber vielleicht gelingt eine solche ausgewogene Wahrnehmung erst, wenn wir die Trauer durchlaufen haben, dass die Familie, aus der wir stammen, leider nicht so war, wie wir sie uns gewünscht haben. Warum die Trauer für diese Transformation so wichtig ist, darum geht es im folgenden Kapitel.

Einladung zur Reflexion
Fragen und Übungen

In der Wahrnehmung des Familiensystems können wir sowohl auf negative wie auf positive Aspekte stoßen. Häufig überdecken die einen die anderen. Machen wir uns auf die Suche nach dem ganzen Bild.

Welche Rolle hatten meine Vorfahren im historischen Kontext, um den es mir gerade geht?

- Opfer, Täter, Mitläufer, Zuschauer oder Unbeteiligte?
- Welche Anhaltspunkte habe ich für diese Vermutung?
- Wie sprechen andere Familienmitglieder darüber?

Familiengeheimnisse

- Gibt es Ungereimtheiten in der Familiengeschichte, die mich irritieren?
- Ist da etwas »Dunkles«, das ich empfinde?
- Gibt es Befürchtungen, die ich mit einer Recherche meiner Familiengeschichte verbinde?

Mein Interesse an der Familiengeschichte

- Was würde ich als das Kind, das ich war, zu diesem Interesse sagen?
- Was würde ich als meine Eltern dazu sagen?
- Was würde ich als gute Freundin, als guter Freund dazu sagen?
- Was würde ein weiser Mensch dazu sagen?

Die Rituale meiner Familie

- Spiegeln sich in den Ritualen meiner Familie alte Traditionen oder kulturelle Prägungen?
- Welche Geschichten der Familienhistorie wurden und werden bei gemeinsamen Treffen und Festen immer wieder erzählt?
- Wie fühlte oder fühle ich mich dabei?

Übungen

Der innere Zensor

Es kann starke Energien innerhalb der Familie geben, die eine Recherche der Familiengeschichte behindern oder gar blockieren. Mithilfe dieser Übung kommen Sie ihnen auf die Spur.

1. Schritt: Warum hat es überhaupt keinen Sinn, die Geschichte der Familie zu recherchieren? Zählen Sie mindestens fünf, besser noch zehn Gründe auf.

2. Schritt: Und wer sagt das? Stellen Sie sich diese Person genau vor und beschreiben Sie sie anhand von fünf Eigenschaften.

3. Schritt: Wie heißt dieser innere Zensor, diese innere Zensorin? Wenn es keine reale Person ist: Geben Sie ihm oder ihr einen Namen.

Würdigung

Machen Sie sich ein positives Erbe Ihrer Familie bewusst. Wer hat es verkörpert?

Schreiben Sie dieser Person einen Brief (er muss nicht lang sein).

- Weitere Materialien zur Selbsterforschung finden Sie online auf www.vandenhoeck-ruprecht-verlage.com bei der Anzeige dieses Buches unter der Rubrik »Downloads«.

Endlich ankommen!

Der Wille zum Wohlbefinden

Wie Heilung gelingen kann

Erinnern wir uns an das Gluckern im Bauch. An den spürbaren Ausdruck von Hoffnung, dem wir im Kapitel über das Gefühlserbe im Körper schon begegnet sind (S. 54 ff.). An das tiefe Durchatmen, die Öffnung der Brust, das Aufleuchten im Gesicht und die wiederbelebte Mimik. An die Signale dafür, dass im autonomen Nervensystem eine positive Botschaft angekommen ist. Die Aufklärung einer belasteten Familiengeschichte, ob durch verdrängte Trauer oder abgewehrte Schuld, kann eine große Kraftanstrengung bedeuten, aber sie hat ein natürliches Ziel: frei zu werden für das eigene Leben, anzukommen in dem, was wirklich unseres ist. Entscheiden zu können, welche Gefühlserbschaften wir annehmen wollen und welche nicht. Welchen neuen Umgang mit Gedanken, Gefühlen und Beziehungen wir in unserem Leben etablieren wollen. Wie Heilung gelingen kann. Ein paar Worte zum Verständnis des Begriffs: Heilung ist ja ein großes Wort. Es vermittelt den Eindruck, als könne ein Trauma restlos getilgt werden, ein Familiensystem in einen gleichsam unschuldigen Zustand zurückversetzt werden (den es tatsächlich ja nie gab). Die Beschreibung, die Mediziner:innen dafür verwenden, lautet »restitutio ad integrum«. Damit ist die Wiederherstellung des unversehrten Zustands nach dem Auskurieren einer Erkrankung gemeint. Die aber kann es bei einem Trauma nicht geben, denn Spuren werden bleiben. Das Gehirn vergisst nicht. Warum wir trotzdem sehr gut damit leben können, nach der Überwindung sogar einen Vorteil daraus ziehen, auch darum wird es in diesem Kapitel gehen.

Tatsächlich gibt es klar benennbare Faktoren, die eine Heilung ermöglichen. Der erste und grundlegende ist der Wunsch danach. Es ist die Bereitschaft, sich für Heilung einzusetzen – der »Wille zum Wohlbefinden«. Diesen Begriff habe ich zuerst bei der bereits erwähnten Christina Bethell, Professorin für Gesundheitswesen, gelesen, und in Workshops findet er unmittelbar Resonanz. Ja, ich muss mich dazu entscheiden, dass es mir besser gehen soll, und das ist keine Selbstverständlichkeit, wie Bethell ausführt. Oft suchten Traumatisierte gar nicht unbedingt Hilfe. »Es gibt hier viele Abwehrreaktionen und gesundheitlich ungünstige Verhaltensweisen. Betroffene müssen sich schon bewusst den Dingen zuwenden, von denen bekannt ist, dass sie das persönliche Wohlbefinden fördern, darunter Meditation und Bewegung, aber natürlich auch Ernährung und Sport und andere grundlegende Dinge, die aufgrund einer Traumatisierung gern ins Hintertreffen geraten.« Bethell betont: »Bewusstsein ist der erste Schritt – Bewusstsein gepaart mit Mitgefühl und dem Akzeptieren der eigenen Situation« (zit. nach Hübl, 2021, S. 51). Und damit kommen wir zu den Faktoren, die uns auf den Weg der Heilung bringen. Was brauchen wir dafür?

Sicherheit

Es ist das Wesen traumatischer Erfahrungen, dass sie unseren Glauben an die eigene Sicherheit und Unverletzlichkeit tief erschüttern. Ein Bruch in unserer Schutzhülle ist entstanden, den wir nun von innen her wieder schließen müssen. Dafür ist äußere Sicherheit unverzichtbar: die Abwesenheit von unmittelbarer Bedrohung, bei Geflüchteten etwa von drohender Abschiebung. Dazu gehört auch eine sichere Beziehung zu der Person, mit der wir uns auf den Weg zur Heilung machen wollen, ob Therapeut:in oder Coach. Imaginationsübungen können für Bilder von Sicherheit im Innern sorgen, so etwa das Wegsperren belastender Erinnerungen in einem Tresor oder die Etablierung eines wahrhaft sicheren inneren Orts.

Vertrauen

In der Beziehung zu Therapeut:in oder Coach ist Vertrauen die entscheidende Qualität. Die Therapieforschung belegt, dass dieser Aspekt der »therapeutischen Allianz« für den Erfolg des Prozesses bedeutsamer ist als die Methode (allerdings basiert das Vertrauen der Klient:innen natürlich auch auf deren Wirksamkeit).

Sehnsucht

Unsere Sehnsucht nach Kontakt ist ein wichtiger Treiber – nach echtem Kontakt, in dem wir die sein können, die wir sind. Frühe Erfahrungen haben viele von uns gelehrt, diese Sehnsucht nicht fühlen zu wollen, ja zu dürfen. Aber wenn im Außen ein Hoffnungsschimmer entsteht, dann taucht sie wieder auf. Das ist der Antrieb, den wir für die Heilung nutzen können.

Hoffnung

Es ist eine Pendelbewegung. Wir erleben, wir dürfen Hoffnung haben, wir entspannen ein wenig. Dann trauen wir uns ein kleines Stück weiter hinaus in eine Situation, die wir vorher gemieden haben, gehen wieder zurück in die Sicherheit, und so wird die Amplitude des Pendelns langsam immer größer. Das ist das natürliche Gefühl von Extension und Kontraktion. So schaffen wir ein größeres Containment, eine Haltekapazität. Wenn wir uns überfordern, macht das System komplett zu. Das ist nicht anders als beim Sport. Es ist ein Sicherungssystem, das uns einfrieren lässt. Es schafft Schutz. Aufzumachen für die Hoffnung bedeutet, dass wir diese Sicherheit ein ganz klein wenig verlassen. Das ist die Frage: Wie weit geht das? Auch mit der Hoffnung sollen wir vorsichtig umgehen.

Gewahrsein für den Körper

Psycholog:innen und Neurowissenschaftler:innen sprechen von »Interozeption«. Darunter versteht man die Fähigkeit, uns selbst, unsere Gefühle, unseren Körper, unsere Bedürfnisse, unsere Wünsche, unsere Liebe zu spüren. Das kann uns sehr weitgehend versperrt sein, wenn uns im Säuglingsalter kein sicheres stabiles und nährendes Beziehungsumfeld geboten wurde oder wenn wir Stress in diesem Umfeld wahrnehmen. Aktivieren lässt sich die Interozeption durch Meditation und Körperwahrnehmung. Bessel van der

Kolk schreibt: »Traumatisierte können erst genesen, wenn sie sich mit den Empfindungen in ihrem Körper vertraut gemacht und mit ihnen Freundschaft geschlossen haben. Körperliches Selbstgewahrsein ist der erste Schritt auf dem Weg zur Befreiung von der Tyrannei der Vergangenheit« (van der Kolk, 2023, S. 136).

Mentalisierung

Dieser Begriff bezeichnet die Fähigkeit, sich bewusst auf Beziehungserfahrungen einlassen zu können. Bei der »Mentalisierung« handelt es sich aber nicht um einen mentalen Prozess, denn unser Denken ist ein über den ganzen Körper verteiltes System und sitzt nicht einfach im Gehirn. Es ist das, was wir insgesamt sind. Mentalisierung ist die Fähigkeit, sich selbst zu fühlen und zu wissen, dass man sich fühlt; und andere zu spüren und zu wissen, dass man sie spürt, und dabei auch noch zu spüren, ob dieser andere Mensch spürt, dass man ihn spürt – oder zu spüren, ob dieser andere Mensch dazu überhaupt in der Lage ist. Diese Momente sind entscheidend. Wenn die Augen des Gegenübers in einem Moment der Resonanz aufleuchten, verändert sich nicht nur unsere Wahrnehmung, sondern auch unsere Physiologie. Die Energie ist im Körper spürbar (vgl. Hübl, 2021).

Kontakt und Bindung

All das geschieht im Kontakt, aus dem bei einem günstigen Verlauf eine echte Bindung erwächst. Dafür brauchen wir natürlich andere Menschen. Eine Sentenz der Traumatherapeutin Dami Charf bringt das wunderbar auf den Punkt: »Bindung [...] lernt man nur durch Bindung. Man kann es sich leider nicht anlesen. Ich brauche ein Gegenüber, das in der Lage ist, mit mir in Beziehung zu gehen« (Charf, 2019). Genau deswegen übrigens sind positive Begegnungen in Workshops und Selbsthilfegruppen so heilsam.

Mut

Für Veränderungen brauchen wir Mut. Es aktiviert Ängste, wenn wir aus alten Mustern aussteigen, wenn wir den Konsens unseres sozialen oder familiären Umfelds verlassen. Wir verstoßen gegen Glaubenssätze, die früh geprägt wurden. Gerade wenn die Leitsätze dazu dienten, systematisch die Wahrnehmung eigener Bedürfnisse zu blockieren, macht es Angst, sich ihnen nun endlich zu öffnen.

Schutz vor neuer Verletzung

Im Konflikt mit der Familie lauern viele Risiken für neue Verletzungen. So kann es mindestens vorübergehend ein wichtiger Schritt sein, den Kontakt zu reduzieren oder sich eine Weile zu distanzieren und abzugrenzen. Wenn es nicht gelingt, anderen Menschen ein Verständnis für ihr kränkendes, abwertendes Verhalten zu vermitteln – weil sie es vielleicht vollkommen angemessen finden? –, dann kann es uns ohne sie besser gehen als mit ihnen. Das muss keine endgültige Entscheidung sein, sondern kann auch einen Zwischenschritt bedeuten, um innere Kraft und Stabilität aufzubauen. So habe ich es in der Arbeit mit mehreren Klient:innen erlebt, die sich durch einen deutlich reduzierten oder gar unterbrochenen Kontakt einen Schutzraum sicherten, in dem sie sich unbeeinflusst entwickeln konnten.

Geduld

Echte Veränderung braucht Zeit. Muster, in denen wir Jahrzehnte gelebt haben, in die wir wahrscheinlich hineingeboren wurden, lösen sich nicht aufgrund einer Erkenntnis auf – und mag sie noch so bedeutend sein. Das liegt auch an der neurobiologischen Verankerung dieser Muster, die tief eingeprägt sind in Gehirnstrukturen. Neue werden gebraucht, müssen etabliert und wiederum geübt und eingeprägt werden.

Belohnung

Die Energie dafür lässt sich nur aktivieren, wenn es einen triftigen Grund gibt – und der liegt in der Belohnung, sagt Alica Ryba, Autorin mehrerer Bücher über Coaching, Therapie und Gehirnforschung: »Wenn ich von der Veränderung belohnt werde, wenn sie einen spürbaren Nutzen, einen Mehrwert hat. Das ist der Fall, wenn sie meine Grundbedürfnisse befriedigt, zum Beispiel nach Nähe, Beziehung, Autonomie oder Identität. Nur wenn ich wirklich aus mir heraus motiviert bin, etwas zu ändern, wird es eine Nachhaltigkeit haben« (zit. nach Rohde, 2017b, S. 75).

Die »Nachzeit« beenden

Thomas Hübl, spiritueller Lehrer und Experte für kollektive Traumata, hat einen Begriff geprägt, den ich für unseren Zusammenhang hilfreich finde: die »Nachzeit«. In diesem Zwischenraum zwischen Vergangenheit, Gegenwart und Zukunft, so seine Vorstellung, projizierten wir die Vergangenheit in die Zukunft, sodass unser Morgen nicht in erster Linie von Entwicklung und Erneuerung geprägt sei, sondern vor allem von dem Bemühen, das Geschehene zu verarbeiten und zu integrieren. Sein Bild dafür: »Es ist, als wären wir auf der Autobahn unterwegs und kämen alle fünf Kilometer an einem Schild vorbei, auf dem ›Gestern‹ steht« (Hübl, 2021, S. 81 f.). Was brauchen wir, um wirklich in der Gegenwart anzukommen und aus eigener Kraft heraus die Zukunft zu gestalten? Darum geht es im folgenden Kapitel.

Was jetzt dran ist

Wege der Integration

Wenn wir uns noch einmal vergegenwärtigen, welche Faktoren uns zu Heilung, Befreiung und Integration führen, dann wird ein zugrunde liegendes Muster deutlich. Es ist eine Art Pendeln zwischen dem Altvertrauten und dem, was wir neu etablieren wollen, zwischen dem Abtragen alter Lasten und der Annahme des Potenzials, das wir in uns tragen, aber bisher nicht wirklich entfalten konnten. Die Arbeit mit dem Gefühlserbe unserer Familie sortiert sich nicht in klar abgegrenzten Schritten. Bei der Erforschung tragen wir, ganz wie bei einer Ausgrabung, Schicht für Schicht ab, entdecken neue Fundstücke, werden immer wieder neu emotional gefordert, machen Pausen, integrieren, um dann wieder neu anzusetzen. Bei mir begann dieser Prozess 2013, nach einem Zusammenbruch und der Behandlung in einer psychosomatischen Reha infolge eines Burn-outs, und er hält an. Dieses Muster ist mir oft begegnet. Es sind Wendepunkte im Leben, die uns nahelegen, uns den tieferen Ursachen von persistierenden Problemen zuzuwenden, und die liegen eben nicht selten in der Familie und ihrer Geschichte. Dann öffnet sich, wie im Verlauf dieses Buches ausführlich beschrieben, ein weites, weites Feld neuer Themen, Wahrnehmungen, Erkenntnisse und Aufgaben. Bedeutsam ist, dabei den Fokus nicht zu verlieren. Das Ziel, wie ich es verstehe, ist nicht allein die Erforschung der Familiengeschichte um ihrer selbst willen (das wäre bloße Ahnenforschung), sondern die kognitive und emotionale *Verarbeitung* dieser Geschichte und dessen, was sie in Gang setzt. Wir lösen uns aus einer unbewussten, womöglich erzwungenen Loyalität, stärken unsere eigene Identität, um uns dann der Familie wieder neu zuzuwenden. Oder zu entscheiden, dass wir eben das nicht mehr wollen, weil die Distanz zwischen den Wertvorstellungen und Verhaltensmustern zu groß geworden ist.

Die Familie entidealisieren

Ein wichtiger Teil dieses Prozesses ist, so vorbehaltlos wie eben möglich zu erkennen und zu akzeptieren, wie unsere Familie *wirklich* ist. Die positiven ebenso wie die negativen Seiten der Eltern, Großeltern und Geschwister wie aus der Position eines unbeteiligten Beobachters wahrzunehmen – und uns selbst als Teil dieses Systems. Das ist, zugegeben, ein schwieriges Unterfangen, weil wir emotional verstrickt sind und kaum diese Distanz einnehmen können, die uns zu einer Einschätzung bringen könnte, die landläufig als »objektiv« bezeichnet würde. Dennoch lässt sich diese Haltung, Zeugenbewusstsein genannt, üben.

Was dabei ins Bewusstsein kommt, kann sehr unterschiedliche Qualitäten enthalten: Momente der Freude und der Geborgenheit genauso wie eine narzisstische Inanspruchnahme, eine Atmosphäre von Abwertung und Gewalt ebenso wie gelebte Unterstützung in schwierigen Situationen. Sehr häufig ist es das Bemühen von Eltern, die Kinder wirtschaftlich und schulisch auf den Weg zu bringen, orientiert an einem Leistungsideal, das allerdings begleitet ist von emotionaler Kälte und Abwesenheit. Notieren wir diese Qualitäten in einer Plus-Minus-Liste auf dem Flipchart, sind üblicherweise beide Seiten gut gefüllt. Freilich werden in dieser Übung oft massive Widerstände wachgerufen: die Weigerung, eine der beiden Seiten anzuerkennen, oder mindestens das Bemühen, die Befunde nach Kräften zu relativieren. »So schlimm war das gar nicht«, klingt es bei den negativen Aspekten, »aber das waren seltene Ausnahmen« bei den positiven. Die emotionale Verstrickung ist noch zu stark, um die Position des Zeugen oder der Zeugin einzunehmen.

Was sich hier zeigt, kann eine Idealisierung der Eltern sein. Bei kleinen Kindern ist sie Teil der ganz normalen Entwicklung. Sie empfinden ihre Eltern als die besten der Welt. Werden später Differenzen deutlich, verwandelt sich die Idealisierung in eine Abwehrstrategie. Sie soll Zweifel und Kritik abwehren, die uns in einen Konflikt mit ihnen führen würden, und dient dazu, die Ohnmacht nicht zu spüren, dass wir ihnen als Kinder nun mal nichts entgegensetzen konnten. Bestehen diese schwierigen und leidvollen Bindungsmuster fort, verleugnen wir das und verharren im idealisierten Bild (Cierpka, 2008, S. 262). Das verhindert eine Ablösung, wie sie zur Pubertät gehören würde. Sich zu lösen, kann tatsächlich eine schwierige Aufgabe sein. Vor allem, wenn Eltern ihre Kinder nicht eigentlich schlecht behandeln, sie sogar, als Teil einer narzisstischen Inanspruchnahme, engagiert fördern oder sie, in einer Parentifizierung, zum emotionalen Kummerkasten machen, mit Leid und Sorgen überschwemmen, was naturgemäß großes Mitgefühl bei den Kindern auslöst. Beides kann als Elternintrojekt den längst erwachsenen Menschen in seiner Autonomie schwer behindern.

Die Kehrseite gibt es freilich auch: die nicht zu überwindende Wut auf Mutter oder Vater, das überwältigende Gefühl, ein Opfer verantwortungsloser Eltern (gewesen) zu sein. Letztlich arbeitet sich auch diese Wut an einem idealisierten Bild ab, das nur leider nie Realität war. Den Ausweg bietet bei beiden Formen der Idealisierung allein die Trauer.

Die Vergangenheit betrauern und abschließen

Trauer ist die Emotion der Veränderung. Sie ermöglicht, dass wir den Kampf aufgeben, dass wir uns verabschieden, zum Beispiel von Hoffnungen, die sich nicht mehr erfüllen werden. Wir dürfen darüber weinen, dass unsere Kindheit und Jugend nicht dem Bild entsprachen, das wir damit üblicherweise verbinden, dass wir uns von Eltern oder Großeltern nicht so angenommen und unterstützt fühlten, wie wir es uns gewünscht haben. »In der Psychotherapie ist die Trauer der tiefste Punkt«, sagt die Psychotherapeutin Bettina Alberti. »Wenn wir dahin kommen, dass etwas wirklich beweint werden kann, dann ist eine Öffnung gelungen. Vieles, was vorher geschieht, ist noch Teil der Abwehr, damit wir diesen Schmerz eben nicht erleben müssen. Es ist ein Weg, den Therapeut:in und Klient:in miteinander gehen« (Rohde, 2022a). Auch in der Psychoanalyse wird dem Zulassen von Trauer große Bedeutung beigemessen. Luise Reddemann erläutert in einem Vortrag anlässlich eines Online-Kongresses des Kriegsenkel e. V. im Februar 2022, was das bedeutet: »Trauerarbeit heißt, Schmerzen der Vergangenheit zu akzeptieren und sich die Gegenwart als anders bewusst zu machen, soweit das möglich ist. Immer wieder aufs Neue gilt es, dass wir Vergangenes vom Gegenwärtigen unterscheiden. Dass wir Kindliches in uns beruhigen, wo es nötig ist, dass wir als erwachsene Menschen den Mut aufbringen, das, was wir nie oder nicht genügend erhalten haben, zu betrauern.« Dabei, sagt Reddemann, sollen wir uns darauf besinnen, dass wir es trotz aller Widrigkeiten geschafft haben, uns dem Leben zu stellen. Und: Wir sollen *heute* leben, statt die Befriedigung unerfüllter Sehnsüchte aus der Kindheit in der Gegenwart von anderen zu erwarten. Dann nämlich würden wir dasselbe Beziehungsmuster fortschreiben und anderen überstülpen. Und so ermöglicht Trauer oft erst das emotionale Wachstum, die innere Möglichkeit und Bereitschaft zum Eingehen neuer Beziehungen. Wie lange diese Trauer dauert, kann niemand sagen. Menschen trauern sehr unterschiedlich. Aber irgendwann merkt man – »jetzt bin ich wieder frei für das Neue«.

Fühlen, was Vorfahren nicht fühlen wollten

Diese Trauer hat auch einen transgenerationalen Anteil. Wenn sich viele Nachkommen von Vertriebenen oder Geflüchteten auch heute noch rast- und heimatlos fühlen und in ihrem Veränderungsdrang ein ums andere Mal umziehen, kann das ein Ausdruck der abgewehrten Trauer der Vorfahren sein. Wie oft habe ich in Workshops davon erzählt bekommen, welch paradiesisches Bild die Eltern oder Großeltern von Schlesien oder Ostpreußen gezeichnet hätten. Ich bestreite nicht, dass es schöne Landschaften sind und es dort idyllische Dörfer gegeben hat. Aber das ist nicht der Kern dieser Erzählungen. Tatsächlich sind es Verklärungen einer Heimat, von der es nie wirklich einen Abschied gab, ja nicht geben sollte. In der BRD sorgten die Vertriebenenverbände jahrzehntelang dafür, eine Rückkehr in die alte Heimat politisch zu instrumentalisieren, in der DDR war der Schmerz über die verlorenen Wurzeln öffentlich verboten; schließlich hätte das Anerkenntnis des Leids der »Umsiedler«, wie sie in der DDR genannt wurden, Spannungen mit den sozialistischen Verbündeten bedeutet. Und so können wir ahnen, wie es sich auswirkt, wenn Geflüchteten heutzutage die Anerkennung als in Deutschland Lebende verweigert, ihre alsbaldige Rückkehr als staatliches Ziel propagiert wird: Über die – zumindest im Moment – verlorene Heimat können sie nicht trauern, und in Deutschland dürfen sie nicht ankommen. Integration ist nicht nur die Aufgabe der Migrant:innen, sondern auch der Gesellschaft, in die sie geflohen sind. Lässt sich diese Spannung nicht auflösen, wird sie zur Last für die Nachfahren.

Im Vortrag auf dem bereits erwähnten Online-Kongress gab Luise Reddemann hilfreiche Hinweise, wie Kinder mit dem Leid der Eltern umgehen können: »Sie könnten also vor der Aufgabe stehen, sehr genau zu prüfen, ›was habe ich als kleines Kind von den Eltern übernommen und was habe ich konkret erlebt‹. Das ist auch ein Stück Trauerarbeit, denn Sie werden erleben, dass es da auch ein Stück Ohnmacht geben kann, dass man der vorigen Generation nicht die Arbeit abnehmen kann, die sie nicht machen konnte oder sogar wollte. Wer im Bombenkeller war, kann das nur für sich selbst beklagen und betrauern und – was mir besonders wichtig erscheint – akzeptieren als Teil der eigenen Geschichte. Es den eigenen Kindern weiterzuerzählen, womöglich wieder und wieder, ist keine Lösung. Das aber scheinen viele Kriegskinder nicht verstanden zu haben. Sie steckten fest in ihren Ängsten und in ihrer Not und erhofften Befreiung durch die eigenen Kinder. Das war ein Irrweg! Was könnte helfen? Vielleicht sich vorzustellen, wie Sie Ihr ›jüngeres Ich‹ liebevoll umarmen und halten. In der Vorstellung geschieht also genau das, was damals hätte geschehen sollen. Wir nennen das ›imaginative Nachbeelterung‹.«

Die Trauer kann freilich noch weitere, sehr bedrängende Dimensionen in sich tragen. Denn geht es nicht auch darum, den totalen Verlust der Menschlichkeit in Deutschland zu betrauern, der in einem Völkermord und einem Vernichtungskrieg mündete? Das Schuldgefühl, das viele von uns kennen, ist tatsächlich noch Teil einer Abwehr, wie Bettina Alberti sagt: »Es klingt paradox, aber das Schuldgefühl hat noch eine Schutzfunktion. Solange ich noch Schuld empfinde – die ich als Nachgeborene ja nicht habe! –, bin ich in einer anderen Energie, in der Empörung, gebunden. Wenn ich beginne, mich innerlich wirklich einzulassen auf das, was geschehen ist, erst dann kann die Trauer kommen. Der Weg dorthin ist lang, aber sehr wichtig. Er braucht Zeit, Empathie, auch viel Mut und dann die Fähigkeit, den Schmerz auszuhalten« (Rohde, 2022a). Zumal, wenn Vorfahren an den Verbrechen beteiligt waren.

Nur so wird allerdings auch der Weg zur Trauer über die Opfer in der eigenen Familie frei – weil sich nicht mehr dieses subtile Schuldgefühl davorschiebt, das wir angesichts der Verstrickungen in ein verbrecherisches Regime und der jahrzehntelangen Verleugnung der Schuld verdrängen mussten. Wenn sich das in Tränen auflösen kann, was so lange abgewehrt und blockiert war, kann es eine enorme Befreiung sein. So beschrieb es mir Thomas Schock, beim Volksbund Deutsche Kriegsgräberfürsorge verantwortlich für die Umbettung von neu entdeckten Kriegstoten auf offizielle Kriegsgräberstätten in ganz Europa. Oft habe er erlebt, wie Angehörige, die er zum Grab ihrer Vorfahren führte, die Fassung verloren, wie sie unter der Last des Schmerzes und der Trauer zusammenbrachen. Wie sie trotzdem danach erleichtert waren, diesen schweren Schritt endlich gegangen zu sein. »Viele empfinden für sich eine Pflicht gegenüber der Familie. Sie wollen eine Leerstelle in der Familiengeschichte füllen, eine Lücke in den Lebensläufen schließen, etwas Unbekanntes aufklären. Sie sagen:

›Da war immer etwas Seltsames, und wir kümmern uns jetzt darum. Die Älteren konnten das nicht, aber wir können es‹« (Rohde, 2018b).

Reisen zu Erinnerungsorten

Dorthin zu fahren, wo Ahnen gelebt haben, von wo sie flüchten mussten oder vertrieben wurden, wo sie begraben liegen, kann ein sehr bedeutsamer Akt sein. Das bezeugt nicht nur Thomas Schock, das wurde mir auch von vielen Workshopteilnehmenden bestätigt. Weil sie die Erfahrung bereits vor der Teilnahme gemacht hatten oder durch den Workshop dazu ermutigt wurden. In einer Umfrage, vom Kriegsenkel e. V. in Zusammenarbeit mit dem Volksbund durchgeführt (Mahnke u. Rohde, 2023), bekundeten fast alle der Befragten, dass der Besuch am Grab ihres im Zweiten Weltkrieg gestorbenen Vorfahren für sie ein bewegendes Erlebnis war. Aussagen wie die folgenden illustrieren dessen Kraft und Nachwirkungen:

> »In der Familie gab es damals den starken Wunsch, gemeinsam das Grab zu besuchen. Und es war tatsächlich das letzte Mal, dass die gesamte Familie gemeinsam gereist ist. Der Besuch ermöglichte uns, einen Abschluss zu finden, das Grab war ein Ort der gemeinsamen Trauer.«

> »Ich erinnere den Ort als sehr schön und würdevoll gestaltet. Wir konnten in Stille und Frieden auf einer Bank sitzen, und meinem Mann wurde zum ersten Mal richtig bewusst, dass dort sein Opa beerdigt lag. Er konnte im Totenbuch seinen Namen finden. Ein wichtiger Besuch. Als wir nach Hause kamen, redete der Vater von meinem Mann sehr viel über seine Vergangenheit, was er sonst nicht gemacht hatte. Obwohl er nach wie vor die Gedenkstätte und das Grab seines Vaters nicht besucht hat. Es hat irgendwie unsere Vergangenheit komplettiert.«

> »Es war beeindruckend und sehr emotional. Ich bin froh, diese Erfahrung gemacht zu haben.«

> »Es hat mir Ruhe und Frieden gebracht.«

In ihrem berührenden Film »Von dem, was bleibt« hat die junge Filmemacherin Johanna Groß die Suche nach ihrem im Zweiten Weltkrieg verschollenen Urgroßvater dokumentiert. Die Kamera begleitete sie zur Großmutter, die ohne Vater aufwuchs, zum Vater mit einer kriegstraumatisierten Mutter, in die Archive der Suchdienste und zur Kriegsgräberfürsorge, zum Psychologen[25] und schließlich an die Grenze zwischen Moldawien und Transnistrien, wo die Einheimischen von einem Feld berichten, unter dem ein Massengrab exekutierter Wehrmachtssoldaten sein soll. In einem Artikel über die Suche schreibt sie: »Ich weiß nicht, ob Josef tatsächlich unter diesem idyllischen Feld liegt, doch diese Landschaft berührt mich. Sie bewegt etwas in mir. Mehr als 1846 Kilometer und mehr als 77 Jahre in die Vergangenheit bin ich meinem Urgroßvater gefolgt. Er war 32 Jahre alt, als er seinen letzten Sommer in diesem wunderschönen Land, in einer grausamen Zeit verbrachte. Heute bin ich 32 Jahre alt. Ich trage den Namen Johanna Lena. Johanna nach Josef Johann, meinem Urgroßvater, und Lena nach Helene, meiner Urgroßmutter. 77 Jahre, nachdem der Nationalsozialismus ihre Schicksale auseinandergerissen hat, stehe ich auf diesem Feld. Und bin dankbar […], diesen Familienauftrag gelöst zu haben. Ich habe meine Urgroßeltern wieder vereint. Das spüre ich« (Groß, 2022). Zum Abschied versteckt sie einen Brief an den Ahnen in einem Walnussbaum.

Wovon nicht nur Thomas Schock und Johanna Groß berichten, sondern auch viele andere, die zu Kriegsgräberstätten oder früheren Wohnorten der Vorfahren gereist sind: die Gastfreundlichkeit der Menschen dort. Auch im Film »Sprechen Sie Deutsch?« des Filmemachers Oliver Kanehl ist das auf wunderbare Weise dokumentiert. Gemeinsam mit den Eltern und seinem Bruder war Kanehl nach Giżycko, früher Lötzen in Ostpreußen, gereist, um von dort aus der Fluchtroute des damals neunjährigen Vaters zu folgen. Es sind rührende Szenen, wie die heutigen Bewohner:innen der Wohnung die Familie einladen und der Vater berichtet, wie es bis 1944 dort aussah. Kein Groll, keine Aversionen, erst recht kein Revanchismus sind zu erleben. Auf menschlicher Ebene, so erleben wir, ist wahrhaft

25 Auch mit mir verbrachten sie und ihr Kameramann zwei Drehtage.

Frieden eingekehrt. Und aufgrund gerade solcher Besuche und Begegnungen ist etwas in Frieden gekommen, was lange geschmerzt hat.

Was mir ebenfalls immer wieder berichtet wird: dass sich diese Orte in der alten Heimat der Vorfahren seltsam vertraut anfühlen, obwohl es doch der erste Besuch der Enkel oder Urenkel ist. Ein Phänomen, das wir erleben, ohne eine wissenschaftlich abgesicherte Erklärung dafür zu haben. Die Erfahrung freilich bringt etwas zur Ruhe.

Abschiedsrituale

Durch das Buch »Heimat und Heimatlosigkeit« wurde ich auf eine Aktion der Künstlerin Sophie Ernst aufmerksam, die 2012 mit ihrer Installation »HOME« den Verlust von Heimat zweier Gruppen von Geflüchteten Ausdruck gab, eine betroffen von der Teilung des indischen Subkontinents, die andere von der Vertreibung der Palästinenser:innen aus ihrer Heimat. Die Teilnehmenden waren aufgefordert, »ihr damaliges Zuhause aus ihrer Erinnerung aufzuzeichnen. Ernst übersetzt[e] die Zeichnungen in Architekturmodelle, die sie durch Videoprojektionen belebt[e]. Diese zeigen Hände beim Skizzieren, Korrigieren und Wegradieren von Linien – gleichzeitig sind die persönlichen Schicksale der Protagonist:innen zu hören« (Abdallah-Steinkopff, Gavranidou u. Kahraman, 2023, S. 217). Das Ziel der Künstlerin: »Menschen, vertrieben und geflüchtet aus verschiedenen Ländern, begegnen sich im Rahmen dieses Kunstprojekts, beschreiben gegenseitig ihren Heim(at)verlust und teilen gemeinsam ihre Trauer. Auf diese Weise entwickelt sich ein Prozess des gegenseitigen empathischen Mitfühlens und Mitleidens über die verlorene Heimat« (2023, S. 217 f.). Wir können das als eine Art Abschiedsritual wahrnehmen. Die alte Heimat wird gewürdigt, betrauert das Leid, das durch die Vertreibung entstand. Solche Rituale können eine enorme Kraft entwickeln. Sie entstehen aus einer Imagination und verbinden ein konkretes Handeln, etwa das Zeichnen des Zuhauses, mit einer Verbalisierung, schließlich bekommt beides eine Gestalt. Sehr kraftvoll können auch Briefe an Verstorbene sein, wie wir am Beispiel der Filmemacherin Johanna Groß sehen konnten, an verlorene Orte, an Erinnerungsstücke oder an das Kind, das wir einmal waren. Oft entsteht anschließend der Wunsch, diesen Brief zu verbrennen, manchmal in der Vorstellung, der zum Himmel steigende Rauch könne die Botschaft in sich tragen.

In den Familienaufstellungen, an denen ich teilgenommen habe, gehörte es zum Abschlussritual, den Vorfahren zurückzugeben, was zu ihrem Leben gehörte, nicht aber zum Leben der Aufstellenden. Aus der Coaching- und Therapieforschung wissen wir, dass ein Dreiklang besonders hilfreich ist, um die Wirksamkeit des Rituals zu verstärken: eine klare Haltung des Körpers, eine eindeutige Geste des Handelns und die mit fester Stimme gesprochene Botschaft dazu.

Die eigene Identität stärken

Sind solch schwere Themen bearbeitet, öffnen sich neue Räume der Gestaltung und Selbstannahme. Sich der eigenen Erfolge und Problemlösungen bewusst zu werden, ist dazu ein wichtiger Schritt. Was ich im Coaching oft erlebe: dass Menschen trotz schwieriger Startbedingungen eine beeindruckende Lebensleistung erbracht haben, für die ihnen freilich die Wahrnehmung fehlt. Da ihre Familie ihnen kaum je Anerkennung gezeigt hat, fehlt ihnen das Zutrauen, sie sich selbst zu zollen. Knüpfen wir an diese Ressourcen an, öffnet sich zaghaft der Blick auf das Neue.

Ein zentraler Punkt scheint mir das Bewusstsein für unsere ganz eigenen Werte zu sein. Manche werden sich mit denen der Familie decken, andere aber auch nicht. Und es ist Teil der Ablösung, die einen von den anderen zu unterscheiden. In Workshops sind es diese drei Fragen, die uns differenzierter auf Werte schauen lassen:

- Was ist mir wichtig, was auch meinen Eltern wichtig war?
- Was lehne ich ab, was meinen Eltern wichtig war?
- Was ist mir wichtig, was für meine Eltern keine Bedeutung hatte?

In den Antworten spiegeln sich immer auch kollektive Entwicklungen. So zeigt sich deutlich, *wie* stark das Bemühen um eine sichere Bindung und den emotionalen Kontakt zu den Kindern gewachsen ist. Auch der Wunsch nach einer erfüllten Berufstätigkeit, in der Potenziale ausgelebt werden können, hat hohe Bedeutung bekommen – eng verbunden mit dem Ausstieg aus den Rollenklischees der 1960er und 1970er Jahre. Natürlich hat sich in den vergangenen Jahrzehnten sehr viel geändert, vor allem infolge der Frauenbewegung und des Feminismus. Auch über die Veränderung des modernen Mannes ist viel geschrieben worden, manches hilfreich, manches ziemlich larmoyant. Aber als die Coronapandemie über uns hereinbrach und wir im Lockdown Homeoffice und Homeschooling organisieren mussten, trugen die Frauen wieder die größte Last der Familienarbeit (wirklich verwunderlich ist das nicht, weil wir in Krisen dazu neigen, in alte Muster zurückzufallen). Angesichts des enormen Veränderungsdrucks, den unsere Gesellschaft gerade erlebt, ist es umso wichtiger, diesen Umgang mit schwierigen Lebenssituationen bewusst wahrzunehmen und zu gestalten. Die Kompetenzen dafür tragen wir in uns.

Veränderungen und Entwicklungsaufgaben annehmen

In einer immer komplexeren Welt fordern uns zahlreiche Veränderungen heraus. Wir müssen Abschied nehmen vom Vertrauten, müssen uns einlassen, neue Strategien entwickeln, neue Kompetenzen erarbeiten. Hinzu kommt seit einigen Jahren das Gefühl einer eskalierenden Verdichtung von Krisen durch Pandemie, Kriege oder Inflation. Ob sich der Umgang damit bewältigen lässt oder sich zu einer persönlichen Krise auswächst, hängt zum einen von unserem habituellen und aktuellen Selbstwerterleben ab. Ein zentraler Aspekt unseres Umgangs damit liegt zum anderen in den Krisenmustern unserer Familien. Tatsächlich sind gerade sie ein Gefühlserbe. Wie reagierten die Eltern darauf, wenn es schwierig wurde? Waren sie am Boden zerstört? Stritten sie nächtelang? Inszenierten sie vielleicht sogar das, was ich eine Elendskonkurrenz nenne: sich gegenseitig vorhalten, wem es gerade am schlechtesten geht? All das tragen wir in uns, und es wird in Krisen, wenn wir fast automatisch auf alte Prägungen zurückgeworfen werden, wieder wach. Was können wir stattdessen tun?

- Aus den üblichen Abwehrmechanismen wie Verleugnung, Bagatellisierung und Abwertung aussteigen,
- unsere Scham überwinden und uns anderen öffnen,
- uns Hilfe holen, am besten von Menschen, die sich mit einer Krisenintervention auskennen, die uns emotional auffangen und stabilisieren,

- uns ins Bewusstsein rufen, welche Probleme wir bereits gelöst haben – und wie,
- uns entängstigen – am besten mit der Hilfe anderer, wenn es nötig ist im Coaching oder in einer Therapie,
- echte Veränderungen angehen, die uns dauerhaft fit machen für die aktuellen Herausforderungen,
- Selbstfürsorge betreiben. Das wird gerade in Krisen oft komplett vergessen: gezielt für Ablenkung, Ausgleich, Gemeinschaft und Momente der Entspannung und Freude sorgen.

Einen Aspekt möchte ich noch einmal hervorheben, der mir angesichts unserer aktuellen Situation noch wichtiger zu sein scheint, als er es immer schon war: dass wir uns gezielt um Gemeinschaft bemühen, uns Hilfe holen, aber auch anderen unsere Hilfe anbieten. Uns miteinander verbinden.

Alte Glaubenssätze verabschieden

Sich mit wichtiger Teil unseres Umgangs mit Veränderungen und Krisen ist in unseren Glaubenssätzen geborgen. Glaubenssätze sind Regeln, mit denen wir unser Leben bewältigen. Sie helfen uns, mit der überwältigenden Fülle von Informationen und Eindrücken umzugehen und daraus Entscheidungen abzuleiten. Glaubenssätze bestehen aus Überzeugungen über uns und über das Leben, darüber, wie Ursachen und Wirkungen zusammenhängen. Sie sind die inneren Landkarten und Wegweiser, die wir benutzen, um uns in der Welt zu orientieren. Und auf diese Weise bieten sie uns Stabilität und Halt. Aber es gibt eben auch jene Glaubenssätze, die uns seit unserer Kindheit begleiten und eine blockierende Wirkung entfalten. Sätze wie: »Nimm dich nicht so wichtig!«, »Sei perfekt!«, »Ich bin verantwortlich!« oder »Ich darf keine Fehler machen.« Die Therapeutin Sandra Konrad vergleicht alte Glaubenssätze mit falschem Gepäck: als wären wir im Abendkleid auf Segeltour über den Atlantik oder mit Malariaprophylaxe in den Alpen unterwegs (vgl. Konrad, 2014). Ein sehr passendes Bild. Haben wir den Glaubenssatz verinnerlicht, Krankheit sei einfach nur ein Zeichen für Faulheit, werden wir kaum zu einer angemessenen Selbstfürsorge in der Lage sein. Wurde uns einst vermittelt, wir sollten uns gefälligst nicht so wichtig nehmen, wie kann es dann verwundern, wenn wir immer noch unsere Bedürfnisse in Familie und Beziehung hintanstellen. Oder unser Potenzial als Führungskraft nicht ausschöpfen. So entfalten überlebte Weisheiten der Älteren auch Jahrzehnte später noch ihre begrenzende, ja zerstörerische Wirkung.

Nehmen wir einen dieser Glaubenssätze unter die Lupe: »Ich darf keine Fehler machen.« Schauen wir zunächst auf die positiven Seiten. Jemand mit diesem Glaubenssatz wird ausgesprochen sorgfältig sein und nur Arbeit abliefern, die nach ihren oder seinen Maßstäben perfekt ist. Die negativen Seiten sind ebenfalls offenkundig: Mit diesem Glaubenssatz brauchen Menschen oft deutlich länger, weil das Ergebnis eben perfekt sein muss und sie immer in der Angst leben, sie hätten vielleicht doch einen Fehler gemacht. Das kann sie emotional blockieren, sich zu einer Angststörung auswachsen und in Teams Probleme bereiten. Besonders perfektionistische Mitarbeitende sind häufig besonders zuverlässig und fleißig, zunächst ein Gewinn für das Unternehmen. Aber genau sie sind es, die keine Grenzen ihres Einsatzes kennen, die zu Erschöpfungsdepressionen oder Burn-out tendieren. Es kann also eine Situation entstehen, in der dieser Glaubenssatz aufgeweicht werden sollte, seine imperative Macht verlieren, damit er das Erleben und Handeln nicht mehr so wuchtig bestimmt. Was nicht hilft, ist zu sagen: »Mach dich mal locker.« Das würde eine Abwehrreaktion provozieren. Womit wir schon näher an die Angst herankommen, ist diese Frage: »Was ist die Befürchtung, wenn in dieser Arbeit ein Fehler stecken könnte?« So entsteht eine Risikoeinschätzung, die einem Realitätscheck unterzogen werden kann. Ist die Befürchtung angemessen, ist es natürlich auch das Streben nach Optimierung. Aber wenn das Risiko kalkulierbar ist – woher kommt dann die Angst vor dem Versagen, die dem Anlass offenkundig nicht angemessen ist?

Der Glaubenssatz »Ich darf keine Fehler machen!« kann in der Kindheit verankert worden sein, wenn Eltern oder Lehrer:innen Fehler des Kindes hart bestraft oder auch mit Häme und Spott überzogen haben. Er kann allerdings auch ein Gefühlserbe der Familie und in Situationen verankert worden sein, in denen es tatsächlich um Leben oder Tod ging: im Krieg oder auf der Flucht etwa. Hier konnten Fehler bedeuten, dass ein Leben in Gefahr geriet, dass jemand sterben musste. Schauen wir genauer hin, entdecken wir eine Vielzahl von Glaubenssätzen, die aus alter Zeit stammen. Oder aus Lebensverhältnissen, die mit unseren nicht mehr vergleichbar sind, etwa im Umgang mit Essen.

Wie aber gelingt der Abschied von dysfunktionalen Glaubenssätzen, die Etablierung hilfreicher? Der erste Schritt ist getan, wenn die Quelle erkannt ist. War es eine traumatische Erfahrung in der Kindheit, lässt sie sich bearbeiten, ist es ein transgenerationales Erbe, löst schon diese Erkenntnis große Erleichterung aus. Dieses Erbe loszulassen, braucht etwas mehr Geduld. Denn ein Glaubenssatz, der uns ein Leben lang begleitet hat, hat neuronale Verschaltungen in unserem Gehirn hinterlassen. Er lässt sich nicht einfach verlernen oder überschreiben. Aber wir können ihn transformieren.

1. Schritt: erkennen, was er Positives bewirkt hat. Damit erkennen wir auch unsere Leistung an und stärken unseren Selbstwert.
2. Schritt: erkennen, wie er geschadet oder behindert hat. Hier öffnen wir uns einem neuen Potenzial, einem Ziel, einer Sehnsucht.
3. Schritt: einen funktionalen neuen Satz formulieren. Zum Beispiel diesen: »Ich mache meine Arbeit gut, und ich darf auch mal Fehler machen.«

Dann beginnt eine Zeit der Achtsamkeit. Taucht der alte Satz wieder auf, wenn eine Mail die siebte Korrekturrunde durchläuft, können wir das wahrnehmen und entscheiden, ob wir das so wollen. Ob es dem Anlass angemessen ist oder eben nicht. Wir können die Angst, die aufsteigt, freundlich begrüßen, lange ausatmen, um sie abfließen zu lassen – und dann auf den Senden-Knopf drücken, nach nur zwei Korrekturrunden. Verhaltenstherapeuten haben dafür das wunderbare Wort »Mikroabenteuer« erfunden (Rohde, 2021b). Und je häufiger wir diese Abenteuer bestanden haben, umso stärker wird die neue Gewohnheit. Umso bereitwilliger werden wir auch größere Abenteuer angehen und sie meistern. Und irgendwann ist der alte Glaubenssatz Geschichte, der neue etabliert.

Ein Plädoyer für Kairos-Momente

Wir alle kennen das Sprichwort, dass wir eine Gelegenheit beim Schopf packen sollen. Die Herkunft dieses Bildes ist freilich wenig bekannt: Es ist abgeleitet vom griechischen Gott Kairos, dem Gott des richtigen Augenblicks. Die wenigen Darstellungen, die es von ihm gibt, zeigen ihn als Gestalt mit Flügelschuhen, einer langen Locke an der Stirn und einem kahlen Hinterkopf. In seiner Hand hält er ein scharfes Messer, auf dem er eine Waage balanciert. Schnell ist er unterwegs auf seinen geflügelten Füßen, und zu fassen bekommt ihn nur, wer ihn im Vorübereilen von vorn beim Schopfe (sic!) packt. Wer den Augenblick verpasst, greift ins Leere und muss die Gelegenheit ziehen lassen. In einem Gedicht aus dem 3. Jahrhundert v. Chr. sagt Kairos: »Wenn ich mit fliegendem Fuß erst einmal vorbeigeglitten bin, wird mich auch keiner von hinten erwischen, so sehr er sich bemüht.«

Ich finde es eine faszinierende Vorstellung: ein Gott, der unterwegs ist und uns neue Möglichkeiten für unser Leben offenbart. Wenn ich in Workshops davon erzähle, löst das spontan gute Laune aus, aktiviert es die Fantasie der Teilnehmenden. Was kann uns Kairos präsentieren? Eine Erkenntnis, die unsere Sicht auf das Leben verändert. Einen Menschen, der uns spontan elektrisiert. Einen Ort, der uns magisch anzieht. Ein Angebot, das uns ein neues Universum öffnet. Wir erleben einen Augenblick, in dem die Welt anzuhalten scheint. In dieser Sekunde, in diesem magischen Moment, sind wir im Kontakt mit dem, worum es in unserem Leben wirklich geht. Wir erhaschen einen Blick auf unser wahres Selbst. Wir greifen zu – und auf einmal ist alles anders. Von nun an kennen wir unseren Weg. Oder wir empfinden tief, was nun zu Ende geht. Genau jetzt, keinen Augenblick später!

Was ist passiert? Auf der Handlungsebene sind es zwei Zeitrhythmen, die für den Moment miteinander synchronisiert sind. Die Wege zweier Menschen kreuzen sich, zwei Entwicklungslinien berühren sich an einem Punkt. Ob wir das Zufall nennen, Fügung oder Vorsehung, ist unerheblich. Wichtig ist allein: Hier öffnet sich die Chance auf eine bedeutende Veränderung auf unserem Lebensweg. Kairos öffnet uns eine Tür. Auf einer spirituellen Ebene haben wir einen Blick auf unser Selbst getan. Der Arzt und Ökonom Stefan Brunnhuber sagt: »Kairos ist, wenn Zukunft Gegenwart gestaltet. Für einen Augenblick können wir einen Moment der Zukunft erleben« (zit. nach Rohde, 2020b, S. 48). Wir empfinden tief, dass sich hier eine Sehnsucht erfüllen will – und jetzt die Gelegenheit besteht, dass es wirklich gelingt. Im Coaching ist Kairos deswegen der natürliche dritte Partner für den gemeinsamen Prozess. Er ist gleichsam der personifizierte Möglichkeitsraum, in den hinein wir uns entwickeln können. Um es philosophisch zu sagen: Man kann Jahre verbringen, die nur so dahinrauschen, aber dann kommt ein einziger Moment, der alles anhält und lebenswichtig erscheint. In dieser Sekunde, in diesem magischen Moment, sind wir im Kontakt mit dem, worum es in unserem Leben wirklich geht. Und diese Sehnsucht, dass sich das erfüllen möge, kennen wir alle.

Kairos-Momente folgen immer derselben Dramaturgie. Rhythmen der Veränderung synchronisieren sich und eröffnen Chancen auf bedeutende Schritte auf unserem Lebensweg. Wann das geschieht, können wir nicht vorhersehen. Wenn wir diese Chancen aber nutzen können wollen, müssen wir sie zunächst wahrnehmen. Wie erkennen wir, dass wir genau jetzt die Gelegenheit beim Schopfe packen sollten? Und wie gelingt es uns, das tatsächlich zu tun? Es sind fünf Dinge nötig, um in einem Kairos-Moment zuzugreifen:

- Achtsamkeit, um den Moment wahrzunehmen,
- Bewusstheit, um seine Bedeutung zu erkennen,
- Intuition, die uns ohne lange Überlegungen entscheiden lässt,
- Mut, um die gewohnten Wege zu verlassen,
- Selbstvertrauen, dass wir die Probleme auf dem Weg schon lösen werden.

Möglicherweise liegt viel Mühe vor uns. Außerdem wissen wir nicht, ob unser Wagnis gut ausgeht. Das müssen wir aushalten. Die Befürchtung, wir könnten einen Fehler machen, wenn wir von den gewohnten Wegen abweichen und versuchen, Neues zu etablieren, liegt auf der Hand. Sie ist eine Erklärung dafür, warum wohl jede und jeder von uns schon Kairos-Momente verstreichen ließ. Manche freilich mehr als andere. Es ist naheliegend, dass ängstliche oder pessimistisch veranlagte Menschen eine mit Unsicherheit behaftete Zukunft deutlich mehr scheuen als mutige und optimistische. Dass die ängstlichen zumal in einer Situation, in der ihnen eine schnelle

Entscheidung abgefordert wird, zurückweichen und den Schritt ins Unbekannte verweigern. Auch Partner:innen können das verhindern. Gerade für narzisstisch geprägte Menschen sind die Entwicklung und Veränderung ihres Partners oder ihrer Partnerin eher eine Gefahr denn eine Chance. Auf Dauer bleibt das freilich nicht ohne Folgen. »Wird Kairos nicht erkannt«, sagt Stefan Brunnhuber, »wandelt sich die Energie, die in ihm geborgen ist, ins Schlechte.« Wenn wir uns den Kairos-Momenten verweigern und unseren Konditionierungen verhaftet bleiben, kann das Ergebnis tragisch sein. »Der Moment, den ich verpasse, wendet sich gegen mich. In der Terminologie von C. G. Jung würde man sagen, dass ich die Individuation verweigere und irgendwann der Schatten die Führung übernimmt. Das entspricht meiner Erfahrung als Klinikchef: Im schlimmsten Fall mündet das in psychische Erkrankungen, in Depressionen, Burn Out, Angsterkrankungen oder Psychosen. Dann entstehen Lügen statt Wahrheit, Achtlosigkeit statt Achtsamkeit, Aggression statt Empathie« (Rohde, 2020b, S. 48).

Dies ist also ein Plädoyer dafür, unseren Mut zusammenzunehmen und Risiken einzugehen. Das kann eine Menge Folgearbeit nach sich ziehen. Aber so ist es ja oft: Wenn wir vorher gewusst hätten, worauf wir uns eingelassen haben, wären wir womöglich gar nicht durch die offene Tür gegangen – und sind am Ende aber meist trotzdem froh. Und selbst wenn wir scheitern, sind es diese Momente, die in der Rückschau wie Marksteine aus unserer Biografie herausragen. Wir haben die Qualität des Augenblicks wahrgenommen und sind das Wagnis eingegangen. Ja, wir brauchen Hoffnung und Vertrauen. In uns selbst und in das Leben. Meine tiefe Überzeugung und zugleich meine Erfahrung: Wir haben allen Grund dazu.

Achtsam das Neue entwickeln

Selbstheilungskräfte aktivieren

Sind wir an diesem Punkt des Prozesses angekommen, an dem Heilung und Integration auf dem Weg sind, kann Eigentümliches passieren: Das Leben wirkt auf einmal ein bisschen leer, fast öde. Wir haben uns von Lasten befreien können, sind nicht mehr permanent in innere Kämpfe und äußere Konflikte verwickelt, es gibt Momente von Ruhe und Entspannung, aber zugleich ist da … Langeweile. Das Drama war so lange Teil unseres Lebens, unserer Identifizierungen, dass sich an den Orten, an denen wir verzweifelten, stritten, kämpften, nun ein Loch auftut. Hatten wir nicht gedacht, dass sich dort wie von selbst das Glück und tiefe Zufriedenheit einstellten? Nun sind wir enttäuscht, dass uns diese erhoffte Belohnung vorenthalten wird. Und jetzt? Es ist wie ein vollkommen verwilderter Garten, den wir bis auf einige schöne Gehölze und Blumen gerodet und umgegraben haben und der nun bereit ist für eine neue Struktur, neue Gestaltung, neue Atmosphäre. Im Moment schaut uns eine nicht sonderlich attraktive Fläche an, die zugleich eine Aufforderung darstellt: »Nun mach aber auch etwas aus mir!«

Das kann vieles heißen: selbstschädigendes Verhalten wie Rauchen, zu viel Alkohol oder ungesunde Ernährung beenden, sich aus toxischen Beziehungen zurückziehen, den Job kündigen, eine Paar- oder Familientherapie beginnen, einen Umzug planen, einen lang gehegten Traum verwirklichen. Viele von uns neigen dazu, schnelle Entscheidungen treffen zu wollen, weil sich die Leere so verunsichernd anfühlt. Aber das könnte ein Fehler sein: weil wir das Problem mit der Lösung zudecken. Natürlich kann sich eine wunderbare Möglichkeit öffnen, und dann gilt es zuzugreifen. Kairos wartet nicht. Naheliegender ist es freilich, dass wir – ausgestiegen aus Delegationen, Zuschreibungen und überlebten Mustern des Familiensystems – uns erst einmal wieder mit uns selbst befreunden. Kennenlernen, was *wirklich* unseres ist. Darum soll es im Folgenden gehen.

Achtsamkeitstraining

Sich mit dem Körper befreunden: Dieses Motto von Bessel van der Kolk möchte ich noch einmal aufgreifen. Was bedeutet das? Zum einen meint es zunächst so banal erscheinende Dinge wie sportliche Aktivitäten. Dass sie alles andere als banal sind, merken wir spätestens, sobald ein gewisser Trainingseffekt einsetzt und sich langsam das Körpergefühl verändert. Vor allem aber geht es um ein neues, intensiveres Gewahrsein dafür, was im Körper geschieht und wie unsere Gedanken und Gefühle mit ihm in permanenter Interaktion sind. Wenn wir Jahrzehnte den Überlebensmodus hatten, unangenehme Empfindungen zu ignorieren, dann geht es nun darum, langsam und vorsichtig wieder eine Wahrnehmung dafür zu entwickeln.

Eine sehr erfolgreiche Methode, deren Wirksamkeit in vielen Studien nachgewiesen wurde, ist MBSR (Mindfulness-Based Stress Reduction). Was heute in achtwöchigen Kursen gelehrt wird, hat der amerikanische Arzt Jon Kabat-Zinn in den 1970er Jahren für die Schmerztherapie entwickelt. Mittlerweile sind viele weitere positive Effekte erforscht: Erhöhung der Lebenszufriedenheit, die Reduzierung von Stresserleben, eine Verbesserung stressbedingter Gesundheitsfaktoren wie chronischer Schmerz, Bluthochdruck oder Funktionen des Immunsystems (vgl. Schmiedeler, 2024). Das sind freilich nur die physiologischen Effekte. Zudem fördert das Achtsamkeitstraining die kognitive Flexibilität und hilft dabei, die eigenen Gedanken und Gefühle besser zu erkennen, indem wir in die Perspektive des inneren Beobachters kommen. Gerade hierfür ist ein zentraler Bestandteil der MBSR-Kurse bedeutsam: der Austausch über die Erfahrungen mit den Übungen in der Gruppe. Schließlich entwickeln wir auch ein besseres Gespür für den eigenen Körper, damit auch für unsere Bedürfnisse, und erleben, wie die Gefühle im Körper verankert sind. Erreicht werden diese tatsächlich erstaunlich umfangreichen Effekte mithilfe einer Mischung aus Meditation, Yoga, einer bewussten Wahrnehmung von Gefühlen und dem sogenannten Body Scan, bei dem man in entspannter Aufmerksamkeit alle Teile des Körpers von innen wahrnimmt, von der Fußsohle bis zum Scheitel und zurück. Vor allem die Meditation, zeigen Studien, verändert die Hormonpegel im Blut und reduziert so den Stress, sie bewirkt sogar Veränderungen in der Gehirnstruktur: Die Amygdala, unser Angstzentrum, schrumpft, der Hippocampus, bedeutsam für Gedächtnisfunktionen, wächst.

Sukzessive können wir mithilfe der Achtsamkeitsübungen lernen, uns emotional besser zu regulieren, und einen anderen Umgang mit belastenden Gefühlen entwickeln. Ein Beispiel: Nicht selten stoßen wir bei der Erarbeitung neuer Haltungen und Verhaltensweisen auf überraschende Widerstände in uns selbst. Dann steigt auf einmal Übelkeit auf, wenn wir dem Team vermitteln wollen, dass wir diesen neuen Auftrag nicht übernehmen werden. Eine hilfreiche Wahrnehmung. Diese Körperreaktion, vom Neurowissenschaftler António Damásio »somatischer Marker« genannt, signalisiert einen inneren Konflikt. Das Ziel »Entscheidungsfreiheit«, vom Verstand ausgerufen, kollidiert mit einer Bewertung des Unbewussten, das Gefahr meldet, womöglich eine tief liegende Angst vor Liebesentzug und Ablehnung, in der Kindheit vielfach erlitten. Das ist das Spannende an Körperempfindungen: Bevor der Verstand überhaupt weiß, worum es geht, präsentiert uns der Körper schon die Deutung. Sie einfach zu ignorieren, ist keine gute Idee, denn die Spannung, die dabei entsteht, trägt das Scheitern bereits in sich. Vielmehr geht es nun darum, die Ursachen zu erforschen und ins Bewusstsein zu holen, welcher innere Konflikt hier gerade aufbrandet. So kommen wir zu neuen Erkenntnissen und neuen Lösungen.

Mitgefühlstraining

Gestörte und dysfunktionale Beziehungen sind ein zentraler Bestandteil des Gefühlserbes, unter dem so viele von uns leiden. Wir fühlen uns nicht gesehen, nicht gehört, resignieren daran oder versuchen immer aufs Neue mit Argumenten, die uns absolut plausibel scheinen, die anderen von unserer Haltung zu überzeugen. Schon die Zahl der vergeblichen Versuche zeigt: So funktioniert's nicht. Wie aber dann? Abseits von Möglichkeiten, die eine Paar- oder Familientherapie bieten, möchte ich die Erkenntnisse eines faszinierenden Forschungsprojekts des Max-Planck-Instituts für Kognitions- und Neurowissenschaften vorstellen. Es ist ein wunderbares Beispiel, wie wir mithilfe spezieller Übungen Fähigkeiten wie Aufmerksamkeit, Körper- und Selbstgewahrsein, eine gesunde Emotionsregulation, Selbstfürsorge, Empathie und Mitgefühl verbessern können. Das Projekt trug den Namen »ReSource« und war eine der bislang größten wissenschaftlichen, mentalen Trainingsstudien zur Kultivierung dieser Eigenschaften.[26] Die Ausgangsfrage lautete zusammengefasst: Lässt sich Nächstenliebe üben? Die eindeutige Antwort: Ja.

---

26 Ein Überblick mit vielen Links zu weiteren Informationen ist hier zu finden: https://www.resource-project.org/.

Aus Sicht der Psychologie verbinden sich in der Nächstenliebe drei grundlegende Fähigkeiten des Menschen:

Empathie: die Fähigkeit, die eigenen Gefühle wahrzunehmen und aus dieser Kenntnis heraus mit anderen in emotionale Resonanz zu gehen;

Mitgefühl: die Fürsorge für den anderen, das Bedürfnis, ihm in schwierigen Situationen zu helfen; auf neurochemischer Ebene werden die Hormone Dopamin, Oxytocin und körpereigene Opiate freigesetzt, was wir als Belohnung, Entspannung und Ruhe wahrnehmen;

»Theory of Mind«: die Fähigkeit und Bereitschaft, sich in die Lage des anderen zu versetzen, gerade auch, wenn er sich durch Alter, Geschlecht oder kulturelle Prägungen stark von uns unterscheidet. Hier hat man kein wirkliches Gefühl, kein warmes Empfinden; es ist eine eher abstrakte Fähigkeit, sich in das Gedankensystem eines anderen hineinzudenken.

Drei verschiedene neuronale Netzwerke repräsentieren diese Fähigkeiten im Gehirn. Entsprechend entwickelten die Forschenden drei Trainingsmodule, in denen sich die 300 Proband:innen der Studie jeweils drei Monate lang übten. Im ersten Modul konzentrierten sie sich in klassischen Meditationen auf ihre Atmung, ihre Sinneseindrücke oder Bereiche ihres Körpers – Übungen, die ich bereits im vorigen Abschnitt beschrieben habe. Das zweite Modul stand im Zeichen von Mitgefühl, Dankbarkeit und dem Umgang mit schwierigen Gefühlen. Hier tauschten sich die Teilnehmenden in Partnerübungen aus, um ihr Einfühlungsvermögen zu verbessern. Sie berichteten am Telefon von einer schwierigen Situation, die sie am Tag erlebt hatten, und wie sich das körperlich für sie angefühlt hatte, etwa in Verbindung mit feuchten Händen oder Herzklopfen. Zudem beschrieben sie eine Situation der Dankbarkeit und die Reaktion ihres Körpers darauf. Im Anschluss erzählte das Gegenüber, das zuvor nur zugehört hatte. Diese Herz- und Dankbarkeitsübungen waren besonders effizient und wirkten sich auf das Mitgefühl sehr positiv aus. Im dritten Modul trainierten die Teilnehmenden ihre Fähigkeit zum Perspektivwechsel. Sie schlüpften gedanklich in die Rolle eines ihrer inneren Persönlichkeitsanteile – etwa der besorgten

Mutter, des neugierigen Kindes oder des strengen Richters – und schilderten eine Situation aus dessen Perspektive. Während sie selbst sich also darin schulten, sich besser zu verstehen, übten die Zuhörenden sich darin, sich in die Gedankenwelt des Gegenübers hineinzuversetzen. »Um wirklich Mitgefühl zu empfinden, gerade wenn ich jemanden als sehr anders als mich erlebe, brauche ich unbedingt die Theory of Mind, um seine andersartigen Glaubenssätze und somit sein Verhalten überhaupt verstehen zu können«, erläutert die Neurowissenschaftlerin Tania Singer, Leiterin des Projekts. »Erst so kann sich wirkliches Wohlwollen entfalten« (zit. nach Rohde, 2021c, S. 48).

Im Forschungsprojekt wurden alle drei Module an sechs Tagen pro Woche geübt, 30 Minuten täglich. Echte Änderungen in Haltung und Verhalten brauchen Zeit. Aber nach Abschluss der Übungen fühlten sich die Teilnehmenden nicht nur subjektiv deutlich besser, auch die für Mitgefühl zuständigen neuronalen Netzwerke hatten sich deutlich stärker ausgeprägt. »Wir alle sind mit Mitgefühl ausgestattet«, formuliert Tania Singer die zentrale Botschaft des Projekts. »Und wenn es verschüttet ist, kann man es in sich wiederentdecken« (Rohde, 2021c, S. 49).

Wir stellen uns vor: eine Theory-of-Mind-Session über Geflüchtete, den Klimawandel oder Antisemitismus in Deutschland, bei der eine Person angeleitet wird, ihre inneren Anteile wahrzunehmen, und ihr Gegenüber, sich in diese Gedankenwelt hineinzuversetzen. Eine Person spricht, die andere hört nur zu, 15 Minuten lang. Dann wird getauscht. Und am nächsten Tag geht's weiter. Was für ein faszinierendes Experiment wäre das! Klingt unrealistisch? Nur so lange, bis man es ausprobiert hat. Mitgefühl ist nichts Abstraktes, es entwickelt sich im Kontakt.

Biografiearbeit

Es ist das Zusammenspiel aller drei Aspekte des Mitgefühls, das eine zutiefst positive Lebenshaltung ermöglicht. Ein Mensch, der seine eigenen Gefühle nicht kennt, wird die anderer nur schwer verstehen. Jemand, der keinen Impuls zur Fürsorge hat, kann sich mit anderen kaum verbinden. Eine weitere wichtige Blockade: ein mangelndes

Selbstwertgefühl. Menschen, die sich selbst ablehnen oder gar hassen, haben es sehr schwer, Mitgefühl für andere zu entwickeln. Den Zugang zu diesen zentralen Aspekten der eigenen Persönlichkeit ermöglicht eine gänzlich andere Art der Selbstwahrnehmung: die Biografiearbeit. Und es sind vor allem die Wendepunkte und Wegmarken, die aus zahllosen Erlebnissen herausragen. Manchmal bemerken wir sie unmittelbar, oftmals erst in der Rückschau. In diesen kostbaren Momenten kommt das Leben gleichsam zu sich selbst. Und Biografiearbeit ist ein gutes Hilfsmittel, ihnen auf die Spur zu kommen. Im professionellen Kontext ist sie ein pädagogischer Ansatz, relevant in der Jugendhilfe, vor allem in der Arbeit mit Adoptiv- und Pflegekindern, in der Sozialarbeit, der Erwachsenenbildung und der Arbeit mit alten Menschen. Das Spektrum reicht vom »Erzählcafé«, in dem Jugendliche ältere Menschen zu ihrem Leben befragen, über Wochenendworkshops bis zu Gruppen, die sich über einen längeren Zeitraum treffen und ihre Erinnerungen aufschreiben. Aber im Grunde genommen findet Biografiearbeit immer dann statt, wenn die Ereignisse eines Lebens strukturiert wahrgenommen werden. Also auch im Coaching oder in der Gesprächstherapie. Tatsächlich aktiviert die erzählende Beschäftigung mit dem Leben unsere Selbstheilungskräfte. Und dabei sind vier Faktoren wirksam, wie die Psychoanalytikerin Brigitte Boothe (2011) erläutert.

Aktualisierung: Jeder, der erzählt, vergegenwärtigt sich seines Lebens. Man ist in eine Kontinuität eingebunden, es gibt einen »Faden vom Hier und Jetzt zum Dort und Damals«. Dieses Dort und Damals könne eine »funkelnde Gegenwärtigkeit« bekommen, so Boothe (zit. nach Rohde, 2019, S. 43).

Bewältigung: Die in der Psychologie bekannteste Wirkung des Erzählens. Viele Menschen wollen belastende Erlebnisse erzählen, um eine Struktur zu entwickeln, mit deren Hilfe es schließlich gelingt, ihnen einen angemessenen Platz in ihrem Inneren zu geben. Das Erzählen lässt sie die Gefühle miterleben, und diese Konfrontation ermöglicht die Emotionsregulation.

Wunscherfüllung: »Durch das Erzählen gestalte ich mir die Welt so, dass meine Wünsche ein wenig mehr bedient werden – meistens, ohne es zu merken«, sagt Brigitte Boothe. »Und wenn mir diese Geschichte geglaubt wird, hilft mir das sehr, dass sich meine erlebte

Wirklichkeit der annähert, die ich mir wünsche« (zit. nach Rohde, 2019, S. 43).

Schließlich die *soziale Integration:* Wir bringen uns als Individuum in die Gemeinschaft ein, werden erzählend erkannt und bekommen die Bestätigung, dass andere uns unsere Erzählung abnehmen. Deswegen ist Biografiearbeit in der Gruppe so wirkungsvoll, im direkten Kontakt mit anderen, die ebenfalls einen neuen Zugang zu ihrer Geschichte suchen. Allein das Erlebnis, dass jemand erst neugierig fragt und dann geduldig zuhört, macht die gemeinsame Arbeit zu etwas Besonderem (vgl. Rohde, 2019, S. 43).

Eine wichtige Erkenntnis der Psychoanalytikerin: »Es ist Menschen fast unmöglich, komplett negativ von und über sich zu erzählen. Sie finden immer wieder ein Eckchen der Geschichte, in dem sich etwas Positives, Liebenswertes findet« (zit. nach Rohde, 2019, S. 43). Leuchten wir ausführlicher in dieses Eckchen hinein, tauchen häufig Erfahrungen, Fähigkeiten oder Ressourcen auf, die Erlebnisse in einem anderen Licht dastehen lassen. So dient die Reflexion der eigenen Biografie dazu, Gegenwart zu verstehen und Zukunft zu gestalten. Der Sinn, den wir retrospektiv entdecken, kann von nun an in unsere kommenden Entscheidungen einfließen.

Biografiearbeit öffnet damit den Weg zur Versöhnung mit dem eigenen Lebensweg. Wenn wir merken, dass wir an einem Wendepunkt angekommen sind, hilft es, sich der Biografie bewusst zu werden. Denn Erinnerungen und Gedächtnis sind eng mit der persönlichen Identität verbunden. Wir sind, was wir erinnern. Im Zentrum stehen dabei die Bedeutungen, die wir Erlebnissen beimessen. Zeigen sie unsere Fähigkeiten oder Defizite, Freude oder Leid, Erfolge oder Erfahrungen des Scheiterns?

In der sogenannten Lebensrückblicktherapie, die der Traumatologe Andreas Maercker entwickelt hat, werden gezielt alle Aspekte aktiviert (vgl. Maercker u. Forstmeier, 2013). Für jede Lebensphase werden drei Fragen gestellt: nach einem positiven Lebensereignis, nach einem negativen und nach einem Erlebnis, in dem ein Problem gut bewältigt werden konnte. Maercker und seine Kolleg:innen nutzen diese Methode gezielt zur Behandlung von Depressionen – mit erstaunlichem Erfolg. Allein mithilfe des angeleiteten Erzählens bessern sich im Verlauf von drei Monaten Selbstwert, Wohlbefinden sowie der Erinnerungs- und Erzählstil, werden Depressionen genauso gelindert wie durch die Einnahme von Psychopharmaka. So zitiert Maercker eine Patientin: »Mir ist in der Therapie aufgefallen, dass es mir extrem gutgetan hat, die verschiedenen Stationen meines Lebens zu beschreiben, und ganz wichtig dabei war, von den Menschen zu erzählen, mit denen ich herzlich verbunden bin. Das ist in meinem Leben eine Schatztruhe, zu der ich mich immer dann wieder begeben kann, wenn ich meine, alles sei damals kaputt gegangen. Diese Übungen haben mir deutlich gemacht, dass die Freundschaften die wichtigste Sache auf der Welt sind« (zit. nach Rohde, 2018b, S. 63).

Abseits der Therapie ist der positive Effekt ebenso spürbar. In vielen Seminaren für autobiografisches Schreiben habe ich diese Art des Lebensrückblicks selbst angeleitet. Die Teilnehmenden waren nicht selten verblüfft. Was sich vorher darstellte als Nach- und Nebeneinander willkürlicher Entscheidungen, Erfahrungen von Scheitern oder Ausgeliefertsein, sortierte sich zu dem, was wir den sprichwörtlichen roten Faden nennen. Ein tieferer Sinn wurde spürbar. Nicht selten waren es gerade die negativen Erlebnisse, die sich als wichtige Wendepunkte herausstellten. Oder, wie eine Teilnehmerin staunend sagte: »Nach einem langen Umweg bin ich wieder bei mir selbst angekommen.«

Autobiografisches Schreiben

Sich schreibend der eigenen Geschichte zuzuwenden, kann ausgesprochen heilsam sein. Das ist durch zahlreiche Studien belegt, zuerst in den 1980er Jahren vom amerikanischen Psychologen James Pennebaker. Er wies nach, dass bereits 10 bis 30 Minuten des Schreibens über emotional Belastendes an drei bis fünf Tagen hintereinander signifikante Effekte auf Gesundheit, Leistungsfähigkeit und Wohlbefinden haben (Maercker u. Forstmeier, 2013). Wir aktivieren gleichsam unsere Selbstheilungskräfte, sobald wir Geschichten über uns erzählen. Und nicht nur das. Es ist auch ein Bekenntnis der eigenen Ich-Stärke, wie Brigitte Boothe formuliert: »Wer von sich selbst erzählt, macht Ansprüche geltend. Sein Befinden in der Welt soll für die Welt Bedeutung haben« (zit. nach Rohde 2019). Dabei geht die schreibende Beschäftigung mit der eigenen Biografie über das eigentliche Erinnern deutlich hinaus. Das Schreiben entwickelt seine eigene Kraft, wir werden gleichsam zu Regisseur:innen unseres eigenen Lebens, selbst wenn wir Erfahrungen des Scheiterns beschreiben. Wir können in eine souveräne Position gelangen, von der aus wir auf Augenhöhe mit Erlebnissen kommen, die vorher überwältigend schienen. Das gelingt beim Schreiben übrigens leichter als beim Sprechen, weil wir einen Text immer wieder verändern können, vor allem auch die Tonlage und unsere Position als Handelnde. Indem wir die roten Fäden in unserem Leben herausarbeiten, erkennen wir auch den Sinn belastender Erfahrungen und das, was wir gerade in diesen Situationen gelernt haben. So entsteht Kapitel um Kapitel ein neues Narrativ. Wir erkennen, warum wir wurden, was wir jetzt sind.

Das Bedürfnis danach ist groß. Und es sind gerade Menschen an Wendepunkten ihres Lebens, die sich ihrer und der Geschichte ihrer Familie zuwenden. Es wird Bilanz gezogen, und zumal bei Älteren besteht der intensive Wunsch, den Kindern und Enkeln diese Erinnerungen zu hinterlassen. Nach dem Psychoanalytiker Erik Erikson können wir dieses Bedürfnis »Generativität« nennen, den Versuch, den Nachkommen den eigenen Erfahrungsschatz verfügbar zu machen. Wie ich ausführlich beschrieben habe, ist das ein Problem in Deutschland, wo so viele Familiengeschichten durch die Nazizeit und den Krieg im Dunklen verschwinden mussten, um das Leid, vor allem aber auch die Schuld zu verdecken. Dieser Bruch in der transgenerationalen Familiengeschichtsschreibung wird von vielen als drängend und belastend empfunden. Wir fühlen uns nicht verortet, nicht wirklich verwurzelt – und das Projekt, die Geschichte der eigenen Familie aufzuschreiben, dabei erforschend die Lücken zu füllen, soll dieses Leid heilen. Gerade auch für die kommenden Generationen.

Dieses Ansinnen ist Selbsttherapie pur. Das habe ich im Kontakt mit vielen Workshopteilnehmenden, aber auch mit Autor:innen von Autobiografien immer wieder erlebt. Schon ein kleiner Brief, an ein Erinnerungsstück der Familie geschrieben, weckt viele Emotionen, übrigens zumeist positive. Wie schon bei der Biografiearbeit beschrieben, aktualisiert der Kontakt mit den Familiengeschichten deren Vergangenheit in unserer Gegenwart und eröffnet die Möglichkeit, neue Haltungen auszuprobieren und zu gestalten. Das Schreiben bringt diesen Prozess zu einem vorläufigen Abschluss. »Es ist, als könnte ich ein Kapitel meines Lebens ins Regal stellen«, sagte mir eine Autorin. »Und mit jedem Kapitel, das dort steht, wird die Last kleiner.« Freilich ist es wie immer, wenn etwas wirkt: Nebenwirkungen gibt es auch. So können natürlich auch bedrohliche oder gar traumatisch erlebte Situationen eine bedrängende Gegenwärtigkeit bekommen. An Punkten wie diesen sollte das Projekt pausieren, sollte es mit einer (Trauma-)Therapie weitergehen.

Und nicht verschwiegen sei, dass sich während des Schreibens immer wieder verbietende Elternintrojekte melden können, innere Stimmen, die das ganze Vorhaben als sinnlos bezeichnen und die Schreibenden für unfähig erklären. Tatsächlich habe ich weder im Coaching noch in Workshops Menschen erlebt, die diese Stimmen und ihre abwertenden Kommentare nicht kennen. Deswegen leite ich jeden Workshop mit einer Übung ein, in der wir diese inneren Anteile kennenlernen, ihre Motive erforschen und damit einen Dialog ermöglichen. Bei genauerem Hinsehen merken wir, dass hinter einem Satz wie »Damit machst du dich lächerlich!« durchaus ein beschützender Impuls stecken kann (wenngleich gut getarnt). Denn wer sich mit eigenen Texten nicht in der Öffentlichkeit präsentiert, kann sich natürlich auch nicht blamieren. Die Erfahrung zeigt: Ein Umgang mit diesen Stimmen ist möglich.

Eine Abwandlung des autobiografischen Schreibens habe sich in der Praxis mit Eingewanderten und Schutzsuchenden sehr bewährt, schreiben die Autorinnen Barbara Abdallah-Steinkopff, Maria Gavranidou und Birsen Kahraman: Briefe an die Heimat oder an in der Heimat Gebliebene zu schreiben und ihnen Gedanken, Gefühle – positive wie negative –, Sehnsüchte und Verhaltensweisen zu erzählen. »Der seelische Schmerz aufgrund von Heimweh und Heimatlosigkeit ist für viele Betroffene oft schwer zu beschreiben. Assoziationen, körperliche und psychische Empfindungen, Erinnerungen und Ereignisse diesbezüglich in Worte zu fassen, kann helfen, einen Zugang zu finden« (Abdallah-Steinkopff et al., 2023, S. 221). Das innere Verbot, das eigene Leben in die Hand zu nehmen, zu gestalten und anzukommen, weil es den Daheimgebliebenen verwehrt ist, wiegt schwer. Auch eine Überlebensschuld ist eine große Last. Sie kann an Gewicht verlieren, wenn der Schmerz, das Mitgefühl einen Ausdruck finden können.

Andere Möglichkeiten der künstlerischen und kreativen Verarbeitung biografischer und familiärer Erfahrungen liegen nahe: in Kunst, Fotografie, Bildhauerei, Musik, Schauspiel, Tanz. Diese Ausdrucksformen, die unverletzte Persönlichkeitsanteile adressieren, ermöglichen zugleich eine Öffnung ins Gestalten hinein, und diese Ressourcen stehen auf einmal für die Lebensgestaltung als Ganzes zur Verfügung.

Den eigenen Raum neu gestalten

Am Ende dieses Kapitels möchte ich noch eine Perspektive öffnen, die vielen in unserem Zusammenhang ungewöhnlich erscheinen mag: wo und wie wir wohnen und unseren Wohnraum gestalten (Rohde, 2021d). Welch große Bedeutung Orte, Häuser und Wohnungen haben und wie eng wir uns ihnen emotional verbunden fühlen, erkennen wir bereits an Ahnengalerien auf Sideboards und Wohnzimmerwänden und dem Satz »Ich fahre nach Hause«, wenn Menschen, die bereits Jahrzehnte an einem anderen Ort wohnen, zum Wohnort ihrer Kindheit reisen. Welchen Rang dieser Ort für die Familie hat, ist auch am erbitterten Streit vieler Erbengemeinschaften um das Haus der Eltern oder Großeltern zu erkennen – oder auch an der geradezu ängstlichen Abwehr, wenn einer der Erben es übernehmen soll. Tatsächlich ist das Gefühlserbe der Familie hier geradezu konzentriert spürbar. Eine Klientin von mir bekam immer wieder Herzrasen, wenn sie das Haus ihrer verstorbenen Eltern betreten musste, um nach dem Rechten zu sehen. Gleichzeitig war es ihr unmöglich, den Haushalt aufzulösen, um das Haus zu verkaufen. Die Atmosphäre dieses Ortes war gleichsam der Trigger, der all ihre negativen Erfahrungen vor allem mit dem Vater wieder wachrief.

Das ist kein Zufall. Räume haben Macht über uns. Aber wir neigen dazu, diese Wirkung gering zu schätzen. Unser Körper reagiert in Sekundenbruchteilen auf jeden Raum, den wir betreten, der Blutdruck, der Puls, der Hautwiderstand, die Gehirnströme, die Atemfrequenz ändern sich. Und diese Reaktion ist von uns nicht zu steuern, sie läuft über das autonome Nervensystem. Entspannende Räume tun uns gut, sie beeinflussen die Gesundheit positiv. Das belegen Studien. Ungemütliche, chaotische, unpraktisch geschnittene oder falsch eingerichtete Räume dagegen wirken sich negativ auf unsere Verfassung aus. Sie können dauerhaften Stress auslösen und uns irgendwann krank machen. An Orten kann zudem die Energie dessen gespeichert sein, was dort einmal geschehen ist. Jeder, der einmal in einer KZ-Gedenkstätte war, kann das bestätigen. Wir brauchen uns nicht erst die Exponate anzuschauen, um das Grauen wahrzunehmen. Ein Klient von mir litt viele Jahre unter einer für ihn unerklärlichen Fixierung auf Kriegs- und Widerstandsthemen. Es kam ihm wie eine Erleuchtung vor, als er schließlich den Grund erkannte: Das Haus, in dem er aufgewachsen war, war auf dem Gelände eines ehemaligen Außenlagers des KZs Dachau gebaut worden. Ein Traum, den wir gemeinsam besprachen, hatte ihn auf die Spur gebracht.

Natürlich ist auch das Gegenteil möglich: die Atmosphäre von Schutz und Geborgenheit, die wir sofort empfinden, wenn wir ein Haus betreten. Die Küche der Großmutter, in der sie uns einmal liebevoll umsorgte, kann unmittelbar jenes Gefühl des Wohlbehagens wachrufen, das wir damals erlebt haben. Und selbst ihre Küchenschürze kann diese Wärme jederzeit wieder spürbar machen.

Was bedeutet das in unserem Zusammenhang? In einem ersten Schritt achtsam wahrzunehmen, wo wir die Familie in unserer Wohnumgebung finden. Es kann verblüffen, an *wie* vielen Stellen das der Fall ist. Im nächsten Schritt können wir genauer hinschauen, Fühlung aufnehmen und (frei nach Marie Kondō) fragen: »Macht es mich glücklich?« Ich möchte hier zu einem Experiment einladen – Erbstücke, bei denen die Antwort nicht eindeutig »Ja« lautet, mal wegzunehmen und sie für eine Weile in den Keller oder die Garage zu verfrachten. Wie ändert sich das Wohngefühl, ist es womöglich entlastet? Ein schlechtes Gewissen angesichts der Erleichterung kann ein hilfreicher Hinweis darauf sein, dass eine Delegation nicht zurückgegeben, eine Ablösung noch nicht wirklich gelungen ist. Den Grund nennt der Architekturpsychologe Riklef Rambow: »Der Zusammenhang zwischen dem Einrichten und dem Selbstbewusstsein ist ganz stark. Ähnlich wie mit der Kleidung. Der eigene Raum kann als Erweiterung der Identität betrachtet werden. Je besser man sich kennt, umso sicherer nimmt man Dinge, die zu einem passen« (zit. nach Rohde, 2018, S. 21).

Zu Anfang dieses Kapitels hatte ich beschrieben, welchen Prozess wir beginnen, wenn wir uns den Raum für uns selbst nehmen. Das können wir durchaus wörtlich verstehen. Vielleicht befreien wir uns von Erb- und Erinnerungsstücken, renovieren und richten uns neu ein, ziehen sogar um oder wandern aus. Oder wir geben das alte Küchenbuffet der Großeltern zum Restaurator, suchen ihm einen Vorzugsplatz und verankern uns neu in der Familie. Womöglich kann sogar das Haus, das die Familie als ihr emotionales Zentrum empfindet, der neue Lebensmittelpunkt sein. Alles ist okay, solange es nicht als Museumswärter des Familienerbes, sondern aus einem tiefen inneren Antrieb geschieht. Und: aus dem klaren Gefühl heraus, im eigenen Leben angekommen zu sein.

Das Wachstum danach

Transformation und Integration

All diese Schritte, die wir gehen, ermöglichen schließlich eine wahre Transformation. Haben wir die Delegationen abgelegt, das Trauma überwunden und sind unserem Selbst nähergekommen, geschehen wichtige Dinge. Wir sprechen von einem posttraumatischen Wachstum.

- Wir können anderen vertrauen, vielleicht das erste Mal.
- Wir bekommen ein neues Gefühl für unsere eigenen Fähigkeiten.
- Wir gewinnen ein Gefühl der Sicherheit und die Gewissheit, die Dinge unter Kontrolle zu haben.
- Was blockiert war, kann sich lösen.
- Wir bekommen mehr Handlungsspielraum – und das genau in dem Lebensbereich, der vorher vom Trauma beherrscht wurde.
- Wir können wieder Neugier und Freude erleben, uns aktiv dem Leben zuwenden.
- Wir können aus einem gelassenen Lebensgefühl heraus eine optimistische Zukunft visualisieren.
- Wir entwickeln die Fähigkeit zu ruhen und zu entspannen.
- Und so entsteht ein Gefühl von Vollendung und Integration.
- Wir machen die Erfahrung, etwas wirklich Bedeutsames geschafft zu haben.

Braucht es dafür eine Therapie? Das hängt von der Intensität der traumatischen Erfahrungen ab, aber wahrscheinlich schon. Zumindest sind professionelle Begleitung und Reflexion bei der Entwicklung sinnvoll. Allerdings liegt die meiste Arbeit bei uns, die wir immer heiler werden wollen. Ja, wir brauchen auch Geduld. Woran wir viele Jahre, manchmal Jahrzehnte gewöhnt waren, löst sich nicht in ein paar Wochen auf. Aber Geduld und Dranbleiben zahlen sich aus. Denn auf einmal ist da ein vollkommen neues Lebensgefühl, leichter, erfüllter, liebevoller. Uns stehen Potenziale und Energien zur Verfügung, von denen wir nichts wussten. Und wir merken: Dafür hat es sich gelohnt.

Ich möchte noch eine eher spirituelle Perspektive ergänzen, die mir persönlich wichtig ist. Ich bin der Überzeugung, dass wir während unseres Lebens eine ganz eigene Aufgabe zu erfüllen haben. Diese Aufgabe ist eher nicht, eine brave Tochter oder ein braver Sohn zu sein, die oder der von der Familie zugewiesene Funktionen erfüllt. Unsere Aufgabe finden wir, wenn wir verstanden haben, was die Familie an uns delegiert hatte, und wir entscheiden können, ob das wirklich unser Eigenes ist. In den meisten Fällen, so meine Erfahrung: nein, ist es nicht. Dann können, dann sollten wir uns auf die Suche nach diesem Eigenen machen. Denn da warten noch eine Menge Entwicklung, eine Menge Zufriedenheit.

Eine Geschichte, die ich als Reporter aufgeschrieben habe, mag dieses späte Ankommen im Eigenen illustrieren. Sie handelt vom Hamburger Antiquitätenhändler Jürgen Jacob (Name geändert). 1946 geboren, erfuhr er erst kurz vor seinem 50. Geburtstag, dass der Mann, der sich all die Jahre als sein Vater ausgegeben hatte, nicht sein Vater war. Auf einmal ergab vieles einen Sinn. Einsam und fremd hatte Jürgen Jacob sich immer gefühlt, in einem Haus, das kein Zuhause war, in einer Familie, die keine Geborgenheit gab, in einem Dorf, in dem sich keine Freunde fanden. Wenn er an seine Kindheit zurückdachte, standen ihm nicht glückliche Tage vor Augen, sondern ein Stiefvater, der schwieg, und eine launische Mutter, die ihre Wut über das Leben mit dem Rohrstock an den Kindern ausließ. So hatte er früh große Distanz erlebt. »Ich gehörte nicht dazu«, erzählte er mir, »ich war in allem ganz anders.« Ein ängstlicher Junge, sprachlich und musisch begabt in einer Familie von dörflicher Robustheit, ein Nervenbündel, bei dem man heute ADHS diagnostizieren würde. Der Graben zur Familie wurde mit den Jahren tiefer, und mit 21 Jahren, nach einer Lehre zum Groß- und Einzelhandelskaufmann, ging er nach England.

Nun also die Erklärung. Aber wer war sein Vater? Ein englischer Besatzungsoffizier, wie die Schwester behauptete? Gespräche im Dorf und in der Verwandtschaft auf der Suche nach Erklärungen brachten verstörende Gewissheit: Alle hatten von seiner außerehelichen Herkunft gewusst. »Ich fühlte mich tief beschämt«, erinnerte er sich. Zwei Jahren später überwand sich Jürgen Jacob schließlich, seine Mutter anzusprechen. Sie reagierte harsch. »Ich wusste, dass du mir irgendwann damit kommst. Dein Vater war Serbe, stammte aus einer guten Familie, sprach mehrere Sprachen. Seinen Namen weiß ich nicht. Er ist kurze Zeit später an vergifteten Kaffeebohnen gestorben. Haben mir zwei Freunde von ihm erzählt. Die Fotos von ihm habe ich vernichtet, und außerdem weiß ich nicht, was du willst. Du hattest doch einen Vater. Für mich ist die Sache erledigt.« Auf die Frage des Sohns, ob sie den Mann geliebt habe, antwortete sie: »Es war ein Fehltritt.« Und wie er aussah? »Genau wie du! Jetzt gehst du besser. Und komm ja nicht auf die Idee, im Dorf Unruhe zu machen.« Jürgen Jacobs bitteres Resümee: »So hat meine Mutter schon immer ihre Probleme geregelt.«

Aber jetzt gab es eine Spur – ein Serbe, also offenbar ein Zwangsarbeiter. Bei der ehemaligen Arbeitsstelle erfuhr er den Vornamen des Vaters: Miro. Der frühere Chef berichtete, dass er nicht nur ihn, sondern auch ein Mädchen im Dorf gezeugt habe und dass er später nach Australien ausgewandert war. Die Halbschwester, wenig später aufgespürt, wusste seit den 1950er Jahren um die Verwandtschaft. Sie hatte ein Foto vom gemeinsamen Vater und einen Zettel mit Geburtsdatum und Nachnamen. Eine fieberhafte Suche begann. Jürgen Jacob hat ein Protokoll seiner Suche erstellt. Über viele Seiten beschreibt er, wen er ansprach, anrief, anschrieb, besuchte, welche Archive, Suchdienste, Botschaften und Konsulate er bemühte, sich in die erschütternde Geschichte der serbischen Kriegsgefangenen und Zwangsarbeiter einlas. Wöchentliche, manchmal tägliche Einträge mit Namen, Adressen und Telefonnummern lassen den emotionalen Aufruhr ahnen. »Ich war in dieser Zeit wie besessen, habe jeden Stein umgedreht und konnte kaum meine Arbeit machen«, berichtete er. »Aber ich hatte keine Wahl: Ich musste einfach die Wahrheit erfahren. Ich musste meine zweite Hälfte finden.«

Ein ganzes Jahr dauerte es, bis eine Abfolge von Zufällen, die Jürgen Jacob als Fügung empfand, zum richtigen Namen führte. Mit einem Foto, auf dem eine Widmung stand, fuhr er zur Mutter. Ja, die Widmung stammte von Miro, und sie galt ihr. Jetzt erfuhr der Sohn endlich die Umstände seiner Zeugung, auf dem Heimweg nach einer Veranstaltung im Nachbardorf. Auch den Grund, warum ihm seine Herkunft immer verschwiegen worden war, gestand die Mutter. Es war die Bedingung des Stiefvaters gewesen, der sich sonst hätte scheiden lassen.

Und dann führt diese Geschichte nach Serbien, in ein tief verschneites Dorf in den Bergen. Nein, zu einer Begegnung von Sohn und Vater kam es nicht. Der Vater war bereits in einem Altersheim in Sydney gestorben. Aber es gab Verwandte in Serbien, die Jürgen Jacob am Ende seiner fast zweijährigen Suche kennenlernte. Das ganze Dorf wartete auf ihn, als er dort nach einer abenteuerlichen Fahrt mit einem uralten Lada, von einem Großcousin gefahren, ankam. Er schlief im Geburtshaus seines Vaters und zündete eine Kerze an in der Kirche, wo dieser einst getauft worden war. Dann wurde zu seinen Ehren gefeiert. An einer langen Tafel und mit Verwandten, die ihn kennenlernen und mit selbst gebranntem Slibowitz mit ihm anstoßen wollten. »Alles ist so anders als in Hamburg, aber ich fühle mich nicht fremd«, schrieb Jürgen Jacob später in sein Protokoll. »Ein uralter Mann kommt, ein Jugendfreund meines Vaters. Er hat wunderbare blaue Augen und sieht mich unverwandt an. Er nimmt meine Hände und will sie nicht mehr loslassen. Er sagt immer wieder: ›Miro, Miro ist zurückgekommen!‹«

Einladung zur Reflexion

Fragen und Übungen

Wendepunkte des Lebens sind faszinierend. Sie können ermutigend sein und beängstigend, einschüchternd und erfüllt von Hoffnung. Was hindert mich – und wohin zieht mich die Sehnsucht? Orientieren wir uns auf das Neue.

Erinnerungsorte der Familie

- Gibt es Erinnerungsorte, die für meine Familie wichtig sind?
- Wenn ich bereits dort war: Wie ist es mir ergangen?
- Wenn ich noch nicht dort war: Was hat mich abgehalten?

Glaubenssätze

- Welche Glaubenssätze, die mein Leben geprägt haben, möchte ich ablegen?
- In welchen Lebensbereichen haben sie mich behindert, in welchen haben sie mir geholfen?
- Welche neuen Glaubenssätze möchte ich etablieren?

Erbe und Neubeginn

- Was ist mir wichtig, was auch meiner Familie wichtig war?
- Was habe ich etabliert, was für meine Familie keine Bedeutung hatte, was sie vielleicht sogar ablehnt?
- Was kann ich tun – oder tue es bereits –, um meinen eigenen Weg zu festigen?

Fragen an die Zukunft

- Wohin zieht mich die Leidenschaft?
- Was macht mir richtig Spaß?
- Wie fühlt sich Erfolg für mich an?

Übungen

Grenzen ziehen

Mithilfe dieser Übung können wir uns bewusst machen, wie gut oder weniger gut es uns gelingt, unsere eigenen Anliegen zu verfolgen, und wir können erkennen, welche Motivation uns dabei leitet.

Schauen Sie sich die folgenden Sätze an und entscheiden Sie instinktiv, wie gut sie auf Sie zutreffen. Wählen Sie eine Zahl auf einer Skala zwischen 1 (gar nicht) und 10 (vollkommen):

- Ich nehme die Bedürfnisse anderer wichtiger als meine eigenen.
- Wenn ich mich abgrenze, werde ich abgelehnt.
- Ich weiß gar nicht genau, wo meine Grenzen sind.
- Ich muss immer alles einlösen, was ich versprochen habe.
- Ich habe Angst, andere zu kränken oder zu verletzen.
- Ich habe einen sehr hohen Selbstanspruch.
- Ich bin verantwortlich.

Was sagen Ihnen die Ergebnisse?

Wendepunkte

Wenn wir Mut brauchen, um bedeutende Entscheidungen zu treffen, hilft uns vor allem der Blick auf Erfolge in der Vergangenheit.

Erinnern Sie sich an einen wichtigen Wendepunkt, der Ihr Leben zum Positiven verändert hat, und notieren Sie:

1. Was war vorher?
2. Was ist passiert?
3. Was haben Sie entschieden?
4. Wie hat sich das angefühlt?
5. Was haben Sie gelernt?
6. Was war nachher?

▸ Weitere Materialien zur Selbsterforschung finden Sie online auf www.vandenhoeck-ruprecht-verlage.com bei der Anzeige dieses Buches unter der Rubrik »Downloads«.

Das Gefühlserbe in Therapie, Coaching und Beratung

Warum Sprechen nicht reicht

Die Wirkfaktoren im Prozess

Wie können wir Menschen unterstützen, ihr Gefühlserbe zu entschlüsseln, zu bearbeiten und schließlich zu integrieren? Potenzielle Ursachen in der Geschichte habe ich beschrieben, ebenso die Optionen ihrer Erforschung und die Möglichkeiten, gleichsam selbsttherapeutisch auf den Weg zu kommen. Die Erfahrung zeigt freilich, dass es ohne professionelle Unterstützung oft nicht geht. Was uns zu der Frage führt: Reicht eine kurze Intervention oder lockere Begleitung, wie sie in Coaching oder Beratung möglich ist, oder braucht es eine Therapie, vielleicht sogar eine Traumatherapie? Das hängt, wie kann es anders sein, davon ab, wie schwer die Symptome und wie massiv die Beeinträchtigungen sind.

Die Ausgangsvoraussetzungen für die Bearbeitung von Gefühlserbschaften in Therapie, Coaching und Beratung könnten heterogener nicht sein. Stehen in einer analytischen Psychotherapie bis zu 300 Stunden über den Verlauf mehrerer Jahre zur Verfügung, sind es im Coaching manchmal nur ein Dutzend innerhalb einiger Wochen, um die akuten Probleme von Klient:innen zu lösen. Das liegt in der Natur der Probleme begründet. In Coaching oder Beratung sollte nicht bearbeitet werden, was Therapien vorbehalten ist: krankheitswertige Befunde. Wie der Gehirnforscher Gerhard Roth und die Coachingforscherin Alica Ryba freilich plausibel darstellen, sind die Grenzen zwischen Therapie und Coaching fließend, sowohl im Hinblick auf die Symptome wie auf die Methodik (vgl. Roth u. Ryba, 2016). Wenn die Coachingforscherin Heidi Möller bündig formuliert, Coaching sei kein Heilberuf (Möller u. Kotte, 2013), kann sich das im konkreten Prozess anders darstellen, etwa wenn eine Ausbildung zum Heilpraktiker für Psychotherapie und in einer Therapiemethode die Kompetenzen erweitern. Hinzu kommt ein aktuelles Problem.

Angesichts der dramatischen Knappheit von Therapieplätzen suchen viele Menschen nach Unterstützung in einem Coaching, weil sie anders keine Hilfe bekommen. Dagegen spricht nichts, solange die Nichttherapeut:innen die eigenen Grenzen kennen und wahren. Ein feines Gespür dafür, wo die eigene Kompetenz endet, erscheint mir an diesem Punkt wesentlich. Im Zweifel heißt es, der Klientin, dem Klienten eben doch eine Therapie anzuraten.

Was bedeutet das konkret? Wie in den vorigen Kapiteln deutlich geworden ist, tragen viele Familien eine erhebliche traumatische Last in sich. Die Wahrscheinlichkeit einer transgenerationalen Übertragung ist also da. Was wir nicht wissen, aber am Beginn des Prozesses ermitteln sollten: Wie stark macht sich diese Last bemerkbar, welche psychischen und physischen Symptome löst sie aus, wie intensiv beeinträchtigt sie das aktuelle Erleben der Klientin oder des Klienten? Besteht das Risiko, im Prozess eben doch das Trauma wachzurufen und dann nicht die geeigneten Mittel zu seiner Bearbeitung zur Verfügung zu haben (ein Problem, das sich umso dringender stellt, wenn das Coaching online stattfindet)? All das sollte in einer sorgfältigen Diagnostik zu Beginn ermittelt werden, in der Therapie das übliche Verfahren, im Coaching nicht immer (vgl. Möller u. Kotte, 2013). Ich verwende hierfür das »Kasseler Coaching Inventar«, einen von Heidi Möller und Silja Kotte entwickelten Fragebogen (vgl. Möller u. Kotte, 2013), den ich um dezidierte Fragen nach der Familiengeschichte erweitert habe. Darin wird nicht nur nach der aktuellen Problemlage gefragt, sondern auch nach »typischen körperlichen Reaktionen auf negative oder positive Erlebnisse«, einem Indikator für die Schwere der Symptome. Außerdem geht es natürlich um die Ziele des Prozesses. Ein wesentliches Kriterium für den Erfolg. Nach Klaus Grawe, dessen Psychotherapieforschung neue Einsichten in die Wirksamkeit gebracht hat, ist die motivationale Klärung einer der fünf entscheidenden Faktoren für das Gelingen einer Therapie (vgl. Roth u. Ryba, 2019). Das gilt fürs Coaching ganz genauso. Diese Klärung unterstützt dabei, die bewussten und unbewussten Ziele, Erwartungen und Werte zu erforschen und die Perspektive für die gemeinsame Arbeit zu definieren. Es braucht eine klare Vorstellung darüber, was erreicht werden soll, und eine regelmäßige Überprüfung, um die weiteren Schritte zu bestimmen.

Ein weiterer zentraler Wirkfaktor ist nach Grawe die Problemaktualisierung. Damit ist nicht nur das *Sprechen* über die zu bewältigende Situation gemeint, sondern vielmehr das *Erleben*. Mithilfe von Gedankenreisen, Imaginationen, Stuhlübungen oder auch Rollenspielen soll ein tieferes Verständnis der Problematik erreicht werden. In vielen Therapien ist das geübte Praxis, im Coaching häufig nicht. Alica Ryba bemängelt: »Coaching setzt sehr häufig auf kognitiv-sprachlicher Ebene an, aber das greift zu kurz. Sprache und kognitive Einsichten kommen nur in der Großhirnrinde an, und die hat leider wenig Einfluss auf die Verhaltenssteuerung. Wenn ich Erleben und Verhalten nachhaltig ändern will, muss ich das limbische System als Sitz unserer Persönlichkeit ansprechen. Die Emotionen spielen hier eine viel wichtigere, häufig unterschätzte Rolle« (Rohde, 2017b, S. 75). Als hilfreich bezeichnet Ryba deshalb Coachingmethoden, die den Körper und die somatische Ebene einbeziehen. Auch Ansätze, die über Geschichten, Bilder und Gesten alle Sinne ansprechen, seien ein guter Zugang (vgl. Rohde, 2017b).

Aber naturgemäß kommen wir hier in den kritischen Bereich. Ich habe immer wieder erlebt, wie aufsteigende Bilder, zumal in Verbindung mit Körperempfindungen, intensive emotionale Wirkungen auslösten, und das an unerwarteter Stelle. Es ist schon so, wie der Psychotherapieforscher Stephen Frosh schreibt: dass es die »randständigen Dinge« sind, »die uns von der Seitenlinie und aus den Tiefen anspringen und uns verfolgen, während wir unser vermeintlich normales Leben führen« (zit. nach Frie, 2021, S. 86). Die starke Emotion, in überraschender Situation wachgerufen, führt uns womöglich zu dem *missing link* in der Historie, der ein Problem auf der Handlungsebene überhaupt erst plausibel und damit bearbeitbar macht. Die Grenze zum traumatischen Gehalt gilt es aber zu wahren. Um aus neurowissenschaftlicher Sicht dieses Muster auflösen zu können, braucht es eine entspannte Aufmerksamkeit und eine emotionale Aktivierung. Um es mit dem Affektforscher Luc Ciompi zu sagen: »Eine Information, die gleichgültig lässt, bleibt wirkungslos« (zit. nach Raisch, 2022, S. 61). Deswegen müssen wir ein sorgsam begleitetes Zusammenwirken von Denken und Fühlen ermöglichen, immer im Gewahrsein, dass die Emotionen nicht zu wuchtig werden.

Wenn wir Gefühlserbschaften bearbeiten, braucht es ein Pendeln zwischen unterschiedlichen Zeitbezügen:

- der Gegenwart, in der die Gefühlserbschaft wirkt und jenes sinnvolle Handeln, wie die Klient:innen es sich wünschen, behindert,
- der Vergangenheit der Klient:innen, in der sie davon geprägt wurden,
- der Vergangenheit der Familie, in der zumeist ein Abwehrmechanismus die Verarbeitung damaliger Bedrängnisse verhindert hatte.

Dabei ist beides bedeutsam: die transgenerationale Ursache des dysfunktionalen Musters zu entschlüsseln, um anschließend dieses Muster zu transformieren. Das eine erfordert den Zugang zum Gefühlserbe, das andere prozedurales Lernen, um das neue und erwünschte Verhalten auch neurobiologisch zu verankern.

Auf sehr persönlicher Ebene kann die Beschäftigung mit dem Gefühlserbe zu einer Herausforderung für Therapeut:in oder Coach werden. Generationale Prägungen sind einander oft ähnlich. Das kann Nähe schaffen, aber auch Abwehr. Wie ich im Folgenden beschreibe, sind es die eigenen transgenerationalen Aspekte der Familiengeschichte, die aktiviert werden und die Resonanz mit den Klient:innen blockieren können. Die Voraussetzung für diese Resonanz ist daher letztlich, mit den eigenen Gefühlserbschaften vertraut zu sein und auch mit den negativen Aspekten einen Umgang gefunden zu haben. Nur so, scheint mir, sind die Grundlagen geschaffen für einen weiteren wichtigen Wirkfaktor nach Grawe: die therapeutische Allianz. Die Qualität der Beziehung trägt wesentlich zum Erfolg des Prozesses bei, der Forschung zufolge mindestens so sehr wie die Methode von Therapeut:in oder Coach. Es ist entscheidend wichtig, dass Klient:innen sich einfühlsam verstanden, akzeptiert und wertgeschätzt fühlen. Das aber kann nur gelingen, wenn belastende Aspekte ihrer Familiengeschichte auf wohlwollendes Interesse stoßen. Und nicht auf eine Abwehr oder einen blinden Fleck.[27]

27 Ich werde in diesem Kapitel keine Therapie- oder Coachingmethoden vorstellen. Ich verweise stattdessen auf die einschlägige Literatur.

Resonanz ermöglichen

Reflexion der eigenen Betroffenheit

»Blinde Flecken«, »manische Abwehr«, »gemeinsame Verleugnung« – die Forschungsliteratur zeigt eine erstaunlich offene Selbstkritik von Expert:innen, wenn es um ihren Umgang mit den aus Krieg und Nazizeit stammenden Belastungen geht. In seinem Vortrag »Wir Kriegskinder« bekennt der Psychoanalytiker Michael Ermann (2003) eine wichtige Erfahrung: Der entscheidende Schritt in der Behandlung bestehe darin, dass Kriegskinder beginnen anzuerkennen, »dass sie Traumatisierte sind – und zwar Traumatisierte durch ein Schicksal, das sie immer schon gekannt, aber jahrzehntelang verleugnet haben«. Um sie zu fördern, brauche es Analytiker:innen, die bereit sind, mit in die Welt der Traumatisierung hineinzugehen. »Die Gefahr ist eine manische Abwehr, die gemeinsame Verleugnung. Es geschieht in solchen Behandlungen fast zwangsläufig, dass die Patienten einen auf die Probe stellen und einen in Versuchung bringen zu sagen: War es denn wirklich so schlimm? Schau doch nach vorne! Du mit deinen 59 Jahren – willst du wirklich deine Jahre damit verbringen, zurückzuschauen?« (Ermann, 2003, S. 11). Stattdessen verständigten Patient:in und Psychoanalytiker:in sich stillschweigend darauf, so Ermann, die erfahrene Wirklichkeit und Bedeutung von Nationalsozialismus und Krieg in der Analyse gemeinsam zu leugnen oder abzuwehren (Ermann, 2003, S. 11). Die Abwehrdynamik werde vonseiten der Patient:innen durch die Verleugnung der eigenen Leiden und Entbehrungen als Kriegskinder getragen, die in vielen Fällen das Zentrum ihrer Übertragung bildet. Darin manifestiere sich eine Anpassung an das Schweigen der Elterngeneration, so der Psychoanalytiker. »Vonseiten der Behandler spielen dabei oft ›blinde Flecken‹ in der Gegenübertragung eine Rolle, die durch eigene Traumatisierungen als Kriegsteilnehmer oder als Kriegskinder hervorgerufen worden sind« (zit. nach Kamm, 2014, S. 144).

Das Phänomen scheint kein speziell deutsches zu sein. Im Rahmen einer italienischen Arbeit über Traumastudien wurde darauf hingewiesen, dass Psychoanalytiker:innen und Therapeut:innen eine merkwürdige Blindheit entwickeln, wenn sie bei Patient:innen aus denselben soziokulturellen Verhältnissen auf Signale von traumatischen Situationen reagieren sollen. Es gebe da einen Sog zu Konformismus und Sinnentstellung, vermutet der Psychoanalytiker Harald Kamm. Er resümiert: »Die Auswirkungen familiärer Erinnerungen des Psychoanalytikers beeinflussen auf tiefe und fortdauernde Art und Weise dessen psychoanalytische Praxis« (Kamm, 2014, S. 143).

Nun hat sich zwar in den vergangenen 20 Jahren viel getan, hat es eine Öffnung in Forschung und Lehre gegeben und eine Vielzahl von Veröffentlichungen zu den Spätfolgen von Krieg, Holocaust, Flucht und Verfolgung. In der Praxis freilich sind die Auswirkungen dieser Abwehr noch immer zu spüren. In praktisch jedem Workshop zum Thema »Kriegsenkel« kommt die Frage, ob ich jemanden empfehlen könne, der sich mit der transgenerationalen Übertragung von Traumata auskenne – »dem ich nicht erst erklären muss, was es mit Kriegsenkeln auf sich hat?«. Die Erfahrungen der Teilnehmenden mit Therapeut:innen waren oft ernüchternd gewesen. Nicht selten hätten sie abgewunken, so die Berichte, sich für nicht zuständig erklärt oder das Problem gar marginalisiert. Dieses Graben in der Vergangenheit sei doch Zeitverschwendung. An diesem Punkt des Buches dürfte klar sein, wie kritisch ich diese Haltung sehe: Klient:innen wird erneut vermittelt, diesmal sogar aus einer Position fachlicher Autorität, ihre Bedürfnisse und Ängste seien irrelevant und nicht der tieferen Erforschung würdig. Bei vielen erneuert das die Erfahrungen mit ihren Familien und beschämt sie ein weiteres Mal.

Von Vorteil ist gewiss, dass die wissenschaftlichen Erkenntnisse zur transgenerationalen Transmission von Traumata nicht nur viel umfangreicher, sondern auch viel stärker popularisiert worden sind. Von Nachteil mag dagegen die gesellschaftliche Strömung sein, die Harald Welzer prägnant formuliert hat: Je umfassender das Wissen über Kriegsverbrechen, Verfolgung und Vernichtung sei, desto stärker forderten die familialen Loyalitätsverpflichtungen, Geschichten zu entwickeln, die beides zu vereinbaren erlauben – die Verbrechen »der Nazis« oder »der Deutschen« und die moralische Integrität der Eltern oder Großeltern (Welzer et al., 2002, S. 53).

Mit anderen Worten: Die umfassende gesellschaftliche Aufarbeitung der Zeit des Nationalsozialismus hat die Familien teilweise ihrer Verantwortung für eine Aufarbeitung der persönlichen Verstrickungen enthoben. Das ist natürlich auch in den Familien der Therapeut:innen, Berater:innen und Coaches passiert.

Den Konflikt, der dabei entsteht, hat der Deutsch-Kanadier Roger Frie, Historiker und Psychoanalytiker, in seinem Buch »Nicht in meiner Familie« beschrieben. Er berichtet darin minutiös, wie er sich der Nazivergangenheit seines Großvaters annäherte und zugleich versuchte, das vertraute Narrativ zu bewahren: »Ich wollte die mir lieb gewordenen Kindheitserinnerungen an ihn schützen [...] Ich verteidigte die Haltung des ›Nichtwissens‹, indem ich bedrohlich wirkende Bilder des Mannes, der mein Großvater möglicherweise gewesen ist, dissoziierte. Doch diese Dissoziation war überhaupt nur möglich, weil ich in gewissem Sinn bereits wusste, dass mein Großvater etwas mit der Nazivergangenheit zu tun gehabt hatte. Meine Haltung, zu wissen und gleichzeitig nicht zu wissen, war keineswegs einzigartig. Sie illustriert vielmehr die kollektiven deutschen Schwierigkeiten des Erinnerns nach dem Holocaust« (Frie, 2021, S. 216). Ein dramaturgischer Höhepunkt des beeindruckend offenen Buches ist die Beschreibung des therapeutischen Prozesses, den Frie als Psychoanalytiker in New York mit einem Klienten, einem deutschstämmigen Juden, Sohn zweier Holocaustüberlebender, erlebt. Frie schreibt: »Ich nahm die Arbeit mit dem ganzen Gewicht der ererbten Scham- und Schuldgefühle auf, die mit meinem deutschen Hintergrund zusammenhingen« (Frie, 2021, S. 114). Im Nachhinein, so resümiert er, sei es die größte Herausforderung gewesen, die Scham, die er in Gegenwart des Klienten empfand, auszuhalten.

Hat Ermann die »blinden Flecken« in der Gegenübertragung beschrieben, die den Zweck haben, die eigene Traumatisierung zu schützen, kommt bei Frie eine weitere Schwierigkeit ins Blickfeld: dass Behandler:in und Klient:in Nachfahren von Menschen mit gegensätzlichen Positionen in der historischen Situation waren bzw. sind. Unversehens sind es die unbearbeiteten Gefühlserbschaften von Täter:innen und Verfolgten, die sich in den Prozess einschleichen, Familienerinnerungen von Vertreibung, Bombenterror und sexualisierter Gewalt. Ob die Beteiligten dann, wie Kamm schreibt, »erblinde[n]und ertaub[en]«, die Gefühlsregungen erstarren (Kamm, 2014, S. 145) oder in eine neue Tiefe der Erforschung gelangen, hängt vom vorher etablierten Vertrauensverhältnis, der therapeutischen

Allianz, ab. Ein kritischer Moment ist es auf jeden Fall. Sollte aufseiten von Therapeut:in oder Coach aber die Resonanz verweigert werden, weil der blinde Fleck nicht ausgeleuchtet werden darf, ist mindestens eine Chance verpasst, wenn nicht sogar der Prozess zum Scheitern verurteilt. Dann handelt es sich nicht mehr um eine unbewältigte Vergangenheit, sondern um eine unbewältigte Gegenwart. So wie es eine Teilnehmerin an einer Studie zu Psychoanalytiker:innen als Kriegskinder resümierte: »Wir sind aus der Katastrophe des Krieges und des Nationalsozialismus nie herausgekommen« (Kamm, 2014, S. 146).

Ohne Zweifel haben viele meiner Klient:innen Kontakt mit mir aufgenommen, weil sie bei mir aufgrund meiner Workshops und Veröffentlichungen Expertise in Sachen transgenerationaler Übertragungen vermuteten. Sie haben in den Workshops erlebt, wie sie als Nachfahren von Tätern, Opfern oder Mitläufern in einem offenen und respektvollen Miteinander gemeinsam an der Last der Gefühlserbschaften arbeiten konnten. Dass es da keine Fronten und keine Verpflichtung zum Schweigen mehr gab. Es wirkte ganz offenbar entlastend, keine schiefen Blicke oder Marginalisierungen ihrer Problematik befürchten zu müssen. Immer wieder konnte ich feststellen, wie das Wissen um historische Zusammenhänge, das ich mir über die Jahre angeeignet hatte, Hinweise ermöglichte, die auf die Spur des zu bearbeitenden Problems führten. Einige Fallbeispiele sind im vorigen Kapitel beschrieben. Auch mein offener Umgang mit der Kriegsvergangenheit meiner Familie ermöglichte es Klient:innen, sich selbst zu öffnen und die Scham, die sich für sie damit verband, zu überwinden.

Allerdings erlebte ich auch, wie genau dieser offene Umgang mit der Kriegsgeschichte meines Vaters zurückgewiesen wurde. Als ich in einem Kriegsenkel-Seminar mein Entsetzen über seine Beteiligung an der Belagerung Leningrads erwähnte, vor allem aber über seine Weigerung, sich dieser Geschichte zu stellen, kamen ein ums andere Mal Beschwichtigungen von Teilnehmenden. Er habe doch nur Befehle ausführen müssen. Mit dieser Information hatte ich, wie ich im Nachhinein erkannte, die unausgesprochene Solidarität der Runde verlassen: dass in diesem Kreis vor allem das Leid der Deutschen bearbeitet werden sollte, nicht ihre Täterschaft. Wie damit umgehen?

Dem inneren aktivistischen Impuls nachgeben und darauf beharren, dass aber nur die Beschäftigung mit der verdrängten Schuld wirklich zur Integration der transgenerationalen Aspekte führen könne? Dass wir auch nur so unserer Verantwortung als Deutsche für Frieden und Völkerverständigung gerecht werden könnten? Als Eltern, die ihren Kindern ein anderes Vorbild sein sollten, als die meisten unserer Großeltern und Eltern das für uns waren?

Ein persönliches Gespräch mit dem Familientherapeuten Professor Wolf Ritscher, den ich dazu befragte, wurde mir Leitbild. Er sagte: »Ich finde es ganz verständlich, dass man sich nicht mit den Taten oder Untaten seiner Vorfahren befassen möchte. Das sollte man auch nicht verurteilen. Es gibt da auch eine besondere Form der Abwehr, die nicht heißt: ›Ich will mich damit nicht beschäftigen‹, sondern eine Mythisierung der Großeltern. Da heißt es, ›Opa war ja gar kein Nazi. Es gab viele böse Menschen in dieser Zeit, aber unserer gehörte nicht dazu.‹ Menschlich, allzu menschlich. Ich bin dafür, solche Formen der Distanzierung erst einmal anzunehmen und wertzuschätzen. Weil es Versuche sind, die eigene Identität und die eigene Position im Leben zu sichern. Diese Abwehrformen sichern ein psychisches Überleben. Wir alle sind Teil unserer Familien, unsere Großeltern sind Teile von uns, und wenn wir unsere Großeltern infrage stellen, ist das auch eine Infragestellung unserer selbst« (Rohde, 2022b).

In der Tat: Es sind ihre Gefühlserbschaften, die wir in uns tragen. Und zu erkennen, dass Vorfahren an Verbrechen gegen die Menschlichkeit beteiligt waren, gehört ohne Zweifel zum Schwierigsten, was wir versuchen können zu verarbeiten und zu integrieren. Einverständnis oder gar Heilung sind nicht in Sicht. Dieses als persönliche Offenbarung in den therapeutischen oder Coachingprozess mit einzubringen, mag eine Herausforderung sein. Meine Erfahrung ist, dass sie eine Öffnung bei den Klient:innen unterstützt, die Schwelle der Scham mindert, die zu überwinden ist. Mit anderen Worten: Die Offenbarung stärkt die therapeutische Allianz. Der Psychotherapeut Michael Raisch formuliert die Wirkung einer – begrenzten – Selbstoffenbarung sehr plausibel: »Die Sinnhaftigkeit einer therapeutischen Haltung, sich nicht [in] emotionale Abstinenz zu hüllen, sondern die therapeutische Beziehung aktiv zu gestalten, wird unter anderem durch den Begriff des Joining unterstrichen.« Sogar die Möglichkeit, von sich selbst etwas preiszugeben und persönliche Befindlichkeiten einzubringen, könne dosiert eingesetzt werden und dazu beitragen, »Vertrauen aufzubauen und Anschlussfähigkeit zu erzeugen. Dies gilt umso mehr, wenn wir berücksichtigen, wie schwer es den meisten Menschen fällt, schmerzhafte Emotionen freimütig zu benennen [...]. Darüber hinaus erzeugen Umgänglichkeit und selbstoffenbarende Eigenbeiträge des Therapeuten ein geringeres hierarchisches Gefälle, wodurch gleichzeitig positive Werte wie Transparenz, Offenheit und gleichrangige Teilhabe gestärkt werden« (Raisch, 2022, S. 137 f.).

»It's the relationship that heals«
Die Haltung im Prozess

Die Überschrift zitiert einen berühmten Satz des Psychotherapeuten Irvin Yalom, der die heilsame Qualität der Beziehung zwischen Klient:innen und Behandelnden betont. Folgen wir den Wirkfaktoren für den therapeutischen Prozess nach Grawe, ist diese Beziehung tatsächlich entscheidend für das Gelingen des Prozesses. Studien belegen, dass sie etwa einen Anteil von 30 Prozent am Erfolg hat. Diese »therapeutische Allianz« ist eine Grundvoraussetzung dafür, dass die anderen Faktoren überhaupt ihre Wirksamkeit entfalten können. Natürlich bewirkt die Beziehung allein noch keine Veränderung. Sie kann aber dazu beitragen, die Klient:innen zu beruhigen, und so einen besseren Zugang zu ihren Ressourcen ermöglichen. Außerdem kann sie, vor allem über eine längere Zeit hinweg, neue Erfahrungen von Beziehungen schaffen.

Therapeutische Allianz

Das zentrale Kennzeichen einer tragfähigen therapeutischen Allianz: Die Beziehung muss von Verlässlichkeit, Respekt und Wertschätzung getragen sein. Aber natürlich können persönliche Hintergründe, die aus den Positionierungen der Vorfahren erwachsen, dafür eine erhebliche Belastung darstellen, wie das Beispiel der Beziehung des Analytikers Roger Frie zu seinem jüdischen Patienten illustriert. Ebenso kann die Abwehrstrategie der Klient:innen Widerstand beim Behandelnden provozieren, der daraufhin seine Haltung der Neutralität verlässt, um eigene Motivationen in den Prozess einzubringen. Wenn wir uns vergegenwärtigen, welche historischen Ereignisse wie aus dem Nichts heraus Gegenstand einer Erforschung innerhalb eines therapeutischen oder Coachingprozesses werden können; wenn wir uns als Therapeut:innen, Berater:innen oder Coaches bewusst machen, wie unsere ganz persönliche Familiengeschichte auf einmal zum Resonanzraum wird, in dem wir auf diese transgenerationalen Aspekte unserer Klient:innen reagieren; dann ist es keine kleine Herausforderung, unseren Teil zu jener therapeutischen Allianz beizusteuern, die der wichtigste Faktor für den Erfolg des Prozesses ist. Wir können sowohl in eigene Abwehrmuster hineinfallen und die Resonanz schlicht verweigern oder auch aktivistischen Impulsen folgen, die auf einer tieferen Ebene womöglich auf anderen Abwehrstrategien beruhen.

In einer Situation habe ich vermutlich genau in dem Versuch, einen Klienten auf den Weg der Erkenntnis zu führen, diese Allianz beschädigt und damit einen Abbruch des Coachings provoziert. Der Mann stammte aus einer Arztfamilie und arbeitete im sozialen Bereich. Kurz nach Beginn seines Studiums war er als Beifahrer in einen Autounfall verwickelt worden und seither querschnittgelähmt. Der Anlass für das Coaching war sein Wunsch, mehr Präsenz in der Arbeit zu entwickeln, um sich für Führungsaufgaben anbieten zu können. Er fühlte sein Potenzial nicht annähernd ausgeschöpft. Der Blick in die Familiengeschichte, die ihm nur teilweise bekannt war, zeigte eine auffällige Besonderheit: Der Großvater mütterlicherseits, den der Mann noch kennengelernt hatte, war Arzt in einer SS-Einheit gewesen, nach Familiengedächtnis allerdings nicht in Kriegsverbrechen oder Verbrechen gegen die Menschlichkeit verwickelt gewesen. Die Vermutung drängte sich geradezu auf: Als Arzt der SS hätte der Großvater den Enkel, Sohn seiner jüngsten Tochter, womöglich als »lebensunwertes Leben« abgeurteilt. Diese Ahnung – in der Familie nie thematisiert – konnte schwer auf dem Selbstwertgefühl des Enkels lasten. Ich sprach diese Vermutung nicht aus, aber mein möglicherweise etwas zu engagiert vorgetragener Vorschlag, mehr über die Geschichte des Großvaters in Erfahrung zu bringen, stieß auf Schweigen. Zu einer nächsten Sitzung kam es nicht mehr.

Diese Erfahrung hat mich gelehrt, deutlich vorsichtiger zu sein. Auch dieses Gefühlserbe, das vor allem die Erlebnisgenerationen prägte, gibt es ja noch: dass aus jeder Frage nach der Vorgeschichte der Familie in Krieg und Nazizeit ein Vorwurf herausgehört wird. Der eigene Weg, mit den familiären Verstrickungen umzugehen, kann deswegen nicht zum Vorbild für andere hochstilisiert werden. Im Sinne des »Joining«, das Michael Raisch zitiert, geht es um eine sich ganz am Gegenüber orientierende, jederzeit verlässliche Begleitung. Die Aufgabe besteht meiner Ansicht nach in einer Selbsterfahrung, die einen Endpunkt nicht erreichen kann, allein schon weil die politischen Situationen und gesellschaftlichen Debatten um Kriege, Migrationsbewegungen und Antisemitismus immer aufs Neue Positionierungen einfordern. So bleibt die Aufgabe, die Armin Pollmann bereits 1998 für die Psychoanalyse formulierte, die aber nach wie vor und auch für andere Konstellationen von Therapie, Coaching oder Beratung gilt: »Wir leben in Deutschland nach Auschwitz, wir leben als Psychoanalytiker in Deutschland nach der Vertreibung und Ermordung unserer jüdischen Kollegen, und wir arbeiten mit Patienten, die genauso wie wir in dieser geschichtlichen Situation stehen und die uns deshalb diese Themen mitbringen. Als Psychoanalytikern bleibt uns die Hoffnung, in fortdauernder eigener Analyse zu lernen, mit dieser schwierigen Situation zu leben. Es bleibt uns auch die ernste, aber auch lohnende Aufgabe, unsere Patienten mit dieser Problematik nicht allein zu lassen« (zit. nach Kamm, 2014, S. 146).

Reparenting

Im Reparenting, zu Deutsch »Nachbeeltern«, erhält das Konzept der therapeutischen Allianz eine weitere Präzisierung. Auch wenn Reparenting Teil therapeutischer Konzepte ist, nicht zuletzt in der Trauma- und Schematherapie, so ist die sich darin ausdrückende Haltung auch im Coaching hilfreich. Sie begegnet einem zentralen Aspekt transgenerationaler Übertragungen: der Unfähigkeit vieler Eltern, aufgrund ihrer traumatischen Erfahrungen einen sicheren

Bindungsraum anzubieten. Und gerade wenn im Pendeln zwischen den unterschiedlichen Zeitbezügen Erfahrungen der Kindheit wach werden, können auch Gefühle von Verletzlichkeit, Verlassenheit und Bedürftigkeit wieder aufscheinen. In dieser Situation ist eine fürsorgliche und empathische Haltung nicht nur naheliegend, sondern geradezu verpflichtend. Sie kann den Klient:innen jenen Halt geben, der ihnen in ihrer Kindheit nur zu oft verweigert worden war. Das Vertrauen in die Beziehung zu anderen Menschen kann auf diese Weise nachgenährt werden. Noch einmal Michael Raisch: »Eines unserer wesentlichsten menschlichen Grundbedürfnisse [...] ist das nach Anerkennung und Wertschätzung. Unter einer Vernachlässigung oder Missachtung dieses Grundbedürfnisses leidet letztendlich auch unser Selbstwert. Daher gehört es unbestreitbar zu den vorrangigsten Aufgaben eines jeden Therapeuten, das Selbstwertgefühl unserer Klientinnen zu fördern, selbst wenn dies nur äußerst selten in der expliziten Auftragsklärung benannt wird. Elementar für diese Aufgabe ist es dabei, die Klientinnen fortwährende Beachtung und immer wieder Anerkennung und Wertschätzung erfahren zu lassen« (Raisch, 2022, S. 365).

Die Reaktion darauf muss freilich nicht Entspannung oder Vertrauen sein. Noch einmal sei das Misstrauen zitiert, das die spätere Therapeutin Katharina Ohana in ihrem Buch »Ich, Rabentochter« ausdrückte: »Ich traute meiner Therapeutin lange nicht, ihre herzliche Anteilnahme schien mir zu unwahrscheinlich« (Ohana, 2006, S. 172). Dieses Misstrauen kenne ich gut. Freundliche, mitfühlende oder wertschätzende Äußerungen von mir, das ist in den Gesichtern von Klient:innen immer wieder zu sehen, stehen unter Vorbehalt. »Meint der das jetzt ernst«, vermittelt der skeptische Blick, »oder sagt er das nur, weil er Geld für diese Sitzung bekommt?« Ich mache diese Zweifel dann zum Thema, weil sie lebendiger Ausdruck des Selbstbilds der Klient:innen sind.

Hier kommen wir zu einem weiteren Wirkfaktor, der über den Erfolg des Prozesses entscheidet: die Aktivierung von Ressourcen. Ich habe bereits beschrieben, wie beeindruckt ich oft von der Lebensleistung vieler Klient:innen war, die sie unter stark erschwerten Bedingungen erreicht hatten. Sie selbst konnten sich diese Anerkennung nicht zollen, sondern neigten dazu, das Erreichte kleinzureden. Die Ausdrücke, die sie dafür verwendeten, klangen nicht selten nach strafenden, fordernden, herablassenden Eltern. In dieser Konstellation kann ein »fürsorgliches Nachbeeltern« sukzessive das Bewusstsein für die eigenen Fähigkeiten, Fertigkeiten und Ressourcen schaffen helfen. In einer Variante des Konzepts, dem sogenannten »imaginativen Nachbeeltern« nach Luise Reddemann (2022), können diese Ressourcen für die Verarbeitung früher Verletzungen aktiviert werden, etwa Erlebnisse von Gewalt, Demütigung oder Verlassenheit. In einer Imagination führt der oder die Behandelnde in das damalige Erleben zurück und leitet den Klienten oder die Klientin dazu an, die Situation zu einem guten Ende zu bringen: indem der heutige erwachsene Anteil den kindlichen Anteil aus seiner Bedrängnis erlöst und herausführt. Die Botschaft: »Das ist jetzt vorbei, und von nun an bist du bei mir sicher!« Ich habe immer wieder die Erfahrung gemacht, wie vollkommen selbstverständlich Klient:innen sich gewachsen fühlten, diese teils traumatischen Erlebnisse in ihrer Vorstellung aufzulösen. Sie gaben sich damit die elterliche Versorgung, die ihnen in ihrer Kindheit versagt worden war – eine heilsame Erfahrung.

Auch die Kritik am Reparenting möchte ich nicht verschweigen: dass sie eine Hierarchie in der therapeutischen Allianz etabliere, ein geradezu paternalistisches Konzept sei. Das kann so sein, gut wäre es nicht. Meiner Auffassung nach läge es in der Verantwortung von Therapeut:in oder Coach, gegenzusteuern, die Beziehung zum Thema zu machen. Dasselbe gilt für die Gefahr einer emotionalen Abhängigkeit. Mithilfe klarer Absprachen zur Kontaktaufnahme etwa, aber auch der Ermutigung zu selbstständigen Einschätzungen und Entscheidungen lässt sich dem entgegenwirken. Und es versteht sich von selbst, dass alle Formen der Zuwendung in Worten, Blicken, erst recht Berührungen (hier besonders!) nur mit Einverständnis erfolgen dürfen und innerhalb eines klar definierten, respektvollen Rahmens bleiben müssen. Man könnte es »professionelle Nähe« nennen.

Psychoedukation

Der Definition nach ist Psychoedukation die Wissensvermittlung an Betroffene und ihre Angehörigen, um ihnen mithilfe eines besseren Verständnisses ihrer Erkrankung bessere Möglichkeiten zu ihrer Bewältigung zu verschaffen. Die Kritik daran klingt ähnlich wie die am Reparenting: Sie schaffe eine hierarchische Struktur der Beziehung, oben Expert:in, unten Klient:in. Es mag sein, dass mir meine langjährige Arbeit als Wissenschaftsjournalist das Verständnis für diese Kritik verstellt. Denn natürlich ist es die Aufgabe von Journalist:innen, sich Expertise anzueignen, um sie dem Publikum anschließend in gut verständlicher Form zu vermitteln. Wenn man das in sachlich-freundlicher Art tut und sich der Überheblichkeit des »Wissenden« enthält, geschieht das auf der Basis einer gleichberechtigten Beziehung. Genau in dieser Haltung über die komplexen Sachverhalte zu informieren, die etwa Inhalt dieses Buches sind, erscheint mir höchst sinnvoll. Ich habe oft die Erfahrung gemacht, dass Klient:innen aufgrund von Aha-Erlebnissen, die ihnen die Informationen verschafften, mehr Verständnis für sich selbst entwickeln konnten. Gerade wenn sie erkennen konnten, dass ihre von sich selbst als dysfunktional erlebten Verhaltensmuster eine geradezu zwangsläufige Reaktion auf dysfunktionale Beziehungsmuster in der Familie darstellten, war das oft der Beginn einer Selbstakzeptanz. Die Erleichterung, die von der psychoedukativen Intervention ausgelöst wurde, war unmittelbar zu spüren. Dieses Erleben bestätigt die Therapeutin Katharina Drexler beim Umgang mit transgenerationalen Traumata: »Meiner Erfahrung nach sind Menschen, die unter einem übertragenen Trauma leiden, oft bereits durch die Benennung desselben entlastet. Nicht selten eröffnet sich hierdurch erstmalig ein Verständnis für das eigene Leiden« (Drexler, 2017, S. 31).

Mir scheint die Psychoedukation ein Aspekt eines weiteren Wirkfaktors erfolgreicher Therapie- und Coachingprozesse zu sein: der aktiven Hilfe zur Problembewältigung. Im neuen Verständnis der Ursachen ihrer Probleme können Klient:innen neue Möglichkeiten etwa der Kommunikation oder Konfrontation mit belastenden Situationen testen. Nicht, dass allein das Verständnis schon die Lösung darstellte, aber es bereitet den Weg, um diese bisher nicht gekannten Möglichkeiten dann mit professioneller Unterstützung auszuprobieren.

Negative Emotionen ertragen und halten können

Viele Bücher, TV-Sendungen, Spielfilme befassen sich mit den hier besprochenen transgenerationalen Lasten und vermitteln eine Ahnung, welch grauenvolles Erleben Menschen überstehen können, aber dann auch ein Leben lang in sich tragen müssen. Nicht selten mehr als eine Ahnung. Der Besuch in KZ-Gedenkstätten macht dieses Bild noch einmal konkreter. Das Ausmaß der Unmenschlichkeit, das dort sehr spürbar wird, ist eigentlich nicht zu ertragen. Dass Menschen diese Bilder verdrängen, das Erlebte abspalten, ist nur zu verständlich. Was aber bedeutet es für den therapeutischen oder Coachingprozess, wenn diese Erinnerungen hochkommen? Das geschieht heute nur noch selten aus unmittelbarem Erleben – es mag Situationen bei der Begleitung alter Menschen geben, auch in der Sterbebegleitung –, aber dafür in Form einer sekundären Traumatisierung. In vielen Familien wurden Kinder parentifiziert und mussten als emotionale Stütze von Mutter oder Vater herhalten. Nicht nur einmal wurde mir berichtet, wie intensiv die Beschreibungen von Fluchterlebnissen, von Atemnot im Luftschutzkeller, vom Zustand der Straßen nach einem Bombenangriff die Kinder in den Bann zogen und eine massive Überforderung für sie darstellten. Ich erinnere eine Situation im Coaching, als mein Klient von einer grauenerregenden Szene berichtete, die sich auf der Flucht seiner Mutter aus Ostpreußen zugetragen hatte und die sie dem Sohn, damals halbwüchsig, ebenso detailliert geschildert hatte. Dass in dieser Beschreibung des Klienten wiederum traumatisierendes Potenzial für mich, den Coach, lag, wurde mir erst im Nachhinein deutlich. Ähnlich erging es mir bei der Lektüre des schon erwähnten Buches »Alles schaukelt, der ganze Bunker schaukelt« von Barbara Halstenberg (2022). So sollten sich potenzielle Leser:innen hier einer möglichen (Re-)Traumatisierungsgefahr bewusst sein. Es ist dennoch eine sehr eindrucksvolle Sammlung von Interviews, in denen Kriegskinder von ihren Erlebnissen berichten. Die Interviews geben Aufschluss über das ganze Ausmaß des Grauens des Krieges und der Not in Deutschland und stehen damit stellvertretend für die Themen, die einen Hintergrund unserer Arbeit als Therapeut:innen, Berater:innen und Coaches darstellen.

Wir können davon ausgehen, dass die Beschreibungen der Interviewten, zum Zeitpunkt ihres Erlebens noch Kinder, denen anderer Kinder in anderen Ländern und anderen Kriegen ähneln. Wir lernen also – mitunter schwer aushaltbar konkret –, was Ursache all dieser Symptome war, die heute bearbeitet und nach Möglichkeit aufgelöst werden sollen. Wie weit sollte das gehen? So weit, wie es eben der Kapazität der Behandelnden entspricht und in Supervisionen zu bearbeiten ist. Womöglich wäre es aber auch ein angemessener Schritt, dieses Thema, wenn es denn bearbeitet werden muss, an einen Kollegen oder eine Kollegin weiterzureichen. Wichtig scheint mir nur, die eigenen Reaktionen auf das Grauen und die persönlichen Grenzen transparent zu machen. Denn sonst wird eine Erfahrung reinszeniert, die das ganze Leben der Klient:innen durchzogen haben kann: »Wenn es darauf ankommt, bin ich allein.«

Um noch einmal zum Reparenting zu kommen: Teil der Interventionen kann die Ermutigung zum spontanen Ausdruck von Gefühlen sein. Das gelingt freilich nur, wenn die Behandelnden selbst einen angemessenen Ausdruck eigener Affekte zeigen. Was kann angemessen sein angesichts der beschriebenen Erlebnisse: Entsetzen über das Geschehnis und Mitgefühl für die Betroffenen, letztlich auch für die Klient:innen, die als Kinder oder Jugendliche mit diesen Beschreibungen überfordert und womöglich traumatisiert wurden. Ihre Gefühle werden validiert, und dieses Anerkennen der Überforderung und des Leids, das daraus erwuchs, scheint mir ein entscheidender Aspekt für den Prozess.

Neugier und Befremdung

Der Umgang mit dem Anderen

»Lernt Geschichte, lernt Geschichte, lernt Geschichte.« Diese Aufforderung (zit. nach Kamm, 2014, S. 147) an Therapeut:innen stammt von Judith Kestenberg oder von Hillel Klein, beide leisteten Pionierarbeit in der Holocaustforschung. Erst im Wissen darum, wie die Historie sowohl das kollektive als auch das individuelle Erleben prägt, kann sich das tiefere Verständnis der Auswirkungen auf den Menschen entfalten, der ganz konkret unsere Unterstützung braucht. Und damit auch für die traumatisierenden Situationen, die sich ins Familiengedächtnis eingebrannt haben und an die Nachkommen weitergegeben werden konnten.

Das Bewusstsein für das eigene Nichtwissen

Aber dies ist ein Wissen, das auf biografischen Erfahrungen und Perspektiven aufsetzt – bei mir persönlich also sowohl auf bio- als auch auf westdeutschen. Dieselbe Situation kann von Menschen, die in der DDR aufgewachsen sind und dort in Schule und Gesellschaft mit der deutsch-sowjetischen Kriegsvergangenheit konfrontiert waren, völlig anders wahrgenommen worden sein – mit den entsprechenden Implikationen für den Umgang mit aktuellen politischen Entwicklungen, wie sie das Leben in Deutschland etwa nach dem russischen Einmarsch in die Ukraine im Februar 2022 maßgeblich beeinflusst haben. Sehr aufschlussreich war für mich in diesem Zusammenhang ein Gespräch, das ich wenige Wochen später mit Birgit Neumann-Becker, Theologin und zu jener Zeit Beauftragte des Landes Sachsen-Anhalt zur Aufarbeitung der SED-Diktatur, führte. Angesprochen auf die Reaktionen früherer Verfolgter der Stasi auf den Einmarsch berichtete sie: »Ihnen sind auf einmal die Jahreszahlen 1953, 1956, 1968 und 1981 wieder überaus präsent – die Jahre, in denen sowjetische Truppen Demokratiebewegungen im Ostblock niedergewalzt haben. Sie haben Angstträume und Panikattacken, fühlen sich wieder zurückversetzt in jene Zeit, als ihnen das Wort im Munde umgedreht wurde. Ich habe das aber auch an mir gemerkt, bereits Tage vor dem Einmarsch. Ich hatte Albträume, und alte Geschichten der Verfolgung kamen in mir hoch, Erlebnisse mit Geheimdienst und Polizei. Ich habe diese Ohnmacht wieder gespürt, diese unmissverständliche Botschaft des Apparats: ›Du hast keine Chance!‹ Dasselbe habe ich von ehemaligen Häftlingen gehört.« Auf der anderen Seite erlebe sie Kreise, »in denen durchaus eine Sowjet-Freundschaft gepflegt wird. Das sind alte Linien. Die Sympathien für das untergegangene sozialistische Osteuropa verbinden sich mit dem Gefühl jener, die sich als Verlierer der Geschichte empfinden. Die sich vom Westen übernommen fühlen und ihre Lebensleistung nicht gewürdigt sehen« (Rohde, 2022c).

Immer wieder zeigt der Blick von außen, wie eingeengt unsere persönliche Perspektive sein kann. Eine interessante Quelle hierfür ist das Buch »Alles, was wir nicht erinnern« der Journalistin Christiane Hoffmann. Sie berichtet darin von einer besonderen Aufgabe, der sie sich gestellt hatte. Im Januar 2020 machte sich die Autorin in einem Dorf in Niederschlesien auf den Weg, um die 550 Kilometer auf derselben Route nach Westen zu wandern, die ihr Vater im Winter 1945 auf der Flucht vor der Roten Armee nehmen musste. Der große Erfolg des Buches zeigt, wie stark diese Erlebnisse im kollektiven Bewusstsein der Deutschen verankert sind. In unserem Zusammenhang beschäftigt mich ein anderer Aspekt: die Gespräche, die die Autorin im heutigen Polen und Tschechien mit Menschen, die sie auf ihrem Weg traf, führte und im Buch wiedergibt. Sie zeigen eine völlig andere Deutung sowohl der Geschichte als auch der Erinnerung daran. Exemplarisch die Begegnung von Christiane Hoffmann mit dem Konservator eines kleinen Museums, in dem die Deutsche die Darstellung der jüdischen Geschichte vermisst. Die Reaktion des Polen: »Der Holocaust ist eure Geschichte, sagt Piotr. Der Holocaust ist Menschheitsgeschichte, korrigiert er sich später, aber besonders eure Geschichte. Entscheidend ist: Der Holocaust ist nicht unsere Geschichte, nicht polnische Geschichte, was können wir dafür, dass die Deutschen ihre Verbrechen in Polen begangen haben« (Hoffmann, 2022, S. 91). Viele Polen hätten das Gefühl, dass den Deutschen nicht bewusst sei, was sie den Polen angetan hätten, resümiert Hoffmann. »Immer geht es um den Holocaust, für den Holocaust gibt es einen Gedenktag und ein Mahnmal mitten in Berlin. Die polnische Regierung fordert auch ein Denkmal in Berlin, ein Mahnmal für die polnischen Opfer von Krieg und Besatzung, sie wollen keinen gemeinsamen Gedenkort für alle Kriegsopfer, sondern etwas Eigenes, nur für die polnischen. So wie die Juden. Je länger der Krieg zurückliegt, desto wichtiger wird das Denkmal« (Hoffmann, 2022, S. 112).

Ist es nur eine theoretische Möglichkeit, dass diese Perspektive im therapeutischen oder Coachingprozess auftaucht? Ich denke nicht. Deutschland ist ein Einwanderungsland. Das zeigte sich mir ganz persönlich, als ich zwei Teamtage für die Mitarbeiter:innen eines Hospizes mit dem Thema »Biografiearbeit« gestaltete. Drei polnischstämmige Pflegerinnen nahmen teil, und natürlich führte der Blick in die Geschichte der Familien auch in die Zeit des Zweiten Weltkriegs. Hier war also erhöhte Sensibilität gefragt, um nicht alte Verletzungen zu berühren, die den Teilnehmenden zu Beginn des Workshops gar nicht präsent waren. Im selben Workshop war auch eine Mitarbeiterin aus Ex-Jugoslawien. Sie war sichtlich berührt, als der Krieg zum Thema der Gespräche wurde, bei ihr freilich mit einer anderen Aktualität. Sie hatte ja selbst flüchten müssen.

So steht das Beispiel der polnischen Gedenkkultur nur stellvertretend für andere nationale Traditionen, die fundamental von der deutschen abweichen können. In einem Einwanderungsland wie dem unseren, in dem sich kulturelle und soziale Prägungen der Menschen mit Migrationshintergrund immer weiter vermischen, scheint mir diese Aufgabe bedeutsam: neugierig zu bleiben auf andere Deutungen der Geschichte, die sich angesichts aktueller politischer Entwicklungen jederzeit neu zuspitzen und damit als zu bearbeitendes Phänomen in einer Praxis relevant werden können. Über konkrete Symptome sei hier nicht spekuliert.

Wie aber gehen wir mit dem Fremden um? Das ist einerseits eine Frage des Wissens, wie die Aachener Psychoanalytikerin Monika Huff-Müller in ihrem Vortrag beim Psychoanalytiker-Kongress in Berlin 2016 feststellte. In die therapeutische Arbeit müsse auch das Wissen über soziale, kulturelle, historische und geografische Gegebenheiten einfließen, die für die spezifische Situation der Klient:innen Bedeutung hätten. Es sei aber vor allem auch eine Frage der Haltung, betonte Huff-Müller: »Der andere stellt jeden von uns durch sein Anderssein infrage.« Die psychoanalytische Methodik müsse um den Aspekt einer kulturellen Empathie, aber auch um den Aspekt der kulturellen Differenzierung erweitert werden. Beide Aspekte seien die Voraussetzung, um einen Umgang mit Fremdheit und Differenz zu entwickeln. In der therapeutischen Beziehung müsse der Analytiker das Fremde beständig im Blick haben (Kresta, 2016).

Wie der Prozess schon in dieser Eingangsphase scheitern kann, zeigt der Erfahrungsbericht der Therapeutinnen Barbara Abdallah-Steinkopff, Maria Gavranidou und Birsen Kahraman. Sie schreiben: »Immer wieder berichten uns Klient:innen, dass ihre Rassismuserfahrungen von den behandelnden Therapeut:innen nicht ernst genommen werden, dass sie verharmlost, relativiert oder einfach überhört werden. Teilweise berichten sie auch, dass sie nach einem kurzen Kennenlernen beschließen, ihre Rassismuserfahrungen erst gar nicht zu berichten, aus Sorge, nicht ernst genommen zu werden, beziehungsweise aus Sorge, Therapeut:innen aus der Mehrheits- beziehungsweise Dominanzkultur könnten sich gekränkt fühlen, und damit sei die Beziehung gefährdet, wie es im Bekannten- und Freundeskreis häufiger geschehe« (Abdallah-Steinkopff et al., 2023, S. 93 f.). Das bedeute, dass die Klient:innen einen wesentlichen Teil ihrer Lebensrealität und ihrer Gefühle ausblenden müssten, um die Behandelnden zu schonen, was die Tragfähigkeit der therapeutischen Arbeitsbeziehung und damit den Behandlungserfolg mindere (S. 93 f.).

Als Start einer Therapie (und ich ergänze: auch eines Coachings) schlägt Monika Huff-Müller stattdessen »Befremdung« vor: die gemeinsame Anstrengung, die Fremdheit zu erkunden und dabei historische und kulturelle Informationen, unterschiedliche Familienkonzepte, kulturelle Standards, nationale Besonderheiten und das Autonomie-Ideal der kulturellen Identität herauszuarbeiten. Es sei die Aufgabe, so Huff-Müller, das Fremde wahrzunehmen, als Fremdes zu realisieren, es über die Wissensaneignung in die Therapie aufzunehmen und als gestaltendes Element der psychoanalytischen Beziehung anzuerkennen (Huff-Müller, 2013).

Der Umgang mit neuen generationalen Prägungen

Wenn Huff-Müller das faszinierende Beispiel einer Klientin mit chinesischer Mutter und deutschem Vater beschreibt, in dem das Familienideal der Mutter eine unbedingte Unterordnung der Tochter verlangt und von ihr auch nicht infrage gestellt wird, so ist die Fremdheit des Hintergrunds offensichtlich. Sie kann einem freilich auch in völlig anderem Gewand begegnen: in der Arbeit mit Menschen der Generation Y, geboren zwischen 1980 bis 1995, und der Generation Z der Jahrgänge ab 1996. Im Kontakt der Babyboomer mit Menschen der »Gen Y« und der »Gen Z« stellt der Generationsforscher Rüdiger Maas nicht etwa einen klassischen Generationenkonflikt fest, sondern vor allem ein »Aneinander-Vorbeireden«. Die Älteren machten sich über die mangelnde Leistungsbereitschaft der Jüngeren lustig und schafften es oft nicht, ihre Lebenswirklichkeit zu berücksichtigen, während die Jüngeren wiederum die Erfahrungswerte der Älteren nicht mehr zu schätzen wüssten, so Maas: »Weil sie in einer Welt groß geworden sind, in der sich jeden Tag etwas ändert: Was heute in ist, ist morgen schon wieder out. Also interessiert es sie nicht, was jemand vor 30 oder 40 Jahren alles gemacht hat. Diesen Erfahrungsschatz können sie gar nicht einordnen, adaptieren und somit auch nicht wertschätzen. Das ist für sie eher etwas fürs Museum« (Marx, 2023). In diesen Zusammenhang gehören sicher auch die Polemik gegen »alte weiße Männer« und der Spruch »Okay, Boomer«, der das genervte Abwenden der Jungen von den ergrauten Besserwissern symbolisiert.

Das Selbstbild des postmodernen Menschen sei geprägt von Selbstbestimmung und Wirkmächtigkeit, so der Psychologe Peter Conzen. In ihm dürften Gefühle von Ohnmacht und Fremdbestimmung wenig Raum haben. Vergangenes werde dabei zur Bedeutungslosigkeit verdammt (vgl. Huff-Müller, 2013). Mit massiven Konsequenzen gerade für den Prozess in Therapie oder Coaching. Wie soll in diesem Setting eine Auseinandersetzung mit den eigenen Gefühlserbschaften gelingen? Tatsächlich ist sie oft auch nicht erwünscht. Stattdessen ist das Konzept »Mindset« sehr populär geworden, gleichsam eine Neuprogrammierung auf Glaubenssätze, die eine Orientierung auf Erfolg ermöglichen. In einer Gesprächsrunde von Selbstständigen, an der ich teilnahm, beschrieb ein Mitte 30-jähriger Mann seinen Umgang damit: »Ich kümmere mich nicht um Probleme, ich kümmere mich nur um Lösungen. Denn wenn ich an Probleme denke, materialisiere ich sie erst. Deswegen denke ich ausschließlich an Lösungen, um die zu materialisieren.« Als Inhaber eines Handwerksbetriebs auf Expansionskurs sah er keinen Anlass, sich auf andere Sichtweisen einzulassen.

An dieser Stelle des Gesprächs fühlte ich mich erinnert an die Weigerung vieler Kriegskinder, etwas anderes als die Orientierung an der Gegenwart zuzulassen: dass jeder seines Glückes Schmied sei und so weiter. Es sind die Krisen, in denen dieses Selbstkonzept des Erfolgs-Mindsets scheitert, in denen ein vorsichtiger Zugang möglich werden kann. In der Arbeit mit einer jungen Freiberuflerin, die nach frühen Erfolgen immer wieder an der Hürde zur nächsten Stufe ihrer Karriere scheiterte, konnte ich das erleben. Sie hatte sich früh aus den dysfunktionalen Mustern ihrer Herkunftsfamilie gelöst und sich in beeindruckender Weise eine Selbstkontrolle angeeignet, um sowohl den familiären Übergriffen als auch narzisstischen Kollegen Paroli zu bieten. Nach einer längeren Phase erfolgloser Akquiseanstrengungen musste sie aber feststellen, dass diese Kontrolle – ihr »Mindset« – leicht zu stören war und ihr zugleich beim freien Aufspielen ihrer Persönlichkeit im Weg stand. Meine Anregung, ihre Sozialisation und den Berufsweg ihrer Eltern anzuschauen, wies sie brüsk zurück. Sie habe sehr viel Energie darauf verwendet, sich aus den familiären Zusammenhängen zu lösen, und wolle nun gewiss nicht in einem Coaching dorthin zurückgeführt werden. Es gehe ihr darum, im Hier und Jetzt ihre Leistungsfähigkeit unter Beweis stellen zu können und nicht in der Vergangenheit herumzugraben. Stattdessen orientierten wir also zunächst auf Ressourcen und die beeindruckende Problemlösungskompetenz der jungen Frau. Auch hier konnte ich wieder erleben, wie unterstützende, anerkennende und wohlwollende Äußerungen meinerseits zunächst Misstrauen auslösten – sie entsprachen nicht ihren Erfahrungen mit Menschen meines Alters, zumal den Eltern.

In mehreren von mir angeleiteten Gedankenreisen tauchten dann aber doch Bilder auf, die offenbar aus der Vergangenheit ihrer Eltern stammten, nicht aus der eigenen. Die Klientin konnte darin das Fremdbestimmende identifizieren und als transgenerationale Last deuten: Ihre Eltern hatten beide berufliche Laufbahnen erlebt, die nicht ihrem Potenzial entsprachen, und der Großvater mütterlicherseits wachte eifersüchtig darüber, die meiste Aufmerksamkeit in der Familie zu bekommen. Erfolge der Enkelin wurden als massive Konkurrenz empfunden und ritualisiert abgewertet. Die Erkenntnis, dass die empfundene Blockade der Karriere nicht auf eigenem Versagen, sondern auf einer transgenerationalen Last beruhten, wirkte geradezu befreiend. Resümierend waren es drei Elemente, die zum Gelingen des Prozesses führen konnten: eine jederzeit wohlwollende und unterstützende Ansprache mit dem uneingeschränkten Anerkennen der Ressourcen, gespeist aus der Haltung des Reparenting; der Respekt davor, dass die Klientin sich nicht mit der Geschichte ihrer Familie auseinandersetzen wollte; und schließlich die Deutung der auftauchenden Bilder als Ausdruck einer transgenerationalen Übertragung.

Ich möchte noch einmal die fünf entscheidenden Wirkfaktoren eines gelingenden Therapie- oder Coachingprozesses zusammenfassen (vgl. Roth u. Ryba, 2019):

- therapeutische Beziehung,
- Ressourcenaktivierung,
- Problemaktualisierung,
- aktive Hilfe zur Problembewältigung und
- motivationale Klärung.

Es gibt die unterschiedlichsten Möglichkeiten, diese Faktoren in Therapie oder Coaching erfolgreich anzuwenden. Allerdings, so meine Überzeugung, sollten sich Therapeut:innen und Coaches auf der Suche nach der am besten geeigneten Methode nicht selbst aus dem Blick verlieren, sondern sich als eine Art interaktives Instrument verstehen. Sie stellen sich ja eine Zeit lang mit ihrer ganzen Person einem anderen Menschen zur Verfügung. Ihre Präsenz, ihre Verlässlichkeit, ihr Zutrauen, ihr Verstehen, ihre Konsequenz, ihr Modell sind für eine bestimmte Zeit ganz wesentlich für einen anderen, um Selbstvertrauen aufzubauen, spezifische Lösungen zu finden, etwas auszuprobieren und, ja, ein ganz spezielles Gefühlserbe zu integrieren. Bei allen berechtigten Anforderungen an Theorien, Methoden und Interventionen sind Therapie und Coaching zuallererst dies: eine Begegnung zweier Menschen, die ein Stück Weg gemeinsam gehen.

Epilog – Ein persönlicher Blick zurück

Das Entsetzen bahnte sich ganz langsam den Weg. Zuerst war da nur eine kurze Passage, die ich mehr im Vorbeistreifen las. In ihrem Buch »Der lange Schatten der Täter« erzählt Alexandra Senfft von der Begegnung mit einer Frau, die sich der Geschichte ihres Vaters im Zweiten Weltkrieg annimmt. »Im Frühjahr 1942 wurde er […] nach Russland in die Belagerung Leningrads geschickt, die bereits im Vorjahr begonnen hatte. Die Bevölkerung sollte hier durch die Blockade systematisch und qualvoll ausgehungert werden. […] Bis 1944 starben durch Hunger, Kälte und Kampfeinsätze über eine Million Russen, manche Quellen gehen von anderthalb Millionen aus. Heute zählt diese Aktion zum schwersten Verbrechen gegen die Menschlichkeit der deutschen Wehrmacht im Zweiten Weltkrieg« (Senfft, 2016, S. 66). Wehrmacht … Leningrad … Tief in mir rührte sich etwas, aber der Impuls verging. Für meinen Blog recherchierte ich gerade, wie die abgewehrte Schuld der Vorfahren auf uns lastet und wie wir uns von ihr befreien können. Ein Thema, das mir in Seminaren und Coachings immer wieder begegnete. Ich suchte nach Antworten, die Hoffnung machen konnten. Alexandra Senffts Buch war für mich ebenso eindrucksvoll wie interessant, eine lohnende Lektüre. Ich notierte Zitate, schaute in Quellenverweise. Dann ging es weiter zum nächsten Buch, noch so viel zu lesen.

Zwei Tage später lagen Fotos auf dem Esstisch, zusammengetragen anlässlich eines Familientreffens, das einige Zeit zurücklag. Der Impuls war wieder da, drängender jetzt und nicht mehr zu ignorieren. Ich griff mir Unterlagen, die ich schon seit 2015 besaß, zur Verfügung gestellt von der damaligen »Deutschen Dienststelle für die Benachrichtigung der nächsten Angehörigen der Gefallenen der ehemaligen deutschen Wehrmacht«; sie ist heute eine Abteilung des Bundesarchivs. Die Kriegsgeschichte meines Vaters Gerhard und meines Onkels Kurt, Zwillingsbrüder, wollte ich damals aufarbeiten, vor allem die Grabstelle meines 1944 gefallenen Onkels ermitteln. Ein schneller Blick auf die insgesamt vier Seiten Papier. Einsatzort Gerhard Rohde: »Dez. 42 Leningrad« und »Aug. 43 Leningrad«. Einsatzort Kurt Rohde: »Aug. 42 bis Febr. 44 – Leningrad«. Die Gedanken schweiften zurück in den Sommer 2016, als ich im estländischen Rakvere am Grab meines Onkels stand. Erinnerungsfetzen an Erzählungen meines Vaters vom Ladogasee blitzten auf, irgendwann aus den 1970ern. Hier blockierte die Wehrmacht den Nachschub für die eingekesselte Stadt, berichtet Wikipedia.

Dann kam das Entsetzen mit Wucht: mein Vater, mein Onkel, Mittäter an einem der schwersten Verbrechen gegen die Menschlichkeit der deutschen Wehrmacht. »Es war gezielter Massenmord«, las ich im »Spiegel«. Und dann brach eine Abwehrmauer, Jahrzehnte stabil gehalten, in sich zusammen. Die Weigerung, mich *wirklich* damit zu befassen, was mein Vater als Anfang 20-jähriger Unteroffizier in Russland getan, für welche Verbrechen er womöglich verantwortlich war, warum er trotz seiner Unterarmamputation und des Todes seines Zwillingsbruders meine Kriegsdienstverweigerung abgewertet hatte: »Junge, das wirst du mir doch wohl nicht antun!« Zurück blieb ein Erstarren, ein dunkles Nichts. Die Lähmung löste sich ein wenig, nachdem ich das Notebook zugeklappt und eine Runde um den Block gemacht hatte. Die Träume in der Nacht waren scheußlich.

»Warum tust du dir das eigentlich an?« Diese Frage wird mir regelmäßig gestellt, seit ich 2013 begonnen habe, mich auch mit meinem ganz persönlichen Erbe von Krieg und Nationalsozialismus zu befassen, Schicht um Schicht die Verstrickungen der Familie freizulegen. Oft klingt die Skepsis hindurch, ob ich vielleicht selbstquälerische Neigungen hätte (nein, habe ich nicht). »Weil es hilft, weil es wichtig ist, weil es befreit und stärkt, nicht nur mich, sondern auch kommende Generationen Rohdes«, antworte ich ebenso regelmäßig und blicke in unvermindert skeptische Gesichter. »Das kann ich übrigens auch belegen«, schicke ich noch mit Nachdruck hinterher, »es ist beeindruckend, was die Forschung alles dazu weiß!«, sehe aber nicht selten, wie im Gesicht meines Gegenübers eine Jalousie runtergeht.

Kein schönes Thema. Und rückt es einem nicht womöglich unangenehm auf die Pelle? Aus Erfahrung kann ich sagen: Das passiert. Es kann sogar sehr unangenehm werden. Dabei wähnte ich mich schon in einem Stadium der Integration, seit ich 2016 gemeinsam mit meiner ältesten Schwester am Grab unseres Onkels in Estland gestanden hatte.

Es war ein Sommertag wie gemalt. Ein paar Schleierwolken standen über Rakvere am Himmel, es war 27 Grad warm und ein sanfter Wind wehte über die Wiese, auf der Eichen standen. Das Gras war eine Weile nicht gemäht worden, die Gänseblümchen blitzten heraus. Wir betraten das von einer flachen Sandsteinmauer eingefasste Viereck. In einiger Entfernung ragte ein großes Eichenkreuz auf, das Symbol für die Bedeutung dieses Ortes. Links und rechts neben dem Kreuz lagen zwei große Platten aus schwarzem Granit. Und auf der rechten, etwa in der Mitte, fanden wir die Gravur: »ROHDE KURT UNTEROFFIZIER * 18.5.1922 † 13.3.1944«.

Wir verneigten uns und verharrten in Stille. Der 18. Mai 1922 war uns vertraut. An diesem Tag war auch unser Vater, Gerhard Rohde, geboren worden. Meine Schwester schüttete ein Häufchen Heimaterde an den Sockel der Granitplatte. Sie stammte aus dem Garten, in dem Kurt einst mit seinen vier Geschwistern gespielt hatte. Sie leben alle nicht mehr, und keins von ihnen war je hier. 72 Jahre hatte es gedauert, bis Kurt von seiner Familie besucht wurde. Der Weg nach Rakvere, das früher Wesenberg hieß, war weit. Er führte 1.850 Kilometer von Hamburg durch Deutschland, Polen, Litauen, Lettland und Estland zu diesem Städtchen auf halber Strecke zwischen der estnischen Hauptstadt Tallinn und der russischen Grenze an der Narva. Aber noch unendlich viel weiter war der Weg durch die Zeiten. Nicht nur die Mauer in Berlin und der Eiserne Vorhang mussten fallen, sondern auch die Mauern der Verdrängung.

Dass der Krieg die Familie schwer getroffen hatte, war uns immer bewusst gewesen. Unserem Vater war in einem Feldlazarett in Russland sein linker Unterarm amputiert worden, er kämpfte lebenslang verbissen mit den Einschränkungen, die ihm das auferlegte. Wie viel größer der Verlust durch den Krieg aber eigentlich war, wie sehr der Tod des Zwillingsbruders immer auf unserer Familie gelastet hatte, das war nie ein Thema. Über Kurt wurde nicht gesprochen. Über die Jahrzehnte klaffte eine Leerstelle in der Familiengeschichte, bestimmte sein Fehlen unser Leben mehr als vieles andere. Es bestimmte das Leben der Familie und jedes Einzelnen von uns. Meines, indem ich auf die Leerstelle des fehlenden Zwillings gerutscht und in dieselbe Konkurrenz hineingeraten war, die einst die Brüder miteinander ausgefochten hatten. Und damit waren wir Rohdes ein typischer Fall.

Die Erinnerungsarbeit in meiner Familie führte mich in den Eichborndamm 179 in Berlin. Hier, in den Gebäuden einer ehemaligen Munitionsfabrik, hatte die zu diesem Zeitpunkt noch so bezeichnete »Deutsche Dienststelle« ihren Sitz. Dort lagern 18 Millionen Karteikarten über Angehörige der ehemaligen Wehrmacht und anderer Armeen und Verbände, 150 Millionen Verlustmeldungen der Einheiten, 15 Millionen Meldungen über deutsche Kriegsgefangene, 4,5 Millionen Gräberkarteikarten und vieles mehr. 56 Kilometer Akten sind es, und zwei Karteikarten davon lagen vor mir auf dem Tisch: »Rohde, Gerhard« und »Rohde, Kurt«. 1941, als die Wehrmacht die Zwillingsbrüder am selben Tag rekrutierte, wurden sie angelegt. Penibel ist auf den Karten notiert, in welchen Truppenteilen die Brüder ihren Kriegsdienst ableisteten und welche Meldungen über sie eingingen: dass sie beide zunächst bei Kopenhagen stationiert waren, dann bei Sewastopol auf der Krim. Dort erkrankten sie im März 1942 an Scharlach und kamen im rumänischen Iaşi in Quarantäne[28]. Der eine, Kurt, wurde früher gesund als sein Bruder. Eine schicksalhafte Wendung. Denn so trennten sich ihre Wege in unterschiedliche Einheiten. »Deswegen bin ich auf der Welt – und nicht die Kinder, die Kurt hätte zeugen können«, durchfuhr es mich. Denn Gerhard überlebte, zweimal schwer verletzt, und gründete eine Familie. Kurt überlebte nicht. Der Eintrag in der Akte der Deutschen Dienststelle: »verstorben am 13.03.1944, um 4.10 Uhr im Feld-Lazarett 11, Wesenberg. Grablage: Soldatenfriedhof Wesenberg/Estland, heute Rakvere«.

Wie erging es meinem Vater danach? Empfand er Scham, als Soldat auf einem Vernichtungsfeldzug getötet zu haben? Fühlte er sich schuldig, der Überlebende zweier Brüder zu sein, vielleicht sogar seinen Bruder im Stich gelassen zu haben? Versuchte er umso mehr,

---

28 80 Jahre später steckte sich dort mein jüngerer Sohn beim Besuch seines Freundes, der dort im Auslandssemester studierte, mit Corona an und sollte ebenfalls in Quarantäne. Er entkam ihr durch eine schnelle Fahrt zum Flughafen. All das fühlte sich sehr seltsam an.

die drängenden Erwartungen der Eltern zu erfüllen? Suchte er deswegen den beruflichen Erfolg bei einer Tätigkeit im Ausland, um diesem Druck nicht permanent ausgesetzt zu sein – und das in Finnland, dem zu Estland nächstgelegenen Land diesseits des Eisernen Vorhangs? Ließ er die elterliche Villa abreißen, um auf dem Grundstück neu zu bauen, weil ihm die Anerkennung seiner Leistungen versagt geblieben war, und hatte doch zeitlebens ein Foto des Elternhauses an der Wand hängen? Und was bedeutete all das für seine Rolle als Vater? Fragen, die bei uns Nachkommen das Verständnis öffnen für die nie vernarbten Wunden in der Seele der Eltern. Die aber auch die Gefühle aus der eigenen Kindheit wachrufen: die demütigenden Späße, die ein Junge zu ertragen hatte, die Angst davor, bei Fehlern erwischt zu werden, die Gewissheit, dass wir das mit uns selbst abmachen mussten. »Nimm dich nicht so wichtig!« Aus dem Imperativ der Eltern wuchs der Glaubenssatz für ein Leben. Und an keinem Ort war der Schmerz stärker, das Mitgefühl intensiver als dort, wo vieles seinen Ausgang genommen hatte: auf einem Soldatenfriedhof 1.850 Kilometer fern der Heimat.

Das Erleben in Rakvere, die Erkenntnisse der Recherche im Bundesarchiv und ein langer Beitrag für das Magazin »Psychologie Heute« über die Kriegsenkel waren der Startpunkt, mich dem Verein Kriegsenkel e.V. anzuschließen, für einige Zeit im Vorstand mitzuwirken und Tagungen mitzuorganisieren, Vorträge zu halten und Workshops zum Thema zu geben, im Februar 2018 das erste von vielen mit inzwischen insgesamt mehreren Hundert Teilnehmenden. Was mir zu diesem Zeitpunkt nicht bewusst war: Uns verband die unausgesprochene Verabredung, Opfer und Leidtragende zu sein, gleichsam Überlebende. Die Familienerinnerungen von Flucht und Vertreibung, sexualisierter Gewalterfahrung und Not in der Nachkriegszeit nahmen den weitaus größten Raum ein. Nur selten kamen Verbrechen der Vorfahren zur Sprache – und wenn, waren es besondere Erlebnisse, bewegender und tiefergehend.

Immer wieder blitzte auch Täterenergie in den Workshops auf, meist in der schroffen Abwehr von Perspektiven auf persönliche Schuld in den Familien und, ja, meist von Männern. Zu jener Zeit auch noch als Autor für Magazine tätig, führte ich zahlreiche Interviews, so mit Luise Reddemann, Angela Moré, Oliver von Wrochem,

Wolf Ritscher, Bettina Alberti, Meron Mendel. Die Frage der abgewehrten Schuld der Vorfahren und wie sie sich in den Nachkommen ausdrückt, rückte für mich immer stärker in den Vordergrund. Eine Frage, auf die in den Seminaren kaum Resonanz kam, die viele Teilnehmende und Klient:innen aber spürbar belastete und die mir durch die Lektüre von Alexandra Senffts Buch »Der lange Schatten der Täter« immer näher rückte. Bis das Entsetzen in mir durchbrach, als die Verbindung zwischen den Kriegsverbrechen der Wehrmacht und den Einsatzorten meines Vaters und meines Onkels offenbar wurde: Sie waren dabei!

Eine Phase begann, die Anzeichen einer Obsession hatte. Besuche im Jüdischen Museum in Berlin, der Ausstellung »Topografie des Terrors« und im Dokumentationszentrum für Flucht, Vertreibung, Versöhnung, eine Reise zu den KZ-Gedenkstätten Sachsenhausen, Buchenwald und Bergen-Belsen, dazu die Lektüre zahlreicher Bücher. Alles innerhalb weniger Monate. Eine schwere Zeit. Mir ging vorübergehend der Halt verloren, ich fühlte mich schwermütig, fast depressiv, und erlebte, welch bedrängende Aktualität Gefühlserbschaften bekommen können. Aber es war auch eine unglaublich lehrreiche Zeit. Ich fühlte mich an einen Satz von Wolf Ritscher über seinen ersten Besuch in Auschwitz erinnert: »Wie wenig weiß ich denn!«

Manche Erinnerungen an diese Zeit sind wuchtiger als andere. Die erste Verblüffung in Sachsenhausen: Die Gedenkstätte liegt direkt an historischer Wohnbebauung, das KZ war Teil der Stadt Oranienburg! Kann man dann noch behaupten, man hätte nichts mitbekommen?

Die unwirkliche Stille über dem Gelände, auf dem nur noch wenige historische Gebäude stehen. Und auf einmal ein Erkennen: Diese Atmosphäre der Angst, Kälte und Unbarmherzigkeit, hier als Essenz spürbar, kannte ich. Von zu Hause, dort gleichsam in homöopathischer Verdünnung.

Der Schock in der Häftlingsbaracke 38, der Schlafsaal, vor allem aber der Abort – die paar Toilettenschüsseln in einer Reihe – für mehr als 200 Häftlinge, die frühmorgens wenige Minuten Zeit hatten für ihre Notdurft.

Das verstörende Bild von SS-Offizieren in provozierend entspannter Haltung, während eine junge Frau im aufwendigen Kostüm für sie eine Tarantella tanzt. Als Belohnung für die Ermordung der sowjetischen Kriegsgefangenen hatten die Soldaten drei Wochen Urlaub in Süditalien spendiert bekommen.

Das Auftauchen aus der Erstarrung nach dem Verlassen der Gedenkstätte, fast über den Bordstein stolpernd und wie in Trance eine Straße überquerend, um im Café einen Kaffee zu trinken.

In der Ausstellung »Topografie des Terrors« das Foto eines kleinen Mädchens mit nacktem Oberkörper, das die Arme ängstlich vor die Brust presst, aufgenommen in der Anstalt, wo das Kind als »lebensunwertes Leben« ermordet wurde.

In der Gedenkstätte Buchenwald der Brief der Künstler und Schriftsteller der Stadt Weimar, die gegen den Namen »Konzentrationslager Ettersberg« protestieren: dass der Name dieses Berges, der doch so intensiv mit dem Namen Goethes verbunden sei, hierdurch beschmutzt werde. Man einigte sich dann auf »Buchenwald«.

In Bergen-Belsen ein Film mit Zeitzeugen, die berichten, wie sonntags die Menschen aus der Umgebung kamen, um die Kriegsgefangenen, die hier nicht in Baracken, sondern Erdhöhlen hausen mussten, zu begaffen. Wie manche sich einen Spaß machten und Brotkanten über den Stacheldraht warfen, um die Gefangenen darum kämpfen zu sehen.

Die Titelseite einer Zeitschrift der Wehrmacht: der Abtransport von russischen Kriegsgefangenen in offenen Viehwaggons – mitten im Winter. Und sofort die Frage im Kopf: Hatte mein Vater an solchen Aktionen mitgewirkt?

Man kann, lernte ich, so etwas halbwegs unbeschadet durchstehen: die emotionalen Schutzmauern hochziehen, die zahllosen Texte in der Ausstellung lesen und versuchen, einfach die sachlichen Informationen intellektuell aufzunehmen. Brüchig wird die Mauer beim Blick in die Gesichter, vor allem der Kinder. Und die Dissoziation hat ihren Preis: Albträume, Mühe, mit anderen Menschen wieder in Kontakt zu kommen, aufbrandender Ärger, wenn niemand vom Erlebten hören will, nur immer wieder dieses »Warum tust du dir das an?«. Weil es wichtig ist! Weil all dies hier mitten unter unseren Eltern oder Großeltern geschah, viele von ihnen auf irgendeine Weise beteiligt waren! Weil der Antisemitismus heute wieder grassiert! Weil Dehumanisierung in Gewalt und Vernichtung enden kann und sie wahrlich kein historisches, sondern ein hochaktuelles Phänomen ist. Weil es, wie Michael Ermann sagt, ohne Erinnerungsarbeit keine positive Identität geben kann. Weil die AfD …, aber nein, das nicht hier.

Irgendwann waren die auf dem Schreibtisch gestapelten Bücher exzerpiert, die Erinnerungen aufgeschrieben. So etwas wie Integration wurde spürbar. Der 9. November 2022 war ein solcher Tag. Ein schöner Herbsttag, die Sonne strahlte über Hamburg, als ich zu der Therapeutin fuhr, die mich bei der Erforschung begleitet hatte. In der Nacht hatte ich gut geschlafen, es fühlte sich so an, als hätte ich wieder festen Boden unter den Füßen. Aber dann waren da auf dem Weg von dem Parkplatz zu ihrer Praxis auf einmal viele Stolpersteine, diese vom Künstler Gunter Demnig entworfenen Messingwürfel, in die Daten jener deportierten Juden und Jüdinnen eingraviert sind, die genau an diesem Ort gewohnt hatten. So viele! Vor einem Hauseingang zehn oder zwölf. Die Sonne ließ einige von ihnen aus dem Pflaster herausleuchten und ich brach in Tränen aus.

Was hatten diese Menschen 84 Jahren zuvor erlebt? Als auch in Hamburg der Mob durch die Straßen tobte, Schaufenster der Geschäfte von jüdischen Kaufleuten einwarf, die Geschäfte plünderte, die Synagoge am Bornplatz, vielleicht einen Kilometer von hier entfernt, verwüstete. Auf den Messingquadern standen nur Daten, aber sie erzählen Geschichten. »Deportiert nach Theresienstadt, ermordet in Auschwitz«. Mit Tränen in den Augen betrat ich die Praxis, und alles war wieder da: die Besuche in den Gedenkstätten, die Bilder, die Gespräche dazu. Wolf Ritschers Satz, es bleibe ein Riss, eine Wunde in der Familiengeschichte, mit der wir irgendwie klarkommen müssten. Was auch sonst. Auch dieses Gefühl war wieder da: dass ich die Atmosphäre, die mich in Buchenwald und Sachsenhausen angeweht hatte, kannte. Von damals, von zu Hause. Diese Angst, diese Härte, diese Kälte, diese Unbarmherzigkeit. Nur ein Hauch war es in einem Reihenhaus am Hamburger Stadtrand, der dennoch seine Wirkung tat.

Mein Vater war kein böser Mensch. Wenn Alkohol seine Hemmungen gelöst hatte, kamen fiese Anteile hervor, wie bei vielen ehemaligen Soldaten. Aber er konnte auch lustig sein, sehr ansteckend lachen und war in kostbaren Momenten sogar liebevoll. Und dennoch: Wie kam der Widerschein des Bösen in unser Haus? Meine Therapeutin und ich forschten. Es fühlte sich schrecklich an. Die Opfer, so präsent! Gerade an diesem Tag! Noch einmal – zum wievielten Mal? – war ich entsetzt darüber, dass auch meine Familie sich nie dem Grauen jener Jahre gestellt hat, sich nie um die eigene Trauer, die eigene Schuld und Verantwortung gekümmert hat, nie die Geschichte der eigenen jüdischen Vorfahren erwähnt, sondern fleißig gearbeitet und sich mit Dujardin und Oppenheimer Krötenbrunnen den Weg in eine Stimmung geöffnet hat, in der Gefühle sich Bahn brechen konnten (immer mal auf Kosten eines kleinen Jungen). Gepeinigte Seelen.

Es bleibt ein Riss. Ich musste durch Phasen des Entsetzens, der Wut, der Verachtung, des Mitgefühls und schließlich der Trauer hindurchgehen, und das nicht nur einmal. Ja, es gibt da auch Dankbarkeit, dass ich nicht in jener Zeit gelebt habe und mir diese Prüfungen erspart geblieben sind. In der Verarbeitung all dieser Geschichten, meiner und der vielen, die mir erzählt wurden und werden, sind Klarheit gewachsen und Stabilität, Empathie und Geduld. Die ich auch anderen anbieten kann, im Rahmen meiner Arbeit etwa. Was Nadine Burke Harris schreibt, zu Beginn des Buches zitiert, ist mir vertraut. Ein Klient, praktizierender Buddhist, hatte dieses schöne Bild dafür: Gift in Medizin verwandeln. Aber all das ist erschütterbar. Etwa wenn ein stellvertretender bayerischer Ministerpräsident mit läppischen Gedächtnislücken die Affäre um ein Flugblatt, das die Opfer des Holocaust verhöhnt, im Amt überstehen kann. Oder wenn der Antisemitismus auf deutschen Straßen ausgerechnet nach einem Terrorangriff auf israelische Menschen losbricht. Wie kann das sein?

An jenem 9. November, als das noch kein Thema war, verabschiedete ich mich von der Therapeutin. Sie sagte: »Schau doch mal, wie es dir jetzt mit den Stolpersteinen geht.« Als ich um die Ecke bog, sah ich die ersten. Sie strahlten, offenbar vor Kurzem geputzt. Mit einer kleinen inneren Verneigung ging ich vorbei. Am nächsten Hauseingang stand eine Gruppe von Jugendlichen, offenbar bunt gemischter Herkunft. Zwei Jungs balgten miteinander, die anderen beugten sich über die Messingwürfel, mit Küchenpapier und Messingputzmittel. Sie putzten die Stolpersteine, an einem 9. November. Ich ging vorbei und sagte: »Gute Aktion!« Ein Junge mit wilden schwarzen Locken und dunkler Haut schaute auf, grinste und sagte in deutlich Hamburger Färbung: »Danke.«

Ach Mensch, ich danke dir!

Danksagung

Dieses Buch ist der vorläufige Schlusspunkt einer Entwicklung, die 2013 mit einer Systemaufstellung begann. Helga Krantz brachte mich damals auf die Spur, als sie in meinen Reaktionen eine Spätfolge von Kriegserlebnissen meiner Familie vermutete. Für diese präzise Beobachtung danke ich ihr sehr. Auch meiner Schwester Margit Hübner bin ich zu großem Dank verpflichtet, weil sie, als ich das Grab unseres Onkels in Estland aufgespürt hatte, meine Frau Dorothea und mich einlud, gemeinsam dorthin zu fahren. Dem Volksbund Deutsche Kriegsgräberfürsorge fühle ich mich verbunden, der diese Grabanlage zu einem Ort des Friedens und der Besinnung transformiert hatte.

Dass ich aus meiner persönlichen Betroffenheit einen Teil meiner Arbeit in Form von Workshops machen konnte, verdanke ich dem Verein Kriegsenkel e. V., vor allem Franziska Holfert und Michael Schneider. Herzlich bedanken möchte ich mich zudem bei den vielen, vielen Teilnehmenden an meinen Workshops, die sich dort mit ihren sehr persönlichen Erfahrungen geöffnet haben. Ohne sie gäbe es dieses Buch nicht.

Fachlich habe ich sehr von der Expertise vieler Gesprächspartner:innen profitiert. Sie haben mir nicht nur ein tieferes Verständnis der Materie ermöglicht, sondern waren mir auch mit ihrer Haltung Vorbild, diesen Weg immer weiter zu verfolgen. Nennen möchte ich vor allem Luise Reddemann, Angela Moré und Wolf Ritscher.

Dass aus all dem dieses Buch geworden ist, verdanke ich Sandra Englisch und Ulrike Rastin von Vandenhoeck & Ruprecht, die das Projekt mit ihrer Freundlichkeit, Kompetenz und Leidenschaft ermöglicht, begleitet und realisiert haben. Eine sehr schöne Erfahrung. Edda Hattebier danke ich für das akribische Lektorat.

Mein allergrößter Dank gilt meiner Frau Dorothea. Ungezählte Gespräche haben wir über das Thema dieses Buches geführt, über seine Inhalte, seine Ausrichtung, immer auf der Suche nach Erkenntnis und – ihr besonderes Verdienst – positiven, zukunftweisenden Aspekten. Nicht nur einmal hat sie mir durch dunkle Stunden geholfen und mich ermutigt weiterzumachen. Dafür bin ich ihr zutiefst dankbar.

Literatur

Abdallah-Steinkopff, B., Gavranidou, M., Kahraman, B. (2023). Heimweh und Heimatlosigkeit im Fokus von Beratung und Therapie. Konzepte und Methoden für die Praxis. Göttingen.

Alberti, B. (2014). Seelische Trümmer. Geboren in den 50er- und 60er-Jahren: Die Nachkriegsgeneration im Schatten des Kriegstraumas (7. Aufl.). München.

Badenschier, F., Schwarz, T. (2020). Epigenetik. https://www.planet-wissen.de/natur/forschung/epigenetik/index.html (Zugriff am 28.05.2024).

Baer, U., Frick-Baer, G. (2015). Das Kriegserbe in der Seele. Was Kindern und Enkeln wirklich hilft. Weinheim.

Baer, U., Frick-Baer, G. (2018). Wie Traumata in die nächste Generation wirken (5. Aufl.). Berlin.

Bar-On, D. (2004). Die Last des Schweigens. Gespräche mit Kindern von NS-Tätern (2. Aufl.). Hamburg.

Batthyany, S. (2017). Und was hat das mit mir zu tun? Ein Verbrechen im März 1945. Die Geschichte meiner Familie. Bonn.

Bode, S. (2009). Kriegsenkel: Die Erben der vergessenen Generation. Stuttgart.

Bohleber, W. (2009). Wege und Inhalte transgenerationaler Weitergabe. Psychoanalytische Perspektiven. In H. Radebold, W. Bohleber, J. Zinnecker (Hrsg.), Transgenerationale Weitergabe kriegsbelasteter Kindheiten. Interdisziplinäre Studien zur Nachhaltigkeit historischer Erfahrungen über vier Generationen (2. Aufl., S. 107–118). Weinheim.

Boothe, B. (2011). Das Narrativ. Biografisches Erzählen im psychotherapeutischen Prozess. Stuttgart.

Bürgin, D. (2011). Wie wird ein Mann zum Mann? Vortrag beim Kolloquium »Seele–Körper–Geist« der Universität Freiburg.

Burke Harris, N. (2020). Befreiung finden. Wie Sie die langfristigen Auswirkungen von Kindheitstraumata heilen. Kandern.

Charf, D. (2019). Bindungstrauma: Wie muss ich sein, damit du mich liebst? https://traumaheilung.de/damit-du-mich-liebst/ (Zugriff am 11.6.2024).

Cierpka, M. (Hrsg.) (2008). Handbuch der Familiendiagnostik (3. Aufl.). Heidelberg.

Domschke, K. (2021). Epigenetik – Schnittstelle zwischen Risiko und Resilienz bei psychischen Erkrankungen. Online-Vortrag. https://www.youtube.com/watch?v=nQpHW6jMYU8 (Zugriff am 12.6.2024).

Dornes, M. (1997). Die frühe Kindheit. Entwicklungspsychologie der ersten Lebensjahre. Frankfurt a. M.

Dornes, M. (2000). Die emotionale Welt des Kindes. Frankfurt a. M.
Drexler, K. (2017). Ererbte Wunden heilen. Therapie der transgenerationalen Traumatisierung. Stuttgart.
Ermann, M. (2003). Wir Kriegskinder. Vortrag im Südwestrundfunk, November 2003.
Felitti, V. J., Fink, P. J., Fishkin, R. E., Anda, R. F. (2007). Ergebnisse der Adverse Childhood Experiences (ACE) – Studie zu Kindheitstrauma und Gewalt. Epidemiologische Validierung psychoanalytischer Konzepte. Trauma & Gewalt 2/2007, 18–32.
Fraiberg, S., Adelson, E., Shapiro, V. (1975). Ghosts in the nursery: A psychoanalytic approach to the problems of impaired infant-mother relationships. Journal of American Academy of Child Psychiatry, 14(3), 387–421.
Franz, M. (2011). Wenn der Vater fehlt – Ursachen und Langzeitfolgen für die Kinder. Vortrag bei den Lindauer Psychotherapiewochen 2011.
Frei, N. (2009). 1945 und wir. Das Dritte Reich im Bewußtsein der Deutschen. München.
Frei, N. (2023). Im Namen der Deutschen. Die Bundespräsidenten und die NS-Vergangenheit 1949–1994. München.
Frie, R. (2021). Nicht in meiner Familie. Deutsches Erinnern und die Verantwortung nach dem Holocaust. Frankfurt a. M.
Funk, B. (2018). Politologe Aladin El-Mafaalani im AZ-Interview über Integration. https://www.abendzeitung-muenchen.de/politik/politologe-aladin-el-mafaalani-im-az-interview-ueber-integration-art-454184 (Zugriff am 28.05.2024).
Gebhardt, M. (2017). Als die Soldaten kamen. Die Vergewaltigungen nach dem Zweiten Weltkrieg und ihre Folgen. Vortrag bei der Tagung »Trauma – Konflikte – Kulturen« in Bad Kissingen.
Gebhardt, M. (2022). Unsere Nachkriegseltern. Wie die Erfahrungen unserer Väter und Mütter uns bis heute prägen. München.
Gieseke, J. (2010). Antifaschistischer Staat und postfaschistische Gesellschaft: die DDR, das MfS und die NS-Täter. Historical Social Research, 35(3), 79–94.
Giordano, R. (2020). Die zweite Schuld oder Von der Last, Deutscher zu sein. Köln.
Groß, J. (2022). Wie ich auszog, meinen Uropa zu finden. StadtZeit Kassel Nr. 110.
Grünbein, D. (2023). Ungeheuerlich, diese Kälte. https://www.sueddeutsche.de/kultur/durs-gruenbein-antisemitismus-deutschland-1.6301449?reduced=true (Zugriff am 28.05.2024).
Gutmair, U. (2023). Der Antisemitismus der Progressiven. https://taz.de/Free-Palestine-from-German-Guilt/!5967918/ (Zugriff am 28.05.2024).
Haen, D. de (2013). »Mein Großvater hätte mich erschossen«. https://www.augsburger-allgemeine.de/kultur/Enkelin-von-Amon-Goeth-Mein-Grossvater-haette-mich-erschossen-id27678942.html (Zugriff am 28.05.2024).
Halstenberg, B. (2022). Alles schaukelt, der ganze Bunker schaukelt. Die letzten Kriegskinder erzählen. Bonn.

Hammerstein, K. (2008). Wider den Muff von 1000 Jahren. Die 68er Bewegung und der Nationalsozialismus. https://www.bpb.de/themen/zeit-kulturgeschichte/68er-bewegung/51791/wider-den-muff-von-1000-jahren/ (Zugriff am 28.05.2024).

Hecker, M. (1992). Familienrekonstruktion in Deutschland. Ein Versuch, sich der Vergangenheit zu stellen. In B. Heimannsberg, C. Schmidt (Hrsg.), Das kollektive Schweigen. Nationalsozialistische Vergangenheit und gebrochene Identität in der Psychotherapie (S. 225–245). Köln.

Heckmann, D.-O. (2018). »Verdienste der 68er sind deutlich kleiner, als es sich viele einbilden«. Götz Aly im Gespräch mit Dirk-Oliver Heckmann. https://www.deutschlandfunk.de/50-jahre-68er-bewegung-verdienste-der-68er-sind-deutlich-100.html (Zugriff am 28.05.2024).

Heimannsberg, B., Schmidt, C. (Hrsg.) (1992). Das kollektive Schweigen. Nationalsozialistische Vergangenheit und gebrochene Identität in der Psychotherapie. Köln.

Heinrich-Clauer, V. (2014). Zur Wechselwirkung von emotionalen Schutzreaktionen und Muskeltonus. Sprache · Stimme · Gehör. Zeitschrift für Kommunikationsstörungen, 38(03), 114–119.

Heller, L., Doerne, A. (2020). Befreiung von Schuld und Scham. Alte Überlebensstrategien auflösen und Lebenskraft gewinnen. München.

Hillauer, R. (2018). Frauenrechte in der DDR. »Es ging darum, die Frau funktionstüchtig zu machen.« https://www.deutschlandfunkkultur.de/frauenrechte-in-der-ddr-es-ging-darum-die-frau-100.html (Zugriff am 28.05.2024).

Hoffmann, C. (2022). Alles, was wir nicht erinnern. Zu Fuß auf dem Fluchtweg meines Vaters. München.

Homberger, H. (2019). Die stellvertretende Wahrnehmung in der systemischen Aufstellungsarbeit. In K. Nazarkiewicz, P. Bourquin (Hrsg.), Essenzen der Aufstellungsarbeit (S. 87–104). Göttingen.

Hübl, T. (2021). Kollektives Trauma heilen. Persönliche und globale Krisen verstehen und als Chance nutzen. München.

Huff-Müller, M. (2013). Einmal um die ganze Welt – Leugnung von Traumatisierung in der globalisierten Postmoderne oder der Wert der Andersartigkeit. Vortrag bei der Jahrestagung der DGPT in Berlin.

IKG (Institut für interdisziplinäre Konflikt- und Gewaltforschung), FGZ (Forschungsinstitut Gesellschaftlicher Zusammenhalt) (2023). MEMO. Multidimensionaler Erinnerungsmonitor 2023. Jugendstudie. Bielefeld.

Jaspers, K. (2020). Die Schuldfrage. Von der politischen Haftung Deutschlands (4. Aufl.). München.

Jawaid, A., Mansuy, I. M. (2021). Generationsübergreifende Auswirkungen von Traumata. Implikationen für Individuen und Gesellschaft. In Fünfter Gentechnologiebericht: Sachstand und Perspektiven für Forschung und Anwendung (S. 277–298). Baden-Baden.

Kamm, H. (2014). Psychoanalytiker als Kriegskinder – Der Einfluß einer Kindheit im Krieg und Nationalsozialismus auf die psychoanalytische Ausbildung. Dissertation. München.

Kellermann, N. (2001). The long-term psychological effects and treatment of Holocaust trauma. Journal of Loss and Trauma, 6(3), 197–218.

Kleve, H. (2019). Die körperliche Empathie räumlichen Sinns. In K. Nazarkiewicz, P. Bourquin (Hrsg.), Essenzen der Aufstellungsarbeit (S. 105–116). Göttingen.

Kolk, B. van der (2023). Das Trauma in dir. Wie der Körper den Schrecken festhält und wie wir heilen können. Berlin.

Konrad, S. (2014). Das bleibt in der Familie. Von Liebe, Loyalität und uralten Lasten. München.

Kracht, C. (2021). Eurotrash. Köln.

Krejci, E. (2005). Innere Objekte. Über Generationenfolge und Subjektwerdung. In U. Jureit, M. Wildt (Hrsg.), Generationen. Zur Relevanz eines wissenschaftlichen Grundbegriffs (S. 80–107). Hamburg.

Kresta, E. (2016). »Widersprüche muss man aushalten«. Interview mit Monika Huff-Müller. https://taz.de/Psychoanalytikerin-ueber-Fremdes/!5347513/ (Zugriff am 11.6.2024).

Langels, O. (2019). TV-Premiere von »Holocaust« vor 40 Jahren. Als die Täter ein Gesicht bekamen. https://www.deutschlandfunkkultur.de/tv-premiere-von-holocaust-vor-40-jahren-als-die-taeter-ein-100.html (Zugriff am 11.6.2024).

Luerweg, F. (2020). Epigenetik: Psychotherapie für die Gene? https://www.spektrum.de/news/epigenetik-psychotherapie-fuer-die-gene/1737168 (Zugriff am 28.05.2024).

Maercker, A., Forstmeier, S. (Hrsg.) (2013). Der Lebensrückblick in Therapie und Beratung. Heidelberg.

Mahnke, C., Rohde, S. (2023). Eine »seelische Leerstelle« schließen. Frieden, Zeitschrift des Volksbundes Deutsche Kriegsgräberfürsorge 1/2023, 5–8.

Marks, S. (2011). Warum folgten sie Hitler? Die Psychologie des Nationalsozialismus. Ostfildern.

Marks, S. (2014). Der kollektive Schatten. Vortrag an der evangelischen Stadtakademie, München.

Marx, U. (2023). »Sie können nicht das ganze Unternehmen auf die Jüngeren fokussieren«. https://www.faz.net/aktuell/karriere-hochschule/buero-co/generation-z-und-boomer-forscher-ueber-misstrauen-und-frust-18999955.html (Zugriff am 11.6.2024).

Mau, S., Lux, T., Westheuser, L. (2023). Triggerpunkte. Konsens und Konflikt in der Gegenwartsgesellschaft. Berlin.

Mechelhoff, L., Schantz, F., Schlösser, J. (2022). Woher stammt meine Familie? Anleitung zur Recherche (aktual. Aufl.). Berlin. https://sfvv.e-fork.net/sites/default/files/2023-11/handreichung-zur-familienforschung_sfvv.pdf (Zugriff am 28.05.2024).

medica mondiale (2020). Transgenerationales Trauma: »Wir haben so viel in uns vergraben«. https://medicamondiale.org/gewalt-gegen-frauen/aktuelles/transgenerationales-trauma-wir-haben-so-viel-in-uns-vergraben (Zugriff am 11.6.2024).

Mitscherlich, A., Mitscherlich, M. (2020). Die Unfähigkeit zu trauern. Grundlagen kollektiven Verhaltens (27. Aufl.). München, Berlin.

Mitzscherlich, B. (2012). Gespaltene Erinnerung. Die Kinder der Kriegskinder in der DDR. In H. Knoch, W. Kurth, H. J. Reiß, G. Egloff (Hrsg.), Die Kinder der Kriegskinder und die späten Folgen des NS-Terrors (S. 153–172). Heidelberg.

Möller, H., Kotte, S. (Hrsg.) (2013). Diagnostik im Coaching. Grundlagen, Analyseebenen, Praxisbeispiele. Heidelberg.

Moré, A. (2012). War Opa doch ein Nazi? In H. Knoch, W. Kurth, H. J. Reiß, G. Egloff (Hrsg.), Die Kinder der Kriegskinder und die späten Folgen des NS-Terrors (S. 57–82). Heidelberg.

Moré, A. (2013). Überantwortete Vergangenheitsbewältigung: zur Bedeutung transgenerationaler Gefühlsvererbung für das Konstrukt und Erleben von Identität. Psychologie und Gesellschaftskritik, 36/37(4/1), 35–59.

Moré, A. (2018). Zum psychoanalytischen Verständnis transgenerationaler Übertragungen. Darstellung traumatheoretischer Konzepte. Swiss Archives Of Neurology, Psychiatry And Psychotherapy, Edition 2018/08.

Müller-Bauseneik, J. (2005). Die US-Fernsehserie »Holocaust« im Spiegel der deutschen Presse (Januar–März 1979): eine Dokumentation. Historical Social Research, 30(4), 128–140.

Müller-Hohagen, J. (1988). Verleugnet, verdrängt, verschwiegen: die seelischen Auswirkungen der Nazizeit. München.

Müller-Hohagen, J. (2009). Übertragung von Täterhaftigkeit an die nachfolgenden Generationen. In H. Radebold, W. Bohleber, J. Zinnecker (Hrsg.), Transgenerationale Weitergabe kriegsbelasteter Kindheiten. Interdisziplinäre Studien zur Nachhaltigkeit historischer Erfahrungen über vier Generationen (2. Aufl., S. 155–164). Weinheim, München.

Nazarkiewicz, K., Bourquin, P. (Hrsg.) (2019). Essenzen der Aufstellungsarbeit. Göttingen.

Ohana, K. (2006). Ich, Rabentochter. München.

Ohana, K. (2015). Borderline. In M. Schneider, J. Süss (Hrsg.), Nebelkinder. Kriegsenkel treten aus dem Traumaschatten der Geschichte (2. Aufl., S. 125–143). Berlin u. a.

Perry, P. (2020). Das Buch, von dem du dir wünschst, deine Eltern hätten es gelesen. Berlin.

Pohl, U. (2021). Psychische Spätfolgen von NS-Zeit und Krieg bewältigen. Ein Schichtenmodell für die therapeutische Praxis. Göttingen.

Pollatschek, N. (2022). Der Preis, den man dafür zahlt, als Jude in Deutschland zu leben. https://www.sueddeutsche.de/kultur/documenta-antisemitismus-deutschland-kunst-1.5612196?reduced=true (Zugriff am 28.05.2024).

Quindeau, I., Einert, K., Teuber, N. (2012). Kindheiten im Nationalsozialismus und Zweiten Weltkrieg. Das Zusammenwirken von NS-Erziehung und Bombenangriffen. BIOS – Zeitschrift für Biographieforschung, Oral History und Lebensverlaufsanalysen, 25, 87–117.

Rabe, J.-C. (2024). Kippt diese Demokratie? Steffen Mau und Hartmut Rosa im Interview. https://www.sueddeutsche.de/kultur/steffen-mau-hartmut-rosa-afd-1.6338787?reduced=true (Zugriff am 28.05.2024).

Radebold, H. (2009). Kriegsbedingte Kindheiten und Jugendzeit. In H. Radebold, W. Bohleber, J. Zinnecker (Hrsg.), Transgenerationale Weitergabe kriegsbelasteter Kindheiten. Interdisziplinäre Studien zur Nachhaltigkeit historischer Erfahrungen über vier Generationen (2. Aufl., S. 45–55). Weinheim, München.

Radebold, H., Brähler, E., Decker, O. (2012). Ausgebombt, vertrieben, vaterlos – Langzeitfolgen bei den Geburtsjahrgängen 1930–1945 in Deutschland. In H. Radebold (Hrsg.), Kindheiten im Zweiten Weltkrieg und ihre Folgen (3. Aufl., S. 111–136). Gießen.

Raisch, M. l (2022). Emotionen in der systemischen Therapie. Grundlagen und Methoden für eine integrative Praxis. Göttingen.

Reddemann, L. (2007). Ego States und Traumatherapie. Hypnose – Zeitschrift für Hypnose und Hypnotherapie, 2, 101–115.

Reddemann, L. (2009). Fremd im eigenen Land: Deutsche Flüchtlinge nach dem Zweiten Weltkrieg. Vortrag bei den Lindauer Psychotherapiewochen.

Reddemann, L. (2015). Kriegskinder und Kriegsenkel in der Psychotherapie. Folgen der NS-Zeit und des Zweiten Weltkriegs erkennen und bearbeiten – eine Annäherung. Stuttgart.

Reddemann, L. (2017). Transgenerationale Weitergabe von Traumata. Systeme, 31, 6–21.

Reddemann, L. (2022). Imagination als heilsame Kraft. Ressourcen und Mitgefühl in der Behandlung von Traumafolgen (23. Aufl.). Stuttgart.

Reddemann, L., Fischer, G. (2010). Worauf es ankommt: Psychodynamische Traumatherapien. Psychotherapie, 15, 2, 263–278.

Reemtsma, J. P. (2002). Über den Begriff »Handlungsspielräume«. Mittelweg, 36, 6, 5–23.

Reemtsma, J. P. (2004). Zwei Ausstellungen – Eine Bilanz. Mittelweg, 36, 3, 53–71.

Reifegerste, O. (2019). Eine Integration, die Konflikte schafft. https://rp-online.de/nrw/staedte/duisburg/integrationsforscher-aladin-el-mafaalani-bot-kontroversen-diskussionsstoff_aid-36478525 (Zugriff am 11.6.2024).

Reuleaux, N. (2006). Nationalsozialistische Täter. Die intergenerative Wirkungsmacht des malignen Narzissmus. Gießen.

Ritscher, W. (2017). Bildungsarbeit an den Orten nationalsozialistischen Terrors. Erziehung nach, in und über Auschwitz hinaus (2. Aufl.). Weinheim, Basel.

Ritscher, W. (2022). Transgenerationale Vermächtnisse: Die Folgen des nationalsozialistischen Terror- und Mordsystems für meine deutsch-jüdische Familie. In K. H. Brisch (Hrsg.), Trauma und Bindung zwischen den Generationen. Vererbte Wunden und Resilienz in Therapie, Beratung und Prävention (S. 13–32). Stuttgart.

Rohde, S. (2017a). In der Gegenwart ankommen. Interview mit Luise Reddemann. https://svenrohde.com/interview-luise-reddemann/ (Zugriff am 28.05.2024).

Rohde, S. (2017b). Coaching: Hilfe zur Selbsthilfe. Psychologie Heute, 7.
Rohde, S. (2018a). Der Traum vom Leben in dir. Norderstedt.
Rohde, S. (2018b). Familientreffen auf dem Soldatenfriedhof. Psychologie Heute, 1.
Rohde, S. (2018c). Den Faden des eigenen Lebens erkennen. Psychologie Heute, 2
Rohde, S. (2019). Die Erzählung unseres Lebens. Psychologie Heute, 1.
Rohde, S. (2020a). Gar nichts muss ich. anders handeln, 2.
Rohde, S. (2020b). Kairos: Bereit für den günstigen Moment. Psychologie Heute, 1.
Rohde, S. (2021a). Die Schuld der Ahnen. anders handeln, 3.
Rohde, S. (2021b). Ist das dein Ernst? Wer will das denn wohl lesen?! https://svenrohde.com/wer-will-das-denn-wohl-lesen/ (Zugriff am 28.05.2024).
Rohde, S. (2021c). Das Geheimnis der Gutmenschen entschlüsseln. anders handeln, 1.
Rohde, S. (2021d). Meine Wohnung und ich. Psychologie Heute Compact, 66.
Rohde, S. (2022a). Die Seele ist nicht unendlich belastbar. Interview mit Bettina Alberti. https://svenrohde.com/bettina-alberti-die-seele-ist-nicht-unendlich-belastbar/ (Zugriff am 28.05.2024).
Rohde, S. (2022b). Wir können es unseren Kindern leichter machen. Interview mit Wolf Ritscher. https://svenrohde.com/wolf-ritscher_wir-koennen-es-unseren-kindern-leichter-machen/ (Zugriff am 28.05.2024).
Rohde, S. (2022c). Was Putins Krieg in ostdeutschen Kriegsenkeln wachruft. Interview mit Birgit Neumann-Becker. https://svenrohde.com/was-putins-krieg-in-ostdeutschen-kriegsenkeln-wachruft/ (Zugriff am 28.05.2024).
Rohde, S. (2023). Der schmerzhafte Abschied vom Wir. anders handeln, 2.
Rosenthal, G. (1999a). Sexuelle Gewalt in Kriegs- und Verfolgungszeiten: biographische und transgenerationale Spätfolgen bei Überlebenden der Shoah, ihren Kindern und EnkelInnen. In M. Fröse, I. Volpp-Teuscher (Hrsg.), Krieg, Geschlecht und Traumatisierung. Erfahrungen und Reflexionen in der Arbeit mit traumatisierten Frauen in Kriegs- und Krisengebieten (S. 25–56). Frankfurt a. M.
Rosenthal, G. (Hrsg.) (1999b). Der Holocaust im Leben von drei Generationen. Familien von Überlebenden der Shoah und von Nazi-Tätern (3. Aufl.). Gießen.
Rosenthal, G. (2001). Transgenerationale Folgen von Verfolgung und von Täterschaft: Familien von Shoah-Überlebenden und von Nazi-Tätern. In A. Streeck-Fischer, U. Sachsse, I. Özkan (Hrsg.), Körper, Seele, Trauma: Biologie, Klinik und Praxis (S. 174–206). Göttingen.
Roth, G. (2013). Warum es so schwer ist, sich und andere zu ändern. In M. Lehofer, G. Roth, G. Schmidt, Warum es so schwer ist, sich und andere zu ändern. DVD.
Roth, G., Ryba, A. (2016). Coaching, Beratung und Gehirn. Neurobiologische Grundlagen wirksamer Veränderungskonzepte. Stuttgart.
Roth, G., Ryba, A. (2019). Coaching und Beratung in der Praxis. Ein neurowissenschaftliches Integrationsmodell. Stuttgart.

Rothkegel, S. (2011). Transgenerationale Weitergabe traumatischer Erfahrungen in Familien mit Migrationshintergrund. Vortrag bei der DVG-Tagung in Berlin.

Schmidbauer, W. (2013). Er hat nie darüber geredet. Das Trauma des Krieges. München.

Schmiedeler, S. (2024). Das Potenzial der Achtsamkeit – trotz Risiken und Nebenwirkungen. Die Psychotherapie, 2, 129–133.

Schoepp, S. (2018). »Seht zu, wie ihr zurechtkommt«. Abschied von der Kriegsgeneration. Frankfurt a. M.

Schützenberger, A. A. (2018). Oh, meine Ahnen. Wie das Leben unserer Vorfahren in uns wiederkehrt (9. Aufl.). Heidelberg.

Senfft, A. (2016). Der lange Schatten der Täter. Nachkommen stellen sich ihrer NS-Familiengeschichte. München, Berlin.

Stahlschmidt, S. (o. J.). ACE-Studie: Wie Kindheitstraumata Gesundheit und Verhalten ein Leben lang beeinflussen. https://posttraumatische-belastungsstoerung.com/ace-studie-adverse-childhood-experiences (Zugriff am 11.6.2024).

Stiftung Hamburger Gedenkstätten und Lernorte zur Erinnerung an die Opfer der NS-Verbrechen (2023). Ein Täter, Mitläufer, Zuschauer, Opfer in der Familie? Materialien zur biografischen Familienrecherche. Neuengammer Studienhefte, Band 1.

Tagesspiegel (2024). Potsdamer Treffen als »Wannseekonferenz 2.0«? https://www.tagesspiegel.de/politik/potsdamer-treffen-als-wannseekonferenz-20-zentralrat-der-juden-mahnt-zur-vorsicht-bei-historischen-vergleichen-11089948.html (Zugriff am 28.05.2024).

Volkan, V. (1999). Das Versagen der Diplomatie. Zur Psychoanalyse nationaler, ethnischer und religiöser Konflikte. Gießen.

Weizsäcker, R. von (1985). Rede bei der Gedenkveranstaltung im Plenarsaal des Deutschen Bundestages zum 40. Jahrestag des Endes des Zweiten Weltkrieges in Europa. https://www.bundespraesident.de/SharedDocs/Reden/DE/Richard-von-Weizsaecker/Reden/1985/05/19850508_Rede.html (Zugriff am 28.05.2024).

Welzer, H., Moller, S., Tschuggnall, K. (2002). Opa war kein Nazi. Nationalsozialismus und Holocaust im Familiengedächtnis. Frankfurt a. M.

Wimmer, S. J. (2024). 7. Oktober 2023 und der Gaza-Krieg. Eine Handreichung zum Verständnis und Empfehlung zum Umgang mit den Auswirkungen in München für Schulen, Verwaltung, Gemeinden. http://www.stefan-jakob-wimmer.de/Israel-Palaestina/ (Zugriff am 11.6.2024).

Winters, P. J. (2015). Der Frankfurter Auschwitz-Prozess. Ein Rückblick 50 Jahre nach dem Urteil. https://www.bpb.de/shop/zeitschriften/apuz/204287/der-frankfurter-auschwitz-prozess/ (Zugriff am 28.05.2024).

ZEIT Geschichte (2023). Wunderjahre. Wie der Wirtschaftsboom nach 1945 unser Land geprägt hat. Heft 4/23. Hamburg.